미국 대선 이후의 코인세계를 말하다

현 코인경제,

대박일까? 대 변혁일까?

안동수, 김형중, 김호진, 우승택, 정금진
정원훈, 강봉준, 이서령, 신용우, 진솔, 리재학 공저

대양미디어

대표저자 서문

4차산업혁명과 블록체인 기반의 코인이 점차 일상화되면서 코인경제가 확산되고 있다. 말도 많고 탈도 많은 코인경제에 대한 미래전망을 알아보기 위해 애쓰는 독자들을 위해 나온 책이다.

코인을 모르는 일반인들에게도 결코 무시해서는 안되는 변화가 코앞에 와 있다. 이제 모든 사람이 코인경제 기반을 알아야 살아남을 수 있는 혼돈의 시대가 왔다. 관심을 갖고 알게 되면 좋은 선택을 할 수 있는 기회인 것이다.

1억 원을 넘나드는 비트코인 가격의 원인을 모른다면, 그 시장 진입에서 소외된 것에 대한 아쉬움이 있다면, 미래 변화에 대한 두려움과 궁금증이 커지고 있다면 공부해야 한다. 그러나 정작 세계 경제 리더국가 한국은 코인경제에 대한 트라우마로, 코인다단계에 대한 공포증으로 고슴도치가 되어 침묵하고 있다.

이 책 전편은 코인경제의 긍정 측면을 부각시키며 2024년에서 2025년에 걸친 알트코인 전반상황을 소개한다. 특히 2024년 말에 실용적 위세로 드러날 것으로 기대되는 파이코인(Pi)과 인공지능과 결합된 법률봇(Seoul Law Bot Project), 의료봇(Doctor Bot Project), AI 음악 플랫폼(AI BEAT) 그리고 ChatGPT에서 발행한 뜨거운 감자 Worldcoin 등을 소개하고 있다.

이어 기본생활 플랫폼인 다함께 품, 토큰경제의 국민교육 필요성과 암호화폐 관련 법·제도, 그리고 암호화폐 관련 세금 제도 현황과 활용 방법 등도 설명되어 있어 암호화폐 생활에 대한 입체적 이해를 돕고 있다.

현재까지 세계 금융경제는 미국 달러를 기축통화로 움직여 왔는데, 금융 자본주의를 난폭운전하면서 생겨난 인플레이션으로 인한 달러화의 가치하락으로 그 기능에 한계가 왔다. 이에 대한 반작용으로 글로벌 환경에서 쓰일 대체화폐 시스템이 논의되고 있다.

기존 미국 달러화폐 진영은 대체화폐로 SWIFT 즉 국제 은행 간 자금 결제 네트워크 시스템을 유지하며 2025년 실시체계인 국제표준 ISO 20022를 내세우고 있다. 그러나 여기에 브라질, 러시아, 중국, 인도 등 여러 나라의 연합 금융결제시스템인 BRICS Pay 시스템이 도전하고 있다. 또 차세대 금융시스템인 이더리움 등 암호화폐 즉 코인세력이 CEX와 DEX를 기반으로 강력한 파트너로 자리를 확보하고 있다.

한 마디로 종이돈 화폐는 코인경제로 인해 글로벌 화폐개혁에 직면해 있다. 그 중심에 또 미국 대선이 있다. 트럼프 저격 사건은 미국을 중심으로 세계 금융을 장악한 검은 세력인 그림자 정부(Deep States)와 여기에 맞서 싸우는 정의세력 흰 모자(white hat)간의 금융주도권 전쟁 등 다양한 이야기도 읽는 재미를 더한다.

모두의 정보와 지혜를 모아 현명한 판단을 해야 할 시기이다. 이 기회를 통해 한국의 소비자들은 물밑에서 진행되는 신금융을 서두해 부자가 되고, 우리나라는 급변하는 세계 코인금융의 지도국으로 도약하기를 희망한다.

　끝으로 이 책을 준비하면서 몇 가지 인공지능 프로그램을 활용했음을 밝혀둔다. 글을 작성하거나 다듬는 등은 인공지능 perplexity.ai와 Bing Chat, wrtn.ai, 그리고 글로버-X를 활용하였고, 그림 그리는 일은 Copilot Designer와 Ideogram AI를 주로 활용하였다. 물론 AI의 문제인 헛소리(Hallucination)나 거짓정보(Fake) 등을 수정 보완하는 데 최선을 다하였다.

　아울러 가상화폐, 암호화폐, 코인, 토큰 등 관련 용어들을 굳이 통일하지 않았다. 필자들이 생각하는 생태계와 변수가 다양하기 때문에 자유로운 이해를 위해 용어의 제약을 피하고자 함이다.

　끝으로 독자들께서 이 책을 통해 경제 독립의 계기를 마련하시기 바란다. 독자들의 건승을 기원드리며, 화이팅!

2024년 광복절을 맞으며

대표 저자 안동수

차 례

현 코인경제 대박론

추천사

이 책은 새로운 코인경제(Tokenomics)[1]의 도약을 앞두고 있는 한국의 독자들에게 꼭 필요한 지식과 인사이트를 제공합니다. 디지털 세습, 디지털 생활이 일반화되면서 나타난 정보의 편중과 진실의 증발은 민주주의를 위협하는 요소입니다. 이러한 문제를 해결하기 위해서는 블록체인과 코인경제를 일으켜 경제적 양극화를 해소하는 것이 중요합니다.

피케티 교수는 『21세기 자본』이라는 책에서 데이터로 보여줬습니다. 자본 소득이 근로소득보다 높아지면 사회는 불안정해진다는 그의 주장은 전 세계적으로 필요한 인식입니다.

이 책은 금융공룡들이 깨어나는 이 시기에 인공지능이 어떻게 발전하는지?, 코인경제를 둘러싼 특금법과 까다로운 세금 규제는 어떻게 변하는지?, 분산금융의 우수성은 무엇인지?, STO 등 글로벌 코인경제 현황은 어떤지?, AI기반 토큰경제의 국민교육은 어떤 상황인지 등을 살펴봅니다. 그리고 2024년 파이노믹스와 상생형 모델 Amanda Project 등 새로운 기술과 비즈니스 모델도 소개합니다. 이 책을 통해 코인경제에 접목하여, 미래 코인 중심의 금융사회에서 살아남을 수 있는 지식과 역량을 갖추시기 바랍니다. 우리협회의 우수도서로 추천합니다.

사)한국블록체인기업진흥협회 회장 **이한영**

추천사

비트코인의 공식 명칭은 가상자산이다. 공중파 방송에 나가서 암호화
폐라고 말하면 카메라 뒤에 서 있는 스텝들의 난감한 표정을 볼 수 있다.
이름은 이름일 뿐이다. 비트코인은 뎅그렁 코인이 아니다. 그러나 이름
이 이름일 뿐이라면 암호화폐(crypto-currency)라는 이름을 놔두고 정부관
료들이 굳이 가상자산이라고 부르게 하지 않았을 것이다.

이름은 대중의 상상력을 제약한다. 가상자산이라는 이름은 가짜 혹은
허구라는 개념과 쉽게 연결된다. 이 나라 엘리트들의 이런 모자라는 업
무수행으로 한국 사회에는 아직도 비트코인과 블록체인 코인들을 가짜
라거나 허상이라고 믿고 있는 이들이 허다하다.

2024년 벽두부터 미국의 금융규제 당국은 비트코인과 이더리움을 투
자종목의 하나로 인정해버렸다. 연기금을 비롯한 기관자금들이 비트코
인이나 이더리움을 기초로 한 금융상품을 투자하는 것이 당연한 시대로
접어들고 있다.

한국 미디어만 보고 있다가 이런 앞선 뉴스를 접하다 보면 이 변화가
느닷없고 갑작스럽게 느껴졌을지도 모른다. 그러나 그렇지 않다. 비트코
인이 등장하고 얼마 안 되어 미국 정부 관계자들은 비트코인을 진지하게
연구하기 시작했다. 그 증거는 십여 년 전에도 포착되었다. 다만 기존의
금융기업이나 규제 당국이 준비할 시간이 필요했을 뿐이다. 이제 가상자
산을 금융의 기초자산으로 인정한다는 것은 이런 준비가 어느 정도 완료

되었다는 것을 시사하는 것이다.

한국인들은 엄청난 잠재력을 가지고 있다. 두어 세대만에 이룩한 경제와 정치적 성장이 이를 증명한다. 특히 IT강국으로서 정보통신에 대한 국민들의 욕망과 이해의 수준은 세계 최고다. 그럼에도 불구하고 우리에게는 고질적인 지적 병폐가 있다. 그것은 어떤 사물을 우선 도덕적 기준으로 재단하려는 판단 기준이다. 그래서 비트코인처럼 새로운 사물을 접할 때 이런 사고의 습관은 인지적 장애를 일으킨다. 옳고 그름을 판단하려면 일단 알아야 한다. 또한 새로운 기술이나 풍조는 부작용을 동반하기 마련이라는 것을 전제해야 한다. 따라서 섣부른 도덕적 가치 판단은 새로운 사물에 대한 탐구욕구를 저해할 수밖에 없다. 또 거부할 수 없는 새로운 흐름이 만들어 낼 수밖에 없는 진짜 문제를 해결하는 데 오히려 걸림돌이 된다.

이 책의 저자들은 가상자산이라는 애매한 표현을 거부한다. 코인에 대한 대중적 이미지가 고상한 것과는 거리가 멀지만, 우리 사회의 편견을 정면 돌파하겠다는 결기를 보여준다.

맞다. 알아야 살아남는다. 왜냐하면 지구상에는 우리보다 더 열악한 지적 문화를 가진 국가의 국민들도 많지만, 우리보다 월등한 국민들도 많기 때문이다. 특히 우리나라 국민들의 경쟁 상대라 할 수 있는 국가들은 나름대로 우수한 지적토양을 가지고 있다. 블록체인과 코인경제가 일단 새로운 것이며 가치판단을 내리기에는 아는 게 없는 상태라면 무조건 가로막는 대신에 탐구자들과 개척자들의 모험정신을 북돋우어 줘야 한다. 우리가 새겨들어야 할 아래 미국의 예가 그렇다.

2014년 미국 하원에서 비트코인 청문회가 열렸다. 비트코인이 화폐에 대한 국가의 통제력을 위협한다는 경제학자의 발표를 들은 나이 많은 국회의원들이 했던 말이 아직도 뇌리에 생생한다.

'비트코인은 우리가 잘 모르는 것이다. 우리 미국은 잘 모르는 새로운 것을 거부하는 문화를 가지고 있지 않다. 일단 연방정부 차원에서 규제를 하기 전에 변화하는 양태를 관찰할 시간이 필요하다.'는 것이었다.

비트코인을 당장 금지해야 한다는 경제학자는 젊었지만 연방정부 차원에서 입법화하기에는 혁신을 가로막을 위험성이 크다고 말한 국회의원들의 나이는 많았다. 혁신에 대한 개방적 태도는 나이의 문제가 아니라는 것도 알 수 있었다. 그때의 청문회 때문인지는 몰라도 실제로 미국은 연방정부 차원에서 가상자산에 대한 입법을 최대한 늦추어져 왔다.

우리나라도 일찌감치 거래소를 정비하거나 조각 투자에 대한 허용, 가상자산 투자자를 보호하기 위한 법안들이 업계와 협의하면서 제도화되어가고 있다. 큰 틀에서 보자면 투자 과열에 따른 위험을 줄이면서 산업 발전을 가로막지 않으려는 방향에 부합한다고 평가하고 싶다. 문제는 사회 분위기다.

교양있고 지적인 사람은 코인을 멀리한다는 분위기가 형성된 지 꽤 되었다. 그리고 이 분위기를 만드는 데 있어서 정부관료는 물론, 언론과 학자들같은 사회의 오피니언 리더들의 책임이 크다. 이런 분위기를 고려했을 때 편견에 맞서 혁신의 불꽃을 살리려는 업계의 노력은 눈물겨울 정도다. 이 책도 눈물겨운 노력들의 결실이라 할 수 있다. 부디 이 책이 새롭고 위험한 화폐혁명에 대한 학구열을 불러일으키기를 소망한다.

건국대학교 겸임교수/멘탈체인 CEO **오태민**

코인경제는 지식산업 이미지
Ideogram AI를 활용함.

1장. 한국의 미래경제는 코인 지식산업으로

안 동 수

1절. 토큰경제의 물길을 결정하는 지구촌 변수들

1. 토큰 이코노미의 개요

토큰 이코노미는 '토큰과 그것이 쓰여지는 실물 경제시스템 사이에 규칙을 설계하고, 토큰이라는 보상으로 다양한 참여자들이 가치를 주고받고 기여하는 경제'를 말한다. 인류의 미래는 미래 금융인 토큰경제(Tokenomics)가 그 바탕의 세상 틀을 결정하게 될 것이다. 그 변수들을 살펴보자.[2]

현 주식시장의 문제는 주주의 이해와 경영진의 이해가 다른 대리인 문제(Agency Problem)가 발생하거나, 회사의 성장에 따른 수익의 주주 독식 문제가 있고, 노동력을 제공하는 직원에 대한 보상이 불평등하다는 문제가 있다. 주식회사의 주인은 주주이며 주주가 투자한 것은 자본(Capital) 항목에 기재되며, 임직원의 피땀으로 이룬 성과(이익)도 자본 항목 내 이익잉여금으로 적립되어 주주에게만 배당으로 돌아간다. 반면에 토큰 이코노미는 기존 경제구조와는 달리, 블록체인 기반 생태계에 모든 참여자가 기여하는 만큼 정당한 보상을 받을 수 있도록 설계된 합리적인 이익 분배 시스템으로 참여자와 소비자들에게 유리한 경제구조다.

2. 왜 토큰 이코노미가 중요할까?

블록체인 네트워크는 중앙의 역할은 최소화되고, 핵심 생태계는 참여자들에 의해 유지, 발전하거나 퇴보한다. 지금까지 인종이나 지정학적 위치 등으로 자연스럽게 결정되는 나라의 개념이 아니라, 경제활동을 하는 토큰이나 블록체인으로 연결된 국가 개념의 단체를 말하는 것이다. 이 단체에 들어가려면 일단 코인이 있어야 하는 것이다. 버스를 탈 때 토큰을 내는 것과 비유되니 재미있다. 우리 독자들께서도 이런 미래사회 버스를 타기 위해서는 토큰이 꼭 필요하다. 따라서 네트워크의 지속적인 발전이 가능하기 위해서는 참여자들의 적극적인 기여를 유도하고 보상하는 분야의 규칙과 구조가 정교하게 짜여 있어야 한다.

- 보상(토큰)은 어떤 기준으로 어떤 참여자에게 줄 것인가?
- 어떻게 토큰이 가치를 갖게 할 것인가?
- 사람들이 토큰을 보유해야 할 유인은 무엇인가?
- 토큰의 발행량은 얼마로 하고 어떻게 분배할 것인가?
- 네트워크의 성장과 토큰의 가치 상승을 어떻게 연동할 것인가?
- 토큰의 가격 변동성은 어떻게 해결할 것인가?

3. 미국의 달러 화폐와 CBDC 발행에 따른 변화

세계경제의 중심축인 미국에서 중앙은행 디지털 화폐인 CBDC(Central Bank Digital Currency)가 쓰일 경우에는 미국 경제와 달러화의 국제적 영향력에 다음과 같은 중요한 변화를 가져올 것이다.[3]

먼저 기술적 측면에서, CBDC는 블록체인과 같은 분산원장기술을 활용할 수 있으며, 이는 거래의 투명성과 보안을 강화시킬 수 있다. 또한, 프로그래밍 가능한 화폐로서 스마트 계약과 같은 새로운 금융 서비스를 가능하게 하여 금융 혁신을 촉진할 수 있다.

경제적 측면에서, CBDC는 지급결제시스템의 효율성을 높이고, 거래 비용을 줄이며, 금융 접근성을 개선할 수 있다. 이러한 변화는 CBDC를 발행하는 국가의 통화가 국제무역 및 금융거래에서 더 많이 사용되도록 할 수 있으며, 이는 기축통화로서의 지위를 강화할 수 있다.

정치적 측면에서, CBDC는 국가의 통화주권을 강화하고, 국제 금융 시스템에서의 독립성을 높일 수 있다. 예를 들어, 중국은 디지털 위안화를 통해 달러 중심의 국제 금융 시스템에서 벗어나려는 노력을 하고 있으며, 이는 국제 금융 시장에서의 위안화의 역할을 강화할 수 있다.

결론적으로, 디지털 화폐는 기축통화 지위와 함께 기존 BTC나 ETH, 그리고 다양한 ALT Coin에 큰 영향을 줄 것으로 보이며, 그 경쟁양상은 기술 발전, 국제 정치 경제의 변화, 그리고 각국의 정책과 전략에 따라 기축통화와 코인경제의 미래가 달라질 수 있다.

4. 인공지능의 새 물결이 밀려 온다

인공지능은 이미 우리 일상 속에 깊이 자리 잡았다. 의료, 금융, 교육 등 다양한 분야에서 인공지능이 활용되고 있으며, 미래에는 더욱 중요한 역할을 할 것으로 예상된다. 인공지능은 인간의 지능을 뛰어넘어 문제를 해결하고, 새로운 지식을 창출하고 있다.

그렇기 때문에 미래에는 코인 결재가 필수적인 요소가 될 수밖에 없다. 블록체인과 인공지능이 결합된 미래의 경제 생태계는 더욱 효율적이고 다양하며 접근성이 높은 투자 환경을 조성하는 데 기여할 것이다. 다시 말하면 블록체인 기술만 해도 강력한데 인공지능까지 결합하면 효율적이고 다양하며 접근성이 높은 투자 환경을 조성하는 데 기여할 것으로 보인다.

예를 들면 자율주행차가 전기를 충전하고 나서 결재를 한다든지, 드론이나 로봇이 집으로 택배를 가져 왔을 때 지금의 종이돈으로 결재해 줄 수는 없다. 코인은 디지털 화폐로서 거래 비용이 저렴하고, 보안성이 뛰어나며, 빠른 거래 속도를 가지고 있다. 그리고 디지털 형태로 저장되어 있어 전 세계에서 사용할 수 있다. 그러므로 미래사회는 인공지능과 코인 결재가 필수적인 요소가 될 수밖에 없다. 이러한 변화에 대비하기 위해서는 국민들과 전문가들이 함께 인공지능과 블록체인 등의 신기술을 적극적으로 수용하고, 이에 대한 전문 지식을 습득해야 한다.

그래서 '기존 토큰이 고도로 발전된 인공지능한테 받을 영향과 문제점은 어떤 것이 있나요?'라는 내용을 클로버-X에게 물었더니 다음과 같은 답을 내놓았다.

- 토큰의 가치 변동성 증가 : 인공지능 기술의 발전으로 인해 토큰의 가치를 예측하기 어려워질 수 있습니다. 인공지능이 금융 시장에 개입하여 토큰의 가격을 조작하거나, 예측 불가능한 패턴을 만들어낼 가능성이 있기 때문입니다.
- 토큰 보안 문제 : 인공지능 기술을 이용한 해킹 공격이 증가할 수 있습니다. 인공지능은 대량의 데이터를 빠르게 분석하고 처리할 수 있기 때문에 토큰 거래소의 보안 시스템을 무력화시키는 것이 가능합

니다.

- 개인정보 보호 문제 : 인공지능이 토큰 거래에 활용되면서 개인정보 보호에 문제가 발생할 수 있습니다. 인공지능이 개인의 거래 내역이나 신용 정보를 수집하고 분석하는 과정에서 개인정보가 유출될 수 있기 때문입니다.

- 일자리 감소 : 인공지능 기술이 발전하면서 기존의 일자리가 사라질 가능성이 있습니다. 이는 일자리 감소와 소득 불평등을 심화시킬 수 있습니다.

- 토큰 거래소 : 거래소에서도 인공지능이 인간의 역할을 대체하게 되면, 많은 사람들이 일자리를 잃게 될 수 있습니다.

- 법적 문제 : 인공지능이 토큰 거래에 개입하면서 법적 문제가 발생할 수 있습니다. 예를 들어, 인공지능이 불법적인 거래를 수행하거나, 개인정보를 유출하는 등의 문제가 발생할 경우, 이에 대한 책임 소재가 불분명해질 수 있습니다.

- 윤리적 문제 : 인공지능이 인간의 이익을 침해하는 행동을 할 수 있습니다. 예를 들어, 인공지능이 인종, 성별, 종교 등의 차별적인 요소를 반영하여 토큰 거래를 할 수 있기 때문입니다. 또 토큰 거래를 통해 얻는 수익을 독점하거나, 인간의 자유로운 경제활동을 방해하는 등의 문제가 발생할 수 있습니다.

- 기술적 한계 : 인공지능이 모든 문제를 해결할 수 있는 것은 아닙니다. 인공지능이 토큰 거래를 완벽하게 예측하거나, 보안 문제를 완전히 해결하는 것은 아직까지 기술적으로 불가능합니다. 인공지능이 토큰 거래에 활용되면서 인공지능의 오류로 인해 토큰 가격이 급

격하게 변동하거나, 거래가 중단되는 등의 문제가 발생할 수도 있습니다.

위와 같은 문제점에도 불구하고 인공지능 기술은 토큰 시장의 발전에 큰 도움이 될 것으로 예상된다. 따라서 인공지능 기술을 적극적으로 활용하면서도, 위와 같은 문제점을 예방하고 해결하는 노력이 필요하다.

5. 토큰경제가 양자 컴퓨터한테 받을 영향과 문제점

양자 컴퓨터의 잠정적 출현 소식이 암호화폐에 대한 위협으로 거론되고 있다. 양자 컴퓨터는 한마디로 양자역학을 이용한 새로운 알고리즘의 컴퓨터로 전자기반의 현재 컴퓨터 보다 수백 배~수천 배 빠른 컴퓨터이다. 양자컴퓨터는 현재 존재하는 슈퍼컴퓨터가 풀지 못하거나, 오래 걸리는 연산을 단 몇 초 만에 풀어낼 수 있는 강력한 성능을 갖게 된다고 한다. 그래서 기존 암호체계는 알고리즘 기반의 대칭 키와 비대칭 키를 주로 사용하고 있는데, 양자컴퓨터의 등장으로 인해 이러한 암호체계의 안전성에 대한 우려가 제기되고 있다. 양자컴퓨터가 기존 암호화 화폐인 토큰에 미칠 영향과 문제점을 글로버-X는 다음과 같이 대답했다.

• 토큰 보안성 약화 : 양자컴퓨터는 기존 컴퓨터보다 훨씬 빠른 속도로 암호를 해독할 수 있습니다. 따라서 양자컴퓨터가 토큰의 암호를 해독하면 토큰의 보안성이 약화될 수 있습니다. 또 양자컴퓨터 기술이 발전하면서 양자컴퓨터가 토큰 시장을 독점할 가능성이 있습니다. 이는 토큰 시장의 공정성을 해칠 수 있습니다.

• 토큰 거래 위험 증가 : 토큰의 보안성이 약화되면 토큰 거래의 위험이 증가합니다. 양자컴퓨터를 이용하면 토큰의 거래 내역을 추적하

거나, 토큰을 해킹하는 것이 더 쉬워질 수 있습니다. 해커가 토큰을 탈취하거나, 양자컴퓨터의 독점으로 토큰 거래를 조작하는 등의 범죄가 발생할 수 있습니다.

• 새로운 암호화 기술 필요 : 토큰 거래 속도가 저하될 수 있습니다. 이는 토큰 사용자들의 불편을 초래할 수 있습니다. 양자컴퓨터에 대응하기 위해 새로운 암호화 기술이 필요합니다. 양자컴퓨터가 해독하기 어려운 암호화 기술을 개발해야 토큰의 보안성을 유지할 수 있습니다.

• 토큰 산업 발전 저해 : 양자컴퓨터의 발전으로 토큰의 보안성이 약화되면 토큰 산업의 발전이 저해될 수 있습니다. 이는 투자자들의 신뢰를 떨어뜨리고, 토큰 시장의 규모를 축소시킬 수 있습니다.

물론 다른 주장도 있다. 역시 양자역학은 개발자부터 어려워하는 미지의 극한 분야지만, 미래에 올 새로운 쓰나미라고 하니 재미있다. 그래서 우리도 관심을 가져야 미래방향을 제대로 예측할 수 있을 것이다. 양자컴퓨터의 초기단계 개발을 하는 회사로는 IBM과 구글, 그리고 한국에서 많이 알려진 아이언큐 등이 있다. 그리고 중국과 미국을 비롯해 우리나라 등 여러나라 정부가 미래 세상을 근본적으로 바꿀 핵심기술로 선정하여 집중하여 육성하고 있어 그 귀추가 주목된다. 그러니 '앞으로 10년 후에는 지금의 세상은 없다'고 말한 『2030 축의전환』 저자 마우로기엔 케임브리지대학 교수의 말은 큰 의미가 있다.

지금은 초기 도입단계에 있지만 완성된다면 비트코인을 몇 분 만에 해킹할 수도 있다고 한다. 이렇게 되면 현재의 비트코인을 비롯한 암호회폐에게는 큰 위협이 이닐 수 없다. 징밀로 그린 임칭넌 컴퓨터 그린 양자 컴퓨터가 나온다면 비트코인이 정말 위험해질 것으로 보인다. 왜냐하면 양자컴퓨팅에 대한 대안을 마련할 주체가 없기 때문이다.

　나아가 사회 전반의 정보관리 시스템에 근본적인 문제를 제기할 수 있다. 암호화폐의 경우는 비트코인뿐만 아니라 알트코인도 예외가 될 수 없을 것으로 보인다. 따라서 2024년을 기준으로 해서 향후 5~10년이 지나면 양자 컴퓨터의 모습이 드러날 것으로 보인다. 안전한 재산 보호라는 측면에서 보면 향후 5년 정도가 안전한 거래 기간이라고 조심스럽게 예측해 본다. 양자 컴퓨터가 블록체인의 미래 암초가 될지 견인차가 될지 지켜봐야 할 것이다.

6. 미래사회의 3가지 격차

　21세기의 특징 중 하나는 격차의 심화다. 각 개인의 경제적 격차가 심화되면 심각한 사회문제가 야기된다. 이광형은 그의 책 『미래의 기원』에

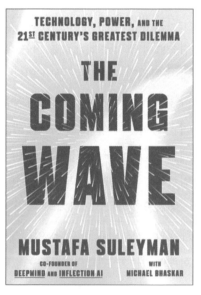

서 인공지능의 활용정도에 따른 개인격차가 심화되는 3가지 디바이드를 다음과 같이 설명하고 있다.[4]

지금의 경제적 격차는 현대사회를 움직이는 가장 큰 사상인 민주주의를 위협하고 있다. 여기에 사회 계층의 이동성이 약해져 개인 또는 계층 간의 갈등이 더욱 깊어지고 있다. 기술 발달로 인한 격차 심화는 국가 간에서도 문제가 된다. 그런데 이러한 격차는 기술 발달로 가중될 가능성이 높다. 그는 AI 시대에 인간 사회를 흔들 주요 격차는 3가지 디바이드로 설명하였다.

첫째는 이미 많이 진행된 디지털 디바이드이다. 디지털 기기를 적극적으로 사용하는 이들의 삶은 점점 더 편리해지고, 더 적은 비용으로 더 많은 결과물을 낼 수 있게 되었다. 반면 디지털 기기를 접할 기회가 적어 신기술을 익히기 어려웠던 이들은 타인의 도움 없이는 햄버거 하나 주문하기도 어려워졌다. 개인에서 나라로 확장되어도 마찬가지다. 디지털 문명을 빠르게 적용한 나라는 정보와 트렌드를 더 빠르게 습득하고 국력을 유지하거나 더 키울 수 있다. 그러나 디지털 문명에서 뒤처진 나라는 변화의 속도를 따라가지 못하고, 점점 더 벌어지는 격차를 좁히기 어렵게 된다.

두 번째는 이제 곧 본격화될 AI 디바이드다. 가까운 미래에 인공지능을 능숙하게 다룰 줄 아는 인재가 각광을 받고, AI 산업이 육성된 국가의 경제력이 그렇지 못한 국가를 압도하게 될 것이다. AI는 일자리의 양극화뿐 아니라 국방, 교육, 문화 등 전 분야에 영향을 미칠 것이기 때문에 AI를 개발하고 활용할 줄 아는 능력에 따라 엄청난 격차가 발생할 것이다.

세 번째는 브레인 디바이드다. 미래에 일어날 일이긴 하지만, 측두엽과 전두엽의 기능을 상당 부분을 AI에 일임한 인간의 뇌가 앞으로 점점 더 퇴화할 가능성이 높다. 그러나 계속해서 AI를 개발하고, 이를 활용한 서비스와 제품을 만들어내기 위해 뇌를 활용하는 사람의 뇌는 오히려 지금보다 더 발달할 수 있다.

모든 기기가 점점 더 똑똑해지는 세상에서 한층 더 똑똑한 AI를 만들고, 한층 더 기발하고 유용한 서비스를 만들려면 전두엽을 최대한 사용해야 하고 그 과정에서 더 많은 시냅스의 연결이 생길 것이기 때문이다.

브레인 디바이드는 디지털 디바이드나 AI 디바이드보다 더 본질적인 위험을 안고 있다. 어느 디바이드든 지배층과 그에 지배당하는 이들을 만들어냈다. 디지털 디바이드가 발생할 때 페이스북, 구글, 네이버, 카카오 등의 거대 기업이 생겨났고, 그 기업의 주인들은 새로운 지배층이 되었다. AI 디바이드에서도 높은 위치를 차지하기 위해서 많은 기업이 경쟁하고 있다. 오랫동안 지배 계급에 군림했던 구글이 AI 개발에 투자를 아끼지 않는 것은 챗 GPT 등의 AI 강자에게 자신의 자리를 빼앗기지 않기 위한 절박한 전쟁이라 할 수 있다.

2절. 글로벌 암호화폐 환경의 큰 흐름

2020년대에 들어 암호화폐 금융이 더욱 활성화되고 발전하는 환경이 조성되었는데, 인공지능 뤼튼(wrtn.ai)의 도움을 받아 그 요인들을 체계적으로 정리한 내용은 다음과 같다.

1. 각국 정부의 규제 및 법적 프레임워크의 정비

여러 국가는 암호화폐에 대한 명확한 규제와 법적 프레임워크를 마련함으로써 시장의 불확실성을 줄여나가고 있다. 이를 토대로 암호화폐 거래소와 관련 기업들이 합법적으로 운영될 수 있도록 하여 암호화폐 시장의 신뢰성과 투명성을 높이는 데 중요한 역할을 하고 있다. 또 투자자 보호와 시장 안정을 도모하는 데, 각 나라 별로 몇 가지 사례를 보면 다음과 같다.

1) 미국

미국 증권거래위원회(SEC)는 암호화폐와 관련된 증권법 적용에 대해 명확한 가이드라인을 제공하고 있는데, 특히 ICO와 관련된 규제를 강화하였다. 상품선물거래위원회(CFTC)도 비트코인과 같은 암호화폐를 상품으로 분류하고, 이를 기반으로 한 선물 거래를 허용했다. 한편 금융범죄단속네트워크(FinCEN)는 암호화폐 거래소와 비즈니스에 대해 자금세탁방지(AML) 및 고객확인제도(KYC)를 준수하도록 요구하고 있다.

2) 일본

일본은 자금결제법 개정(2017년)을 통해 암호화폐를 법적으로 인정하고, 암호화폐 거래소에 대한 등록제를 도입했다. 거래소는 금융청(FSA)에 등록하고 규제를 준수하도록 해서 일본은 암호화폐 거래소가 합법적으로 운영될 수 있는 환경을 마련했다. 2017년에 자금결제법을 개정하여 암호화폐를 법적으로 인정하고 규제했으며 해당 자산의 거래와 보유에 대한 명확한 규제를 마련하였다.

3) 싱가포르

싱가포르 통화청(MAS)은 암호화폐와 관련된 포괄적인 규제 프레임워크를 마련했으며, 지불 서비스법(Payment Services Act)을 통해 암호화폐 거래와 관련된 서비스를 규제하고 있다. 또한 암호화폐 거래소와 관련 서비스 제공자는 AML과 KYC 제도를 엄격히 준수해야 한다.

4) 스위스

스위스 금융시장감독청(FINMA)은 암호화폐와 블록체인 관련 기업에 대한 명확한 규제 지침을 제공하고 있다. ICO에 대한 구체적인 가이드 라인을 통해 투자자 보호와 시장 신뢰성을 높였다. 특히 스위스 주크(Zug) 지역은 '크립토 밸리'로 알려져 있으며, 블록체인 및 암호화폐 스타트업들이 많이 모여 있어 혁신적인 환경을 조성하고 있어 상대적으로 규제가 강한 한국과 같은 나라의 기업들이 선호하는 지역이 되었다.

5) 유럽연합(EU)

유럽연합은 암호화폐 자산규제(MiCA, Markets in Crypto-Assets) 프레임워크를 통해 암호화폐 시장을 규제하고 있다. 제5차 자금세탁방지지침(AMLD5)을 통해 암호화폐 거래소와 지갑 제공자에 대한 규제를 강화하였다.

6) 한국

2021년 개정된 〈특정 금융거래정보의 보고 및 이용 등에 관한 법률, 특금법〉에 따라 암호화폐 거래소는 거래 실명제를 도입하고, 금융위원회에 신고하도록 했다. 또한, 자금세탁방지 및 고객확인제도를 엄격히 준수해야 한다. 2022년부터 암호화폐 거래로 인한 소득에 대해 과세를 도입하여 시장 투명성을 높이도록 제도화하였다. 그러나 특금법 시행시기는 2024년 7월 19일이나 세금징수에 대한 사항은 사회와 정치적인 상황을 고려하여 몇 차례 연기되고 있는 상황이다.

7) 몰타

몰타는 가상 금융 자산법(VFA, 2018년)을 통해 암호화폐 거래소와 관련 기업에 대한 라이선스 제도를 도입했다. 몰타 금융서비스청(MFSA)은 이 법에 따라 암호화폐 거래소가 운영될 수 있도록 규제하고 있다.

8).에스토니아

에스토니아는 암호화폐와 관련된 서비스 제공자에게 두 가지 유형의 라이선스를 발급한다. 암호화폐 거래소 라이선스와 암호화폐 지갑 서비스 제공자 라이선스인데, 이로 인해 에스토니아는 암호화폐 산업에서 합법적인 운영을 보장하고 있다.

9) 독일

독일은 2020년부터 BaFin 라이선스 제도를 통해 암호화폐를 금융 자산으로 인정하고, 암호화폐 커스터디 서비스 제공자와 관련 기업에 대해 연방금융감독청(BaFin)에서 라이선스를 발급하고 있다. 이를 통해 독일 내 암호화폐 관련 기업들은 합법적으로 운영될 수 있다.

10) 캐나다

캐나다는 암호화폐 거래소와 관련 기업들이 캐나다 금융거래보고분석센터(FINTRAC)에 등록하고 규제를 준수하도록 했다. 이는 AML/KYC 요건을 포함하여 암호화폐 거래의 투명성을 높이는 데 기여하고 있다.

2. 기술 발전

스마트 계약, 탈중앙화 금융(DeFi), 확장성 솔루션 등 블록체인 기술이 발전하면서 암호화폐 금융 서비스의 안정성과 효율성이 증대되고 있다. 아래와 같은 사례들은 블록체인 기술이 금융 서비스의 안정성과 효율성을 어떻게 증대시키고 있는지를 잘 보여준다. 이러한 기술들은 계속해서 발전하고 있으며, 앞으로도 더 많은 혁신적인 사례들이 나올 것으로 기대된다.

1) 스마트 계약

스마트 계약은 조건이 충족되면 자동으로 실행되는 자율적인 계약으로 이는 특히 금융 서비스에서 많은 혁신을 불러왔다. 대표적인 사례는 다음과 같다.

- MakerDAO : 이더리움 블록체인 기반의 탈중앙화 자율 조직(DAO)으로, 스마트 계약을 통해 DAI라는 스테이블 코인을 발행한다. 이 시스템은 담보 대출을 통해 DAI의 가치를 안정적으로 유지한다.

- UNISWAP : 이더리움 기반의 탈중앙화 거래소(DEX)로, 스마트 계약을 통해 자동화된 유동성 제공 및 거래를 지원한다. 중개자 없이 사용자 간 직접 거래가 가능하며, 이는 거래 비용을 낮추고 효율성을 높여준다.

2) 탈중앙화 금융(DeFi)

DeFi는 전통적인 금융 시스템을 탈중앙화하여 누구나 접근할 수 있도록 하는 금융 서비스이다.

- AAVE : 탈중앙화 대출 플랫폼으로, 사용자가 암호화폐를 담보로 대출을 받거나 예금을 통해 이자를 받을 수 있다. 스마트 계약을 통해 자동으로 대출 조건이 관리된다.

- Compound : 다른 탈중앙화 대출 플랫폼으로, 사용자가 암호화폐를 예치하고 이자를 받을 수 있다. 이자율은 시장 수요와 공급에 따라 자동으로 조정된다.

3) 확장성 솔루션

확장성 솔루션은 블록체인 네트워크의 처리 속도와 효율성을 높이는 기술이다.

- Polygon(Matic Network) : 이더리움의 확장성 문제를 해결하기 위한 레이어2 솔루션이다. Polygon은 더 빠르고 저렴한 거래를 가능하게

하여 다양한 DeFi 애플리케이션들이 더 효율적으로 운영될 수 있도록 돕는다.

- Lightning Network : 비트코인의 확장성을 개선하기 위한 레이어2 솔루션으로, 비트코인 블록체인 외부에서 거래를 처리한다. 이는 거래 속도를 높이고, 수수료를 낮추며, 네트워크의 부담을 줄여준다.

4) 스테이블 코인

스테이블 코인은 법정 화폐나 기타 자산에 연동되어 가치를 안정적으로 유지하는 암호화폐를 말한다.

- USDC(USD Coin) : 달러에 연동된 스테이블 코인으로, 다양한 DeFi 프로토콜에서 안정적인 거래 수단으로 사용되고 있다. 이는 암호화폐 시장의 변동성 위험을 줄이는 데 기여한다.

- Tether(USDT) : 또 다른 달러 연동 스테이블 코인으로, 암호화폐 거래소에서 가장 많이 사용되는 스테이블 코인 중 하나이다.

5) NFT 마켓플레이스

NFT는 디지털 자산의 소유권을 블록체인 상에 기록하여 증명하는데 주요 거래소는 다음과 같다.

- OpenSea : 가장 큰 NFT 마켓플레이스로, 사용자들이 디지털 자산을 구매, 판매, 거래할 수 있다. 블록체인 기술을 통해 소유권과 거래 내역이 투명하게 관리된다.

- Rarible : 사용자들이 직접 NFT를 발행하고 거래할 수 있는 플랫폼으로, DeFi 요소와 결합하여 수익 분배 모델을 제공한다.

3. 보안강화

암호화폐 지갑 및 거래소의 보안 기술이 강화되어 해킹 및 도난 위험이 감소되고 있다. 아래와 같은 사례들은 암호화폐 지갑 및 거래소가 다양한 보안 기술을 통해 사용자 자산을 보호하는 방법을 잘 보여준다. 이러한 노력들은 암호화폐 생태계의 신뢰성과 안정성을 높이는 데 크게 기여할 것이다.

1) 하드웨어 지갑

하드웨어 지갑은 암호화폐를 오프라인에서 안전하게 보관할 수 있는 물리적 장치이다. 이것을 이용하면 온라인 해킹의 위험을 크게 줄일 수 있다.

- Ledger : Ledger Nano S와 Ledger Nano X는 가장 인기 있는 하드웨어 지갑들로, 사용자는 개인 키를 오프라인 상태로 안전하게 보관해야 한다. 또한, Ledger Live 소프트웨어를 통해 사용자가 안전하게 자산을 관리할 수 있다.
- Trezor : Trezor One과 Trezor Model T는 또 다른 유명한 하드웨어 지갑으로, 사용자의 개인 키를 오프라인 상태로 유지하며, 다양한 보안 기능을 제공한다.

2) 멀티-시그니처 지갑

멀티-시그니처 지갑은 여러 명의 승인이 필요하도록 설정할 수 있어 보안을 강화시킨다. 이는 기업과 기관이 자산을 안전하게 관리할 수 있도록 해주기 때문에 개인의 '먹튀행위'를 방지할 수 있다.

- BitGo : BitGo는 멀티-시그니처 기술을 활용하여 고도의 보안을 제공하는 암호화폐 지갑 서비스이다.

- Electrum : Electrum 지갑은 멀티-시그니처 기능을 제공하여 사용자가 다중 서명을 통해 거래를 승인하도록 한다.

3) 거래소의 보안 강화

암호화폐 거래소는 다양한 보안 기술을 통해 사용자 자산을 보호한다. 주요 거래소의 예를 보자.

- Coinbase : Coinbase는 사용자 자산의 98%를 오프라인 콜드 스토리지에 보관하며, 나머지 2%는 핫 월렛에 보관하되 보험을 통해 보호한다. 또한, 2단계 인증(2FA)과 생체 인식 로그인 등 다양한 보안 기능을 탑재하였다.

- Binance : Binance는 Secure Asset Fund for Users(SAFU)라는 보험기금을 운영하여 해킹 사고 발생 시 사용자 자산을 보호한다. 또한, 2FA와 IP 및 장치 화이트리스트 기능을 통해 보안을 강화한다.

4) 탈중앙화 거래소(DEX)

탈중앙화 거래소는 사용자 자산을 직접 보관하지 않기 때문에 중앙화된 서버가 해킹당할 위험이 줄어든다.

- Uniswap : Uniswap은 사용자가 자산을 직접 관리하도록 하며, 스마트 계약을 통해 거래를 자동으로 실행한다. 이는 사용자가 자산을 거래소에 예치하지 않기 때문에 보안이 강화된다.

- SushiSwap : Uniswap과 유사하게, SushiSwap은 사용자 자산을

직접 관리하지 않고, 탈중앙화된 방식으로 거래를 처리한다.

5) 보안 감사 및 백서

많은 암호화폐 프로젝트와 거래소는 보안 강화를 위해 정기적인 보안 감사와 백서를 발행한다.

- Chainlink : Chainlink는 스마트 계약의 보안을 강화하기 위해 여러 보안 감사 기관의 검토를 받는다. 이는 스마트 계약이 예상대로 작동하는지 확인하고, 잠재적인 취약점을 사전에 방지한다.

- AAVE : AAVE는 정기적으로 보안 감사를 실시하고, 보안 관련 백서를 발행하여 사용자에게 보안 상태를 투명하게 공개한다.

4. 암호화폐에 대한 대중과 대기업의 인식 변화

이제 일반 대중도 암호화폐가 투기적 자산을 넘어 장기적인 투자 수단으로 인식하기 시작했다. 이는 대중에게 암호화폐와 관련된 정보와 교육 자료가 많이 제공되어 이해도가 높아졌기 때문으로 생각된다. 비트코인이 디지털 금으로 인식되기 시작하면서, 인플레이션 헤지 및 가치 저장 수단으로서의 역할이 강조되고 있다. 예를 들어 많은 투자자들은 비트코인을 금과 유사한 안전 자산으로 보고 장기 보유 전략을 채택하고 있다. 또한 주요 금융기관과 대기업들이 암호화폐에 투자하거나 이를 수용함으로써, 암호화폐가 장기적인 투자 수단으로 인식되고 있다. 예를 들어, 테슬라, 스퀘어, 마이크로스트레티지는 비트코인을 대차대조표에 추가하여 장기적인 투자 자산으로 활용하고 있다.

- 암호화폐 ETF 및 펀드 : 앞서 언급한 암호화폐 ETF와 펀드의 출시

는 암호화폐를 보다 접근하기 쉽게 만들었으며, 이는 대형 금융기관들로 하여금 장기적인 투자 수단으로서의 인식을 강화하는 데 기여하였다.

- 탈중앙화 금융(DeFi) 상품 : DeFi 플랫폼을 통해 투자자들은 암호화폐를 활용한 다양한 금융상품에 접근할 수 있게 되었으며, 이는 암호화폐를 단순 투기적 자산이 아닌 장기적인 투자 수단으로 인식하게 만들었다.

- 온라인 코스 : Coursera, Udemy, Khan Academy 등과 같은 온라인 교육 플랫폼에서는 블록체인 및 암호화폐에 관한 다양한 교육 과정을 제공하고 있다. 이러한 코스들은 암호화폐의 기본 개념부터 고급 투자 전략까지 다루고 있어 대중의 이해도를 높이는 데 기여하고 있다.

- 대학 프로그램 : MIT, 스탠포드, 하버드 등 주요 대학에서는 블록체인 및 암호화폐 관련 강좌와 연구 프로그램을 운영하고 있다. 이는 학생들과 연구자들이 암호화폐에 대한 깊은 이해를 하는 데 도움을 주고 있다.

- 유튜브 및 팟캐스트 : 유튜브와 팟캐스트에서는 암호화폐 전문가들이 다양한 주제를 다루며 대중에게 알기 쉽게 설명하는 콘텐츠를 제공한다. 이 책을 내는데 기여한 우승택 교수와 오태민 교수, 그리고 홍익희 교수 등이 한국의 코인경제 활성화에 많은 기여를 하고 있다.

- 정부의 정보 제공 : 일부 정부 기관은 시민들에게 암호화폐에 대한 정보와 교육 자료를 제공하고 있다. 예를 들어, 미국 증권거래위원회(SEC)는 암호화폐와 관련된 투자자 교육 자료를 제공하며, 금융소

비자 보호국(CFPB)은 암호화폐 사용과 관련된 위험을 알리는 자료를 배포하고 있다.

5. 주요 금융기관의 암호화폐 서비스 본격 참여

주요 은행과 금융기관들이 암호화폐와 관련된 서비스(예 : 암호화폐 거래, 커스터디 서비스 등)를 제공하기 시작했다. 또한 암호화폐 기반 ETF 등 다양한 투자상품이 출시되어 기관 투자자들의 참여가 확대되고 있다. 아래와 같은 구체적인 사례들은 디지털 자산 생태계 발전과 암호화폐 시장에 대한 신뢰성 향상, 그리고 암호화폐의 제도권 편입 가속화와 기관 투자자들의 참여를 촉진하는 데 큰 역할을 하고 있다. 이는 암호화폐 생태계의 성장을 더욱 가속화하는 으뜸가는 요인으로 작용하고 있다.

1) 모건 스탠리(Morgan Stanley)

모건 스탠리는 2021년 초에 비트코인 펀드를 출시하여 고액 자산가 고객들에게 비트코인 투자 기회를 제공했다. 이 펀드는 Galaxy Digital과 협력하여 제공된다. 또 모건 스탠리는 고객들에게 암호화폐 기반 ETF 및 투자상품 등 다양한 상품을 제공하고 있다. 예를 들면 2021년 10월, ProShares는 최초의 비트코인 선물 기반 ETF인 ProShares Bitcoin Strategy ETF를 뉴욕 증권거래소에 상장했다. 이는 미국 증권거래위원회(SEC)로부터 승인을 받은 최초의 비트코인 ETF이다.

2) JP 모건 체이스(JP Morgan Chase)

JP 모건 체이스는 자체 디지털 통화인 JPM 코인을 개발하여 기관 간

실시간 결제를 지원하고 있다. 2021년 JP 모건 체이스는 비트코인 펀드를 출시하여 고액 자산가 고객들이 비트코인에 투자할 수 있는 기회를 제공했다.

3) 골드만 삭스(Goldman Sachs)

2021년 골드만 삭스는 비트코인 파생상품 거래 데스크를 재개하여 고객들에게 비트코인 선물 및 비트코인 관련 파생상품 거래를 제공하기 시작했다. 또한 골드만 삭스는 암호화폐 커스터디 서비스를 제공하기 위해 다양한 기술적 솔루션을 탐색하고 있다.

4) 블랙록(BlackRock)

블랙록은 세계 최대 자산운용사로서 암호화폐 시장, 특히 비트코인 관련 투자상품 개발에 중요한 역할을 해왔다. 블랙록은 2023년 6월 미국 증권거래위원회(SEC)에 비트코인 현물 ETF 상장 신청서를 제출해 2024년 초에 허가를 받았다. 이는 기관 투자자들이 직접 비트코인을 보유하지 않고도 비트코인 가격 변동에 투자할 수 있는 기회를 제공하는 중요한 계기가 되었다.

6. 글로벌 규제 협력

2024년에는 암호화폐 시장의 투명성과 신뢰성을 높이기 위해 국제적인 규제 협력이 강화되었다. 이와 같은 요인들이 결합되어 2024년 암호화폐 금융의 활성화와 발전을 이끌어 나가고 시장의 안정성과 투자자 보호를 위한 표준화 노력 등 중요한 발걸음이 되었다. 구체적인 몇 가지 사례는 다음과 같다.

1) 국제 금융 감독 기구(FSB)

금융 안정성 이사회(FSB)는 글로벌 금융 시스템의 안정성을 유지하기 위해 암호화폐 규제 프레임워크를 마련하고 있다. FSB는 주요 국가의 금융 감독 기관들과 협력하여 암호화폐 거래소와 지갑 서비스 제공자에 대한 규제 지침을 수립했다. 이를 통해 자금세탁방지(AML) 및 테러 자금 조달방지(CFT) 규정이 강화되었다.

2) G20

G20 정상 회의에서는 암호화폐 관련 규제 및 감독에 대한 국제적 협력 방안이 논의가 진행되고 있다. 2023년 G20 정상 회의에서는 암호화폐 규제의 일관성을 확보하기 위해 회원국 간의 정보 공유 및 협력을 강화하기로 합의하였다. 이는 각국의 규제 차이로 인한 시장 혼란을 줄이고, 글로벌 암호화폐 시장의 안정성을 높이는 데 기여하였다.

3) FATF

금융 행동 태스크 포스(FATF)는 암호화폐 관련 자금세탁 및 테러 자금 조달방지를 위한 글로벌 기준을 설정한다. FATF는 2024년에는 암호화폐 트랜잭션에 대한 거래 규칙(Travel Rule) 적용을 강화하여, 암호화폐 서비스 제공자들이 고객 정보를 공유하도록 요구하고 있다. 이는 불법 활동을 차단하고 시장의 투명성을 높이는 데 중요한 역할을 하고 있다.

4) ISO(국제 표준화 기구)

ISO는 암호화폐 관련 기술 표준을 제정하여, 글로벌 시장에서의 일관성을 확보하고 있다. 예를 들면 ISO/TC 307은 블록체인 및 분산원장기술(DLT)에 대한 표준을 제정하여 암호화폐 거래의 보안성과 투명성을 높이는데 기여하고 있다. 특히 ISO 20022 표준은 암호화폐와 전통금융시스템 간의 상호 운용성을 높이는 데 중요한 역할을 하고 있다.

5) IEEE(국제 전기전자공학회)

IEEE는 암호화폐와 블록체인 기술의 표준화를 추진하는 등 기술적 안정성을 확보하기 위해 노력하고 있다. IEEE P2418.1 표준은 블록체인 기술의 프레임워크를 제공하여, 다양한 산업에서 블록체인의 도입과 활용을 촉진하고 있다. 이는 암호화폐의 기술적 신뢰성을 높이는 데 기여하고 있다.

6) W3C(월드 와이드 웹 컨소시엄)

W3C는 웹 기술의 표준화를 주도하고 있으며, 암호화폐와 관련된 웹 기술 표준을 마련하고 있다. W3C는 탈중앙화된 아이덴티티(DID)와 같은 기술 표준을 통해, 암호화폐와 블록체인 기반의 신원 인증 시스템을 구축하고 있다. 이는 사용자 신원의 보안성과 프라이버시를 강화하는 데 기여하고 있다.

3절. 나의 코인경제 왜, 어떻게 해야 하나

1. 화폐 혁명은 의식혁명에서 시작된다

우리가 살아가는 국가나 글로벌 사회에서 돈을 둘러싼 '머리짜내기' 싸움은 매일이 피 터지는 전쟁터이다. 암호화폐만 해도 그렇다. 이것이 규제되거나 육성되는 제도적 갈등에서부터 거래시장까지 통털어 보면 인간의식이 상호 연결되어 있음을 알 수 있다. 그래서 암호화폐의 완전한 발전과 실용화는 이것을 둘러싼 인간들의 의식의 총합으로 그 속도가 정해지는 것이라 할 수 있다. 국가차원에서 보면 어떤 정부와 국민 소비자들이 얼마나 체계적으로 생각과 의식을 조화시켜나가는가에 따라 나라별 차이가 생기게 됨을 알 수 있다. 암호화폐의 진정한 가치를 합의하여 키워나갈 때에만 역사의 흐름을 바꿀 수 있다.

그러한 과정을 거치면서 낡은 아날로그 화폐와 암호화폐의 구조와 패러다임은, 밖에서 구경하는 사람들에게는 서서히 바뀌게 될 것이지만, 암호화폐 세계 안에서 활동하는 사람들에겐 매우 빠르게 바뀌어 가고 있다. 이것은 사회의 한 차원에서 진화가 일어나고 새로운 일들이 진행되기 위한 절차이므로 이러한 것을 인식하지 못하는 사람은 두려워하고 안타까워하며 공부를 해야만 살아남을 수 있다. 반대로 이것을 이해한 사람들은 완전히 새로운 미래와 희망으로 미래의 새로운 부가 기다리고 있다. 이렇게 일련의 과정에서 시간과 지식과 성숙의 기간이 필요하다는 것을 감안한다면 권력을 갖고 휘두르는 사람들에게 감정적으로 대하거나 우리 스스로 안달하며 에너지를 낭비할 필요가 없다.

언제나 그렇듯이 인류는 그 시대를 이끄는 문명의 진화를 향한 커다란 도약을 이끄는 무리는 그리 많지 않다. 이러한 진보 무리 속에 들어가려면 혁명적으로 인식의 변화를 가져오는 '인식혁명식'을 거쳐야 한다. 인식혁명식이란 한 의식의 수준에서 다른 수준으로 가기 위한 필수과정이며, 현재의 자신을 뛰어넘어 더 큰 잠재성을 실현하기 위한 인식 각성의 통쾌한 자아발전이다.

2. 자동으로 털리는 서민들의 유리 지갑

'개인에게 속으면 재산 일부를 잃어버리지만, 시대에 속으면 모든 재산을 잃는다'는 말이 있다. 우리가 살아가면서 제일 중요한 것이 돈이고 일상의 생각을 지배하는 것은 자본주의 시스템이다. 그런데 우리는 중 · 고등학교 교과과목에 돈 버는 얘기는 빠져있어 학교에서부터 돈 얘기는 하지도 듣지도 못하고 자라왔다. 대학에서도 선택한 사람만 경제공부를 하고 대다수는 사회생활을 하면서 몸으로 부딪치며 배우고 실수를 통해 깨닫게 된다. 한마디로 제일 중요한 돈과 경제에 대한 것을 제일 불합리한 방법으로 터득하는 것이다. 그러니 서민들의 경제적 삶은 '수영을 배우지 않은 사람이 강이나 바다에서 허우적거리며 배우게 되는 위험한 방식'의 연속이다.

그래서 일반인들은 자세히 들여다보지 않으면 '자본주의에서는 시간에 비례하여 통화량은 늘어나고 자동으로 화폐 가치가 휘발한다'는 것을 모른다. 즉 서민들의 재산은 점차 줄어들고 있는데 이것은 이들이 무능해서가 아니다. 이것은 인플레이션 기반의 금융자본주의 구조 때문이라는 인식을 하지 못했기 때문이다. 코로나 이후 인플레이션이 지난 40년 동안 가장 높았다는 것은 모두가 체험한 사례다. 인플레이션으로 인해 에너지 가격과 시간당 임금이 계속 올라가면 자영업자의 순수익률은 계속 감소하게 되는데 이런 상황을 감당할 수 있는 자영업자들은 제한적이고 대다수는 감당할 수 없게 된다.

그러므로 이런 흐름에 내가 반항해봐야 바뀔 게 없다. 어떤 사람들은 이런 경제적 악화가 어떤 정권에 문제가 있어서 그렇다고 하는데, 정권이 바뀐다고 해결되는 문제가 아니다. 글로벌로 연동되는 경제체계에서 벌어지는 일이니 한국이든 미국이든 전 세계 어디 가나 비슷하다. 그래서 가끔 우리는 어떤 유능했던 사람을 오랫만에 만났는데, 이분이 폭망한 상황에 놓여 있는 것을 발견할 때가 있다. 이분이 세월의 흐름을 몰랐든지 아니면 외면했기 때문이다. 이제 모두가 부자가 되는 꿈을 꾸기 전에 내 유리지갑에 어떤 구멍이 나 있는지는 알아야 한다.

3. 자본 '쩐주'들의 '양털깎기'

여기서 '쩐주'들은 글로벌 대재벌이나 금융그룹 등을 지칭하며, '양털깎기'란 시민들의 경제판을 흔들어 IMF같은 요동치는 경제상황을 연출한 후 기회가 오면 생겨난 부를 싹쓸이해가는 상황을 말한다. 마치 양털자라기를 기다렸다가 다 자라고 나면 단번에 깎아 내는 것에 비유하는 경제속어다. 그래서 개미들은 항상 이런 돈귀신들의 교묘한 작전에 휘말리지 않도록 경계해야 한다.

'양털깎기'는 주로 헤지펀드나 국제 금융 블록커들이 경제 상황을 왜곡하여 시장을 망가뜨린 후, 저평가된 가격으로 자산을 약탈하는 수법을 말한다. 이와 같은 사례들은 '양털깎기'의 대표적인 예시로, 국제 금융기관들은 경제 상황을 왜곡하여 시장을 망가뜨리고, 저평가된 자산을 약탈하는 수법으로 다른 나라의 부를 약탈해 가는 것이다. 이러한 행위는 시장의 투명성과 공정성을 훼손시키며, 경제적 불균형을 초래할 수밖에 없

다. 이런 악질적 행위는 역사적으로 몇 가지 유명한 사건들을 통해 확인
할 수 있다.

1) 아시아 금융위기(1997-1998)

1997년 태국에서 시작된 금융위기는 빠르게 아시아 전역으로 확산되
었다. 헤지펀드와 같은 국제 금융기관들은 아시아 국가들의 통화를 투기
적으로 매각하여, 해당 통화의 가치를 급격히 떨어뜨렸다. 그 결과 아시
아 국가들은 외환 보유고가 급감하고 통화 가치가 하락하면서 경제적 혼
란에 빠졌다. 이러한 혼란 속에서 국제 금융기관들은 저렴한 가격으로
아시아 기업들과 부동산을 매입할 수 있었다.

2) 러시아 금융위기(1998)

러시아는 1990년대 후반 경제 개혁과 함께 외환 유출과 내부 경제 불
안정으로 고통받고 있었다. 이 시기를 틈타 국제 금융기관들은 러시아
루블화에 대한 투기를 강화했다. 그리하여 루블화의 급격한 평가절하와
함께 러시아 경제는 심각한 위기에 처했다. 러시아 정부는 채무 불이행
선언을 했고, 국제 금융기관들은 저렴한 가격에 러시아의 자산을 매입할
수 있는 기회를 얻었다.

3) 아르헨티나 경제 위기(2001-2002)

아르헨티나는 1990년대 후반부터 심각한 경제 위기에 직면해 있었
다. 국제 금융기관들은 아르헨티나 페소화와 국채에 대한 투기를 강화하
여, 경제 위기를 더욱 악화시켰다. 그 결과 아르헨티나는 경제 혼란 속에
서 채무 불이행을 선언했으며, 페소화의 가치가 급락했다. 이로 인해 국

제 금융기관들은 저렴한 가격에 아르헨티나의 자산을 매입할 수 있었다.

4) 2008년 글로벌 금융위기

2008년 서브프라임 모기지 사태로 시작된 글로벌 금융위기는 미국을 비롯한 전 세계 금융 시장에 큰 충격을 주었다. 헤지펀드와 대형 금융기관들은 금융상품의 복잡성을 이용하여 부동산 시장을 붕괴시키고, 주식 시장을 혼란에 빠뜨렸다. 그 결과 글로벌 금융 시장의 혼란 속에서 많은 기업과 부동산의 가치가 급락했다.

5) 2008년 한국이 겪은 금융위기의 교훈

한국도 2008년 금융위기로 인해 경제적 손실과 고통을 겪었으며, 여러 문제들이 발생했다. 금융위기가 본격화되면서 한국의 주식시장도 큰 타격을 받았다. 코스피 지수는 급격히 하락하여 많은 투자자들이 큰 손실을 입었다. 외환시장에서도 큰 변동성이 발생했다. 원/달러 환율이 급등하면서 원화 가치가 하락했고, 이는 한국 기업들의 수입 비용 증가와 외환 부채 상환 부담을 가중시켰다. 그리고 글로벌 수요 감소로 인해 한국의 주요 수출 산업들이 타격을 받았는데, 특히, 자동차, 전자, 조선업 등 주요 산업들이 큰 영향을 받았다. 금융위기로 인한 소비 심리 위축과 투자 감소로 내수 경기도 침체되었다. 이는 기업들의 매출 감소와 고용 불안정으로 이어졌다. 이러한 금융위기의 여파로 많은 중소기업들이 자금난을 겪으며 부도를 맞았고, 이것은 제조업계 전반에 걸쳐 연쇄적인 영향을 미쳤다. 기업들의 부도와 경영 악화로 인해 많은 근로자들이 일자리를 잃었고, 실업률 상승은 가계 경제에 큰 타격을 주었으며, 사회적 불안정을 초래하였다.

금융기관들도 예외가 아니었다. 금융위기의 영향으로 한국의 일부 금융기관들도 유동성 위기를 겪었다. 이는 금융 시스템 전반의 신뢰도 저하와 자금 경색으로 이어졌다. 한국 정부는 금융 시장 안정을 위해 여러 긴급 구제 조치를 시행해야 했다. 예를 들어, 은행에 대한 자본 확충과 유동성 공급, 외환시장 안정화를 위한 조치들이 취해졌다. 2008년 글로벌 금융위기 이후 한국의 GDP 성장률은 급격히 둔화되었다. 이는 경제 전반의 활력을 저하시켰으며, 회복까지 오랜 시간이 걸렸다.

또한 금융위기 이후 많은 가정이 부채 문제를 겪었기에 이것은 소비 여력 감소와 경제적 불안정으로 이어졌다. 이어진 실업률 상승과 경제적 어려움으로 인해 사회적 불안이 증가해 사회 전반에 걸쳐 나쁜 영향을 미쳤다. 그래서 사회 복지 시스템의 중요성이 부각되었다. 이러한 위기를 통해 우리가 배운 것은 금융을 쥐고 있는 일부의 악한 세력이 지구촌 경제를 완전히 망쳐버릴 수 있다는 위기의식이었다. 앞으로 이런 위기를 극복하기 위해 정부와 기업, 그리고 국민들이 함께 적극적인 대처방안을 만들어야 한다는 것이다. 결국 그 답은 우리가 조속히 디지털 암호화폐 경제로 뭉쳐서 사회적 양극화를 최소화하고 글로벌경제의 지도국이 되어 국제적인 위상을 높여야 한다고 필자는 생각한다.

4. 웹3에 참가하면 얻을 수 있는 4가지 수익모델

앞에서 살펴본 대로 아날로그 종이돈 경제체계나 웹2에서는 내가 인플레이션으로 잃는 돈에 대해, 또는 금권권력이 휘두르는 권모술수에 개인적으로 저항할 수 있는 방법이나 대체할 수단이 없다. 그러나 블록체인과 웹3.0 경제체계에서는 탈중앙화 자율 조직인 DAO(Decentralized Autonomous Organization)의 원리로 진행되기 때문에 내가 공식적으로 지갑이 털리는 것을 방지할 수 있다. 블록체인을 기반으로 투명하고 민주적으로 운영되는 원칙에 따라 진행되기 때문에 내가 참여한 만큼 정당한 보상을 받을 수 있다는 장점이 있다. 그래서 이제는 '코인이나 블록체인은 사기꾼들이나 다단계 꾼들이 하는 먹튀'라는 잘못된 개념을 바꾸어야 한다. 일반 독자들이 참가할 수 있는 몇 가지 주요 수익모델을 소개하고, 이를 실현하는 방법을 자세히 설명한다.

1) 디파이(DeFi, 분산형 금융) 투자

분산형 금융이라는 의미의 디파이(DeFi, Decentralized Finance)는 전통적인 금융 시스템을 블록체인 기술을 통해 탈중앙화한 금융 서비스이다. 디파이를 통해 일반 사용자는 다음과 같은 절차와 방법으로 예금, 대출, 거래 등을 할 수 있다.

- 지갑생성 : 지갑의 종류는 다양하다. 메타마스크 등 여러 가지 지갑에서 자기가 쓰기 편리한 블록체인 지갑을 설치한다. 주로 휴대폰을 사용하고 금액이 많은 경우에는 온라인에서 분리하여 보관할 수 있는 콜드월렛(Cold Wallet)을 설치한다.

- 암호화폐 구매 : 예를 들면 업비트나 코인베이스, 바이낸스거래소와 같은 국내외 거래소를 통해 BTC나 ETH 등 자기가 잘 아는 암호화폐를 구매한다.

- 디파이 플랫폼 접속 : Uniswap, Aave, Compound와 같은 디파이 플랫폼에 회원가입 후 접속한다.

- 투자 : 예금, 대출, 유동성 공급 등의 방식으로 암호화폐를 투자한다. 예를 들어, Aave에서 이자를 받을 수 있는 대출을 제공하거나 Uniswap에서 유동성 풀에 자기의 자산을 공급할 수 있다.

2) 스테이킹(Staking)

스테이킹은 특정 암호화폐를 블록체인 네트워크에 예치하여 네트워크의 운영을 지원하고, 그 대가로 보상을 받는 방식을 말한다. 일반은행에서 저금을 해주면 이자를 지급해 주는 방법과 같은 개념이다. 이러한 수익모델들은 모두 블록체인 기술의 발전과 함께 더욱 다양해지고 있다.

- 지갑생성 : 지갑의 종류는 다양하다. 메타마스크(MetaMask) 등 여러 가지 지갑에서 자기가 쓰기 편리한 블록체인 지갑을 설치한다. 주로 휴대폰을 사용하고 금액이 많은 경우에는 온라인에서 분리하여 보관할 수 있는 콜드월렛(Cold Wallet)을 설치한다.

- 암호화폐 구매 : 거래소에서 스테이킹이 가능한 암호화폐(예: 이더리움, 카르다노)를 구매한다.

- 스테이킹 플랫폼 선택 : 소속된 블록체인의 공식 스테이킹 플랫폼이나 Binance Staking, Kraken Staking과 같은 서비스를 이용한다.

- 스테이킹 참여 : 스테이킹을 통해 암호화폐를 예치하고, 정해진 계약 기간 동안 보상을 받는다.

3) 대체불가능토큰(NFT) 거래

NFT는 디지털 자산의 소유권을 증명하는 토큰으로 매매만 가능하고 지적 재산권이나 특허권은 주어지지 않는다. 예술 작품, 음악, 비디오, 게임 아이템 등 다양한 형태로 수많은 종류가 있다.

- 지갑생성 : 지갑의 종류는 다양하다. 메타마스크 등 여러 가지 지갑에서 자기가 쓰기 편리한 블록체인 지갑을 설치한다. 주로 휴대폰을 사용하고 금액이 많은 경우에는 온라인에서 분리하여 보관할 수 있

는 콜드월렛(Cold Wallet)을 설치한다.

- 암호화폐 구매 : 거래소에서 ETH 등 NFT 거래에 사용되는 다른 암호화폐를 구매한다.

- NFT 마켓플레이스 접속 : OpenSea, Rarible, SuperRare와 같은 NFT 마켓플레이스에 가입하고 접속한다. 처음에는 그 플랫폼에 어떤 종류나 기능이 있는지, 어떤 거래 규칙이 있는지 살펴본 후 내가 활동할 분야를 선택한다.

- 구매 및 판매 : 마음에 드는 NFT를 구매하거나, 자신의 디지털 자산을 NFT로 만들어 판매한다.

4) 플레이투언(Play-To-Earn) 게임

플레이투언 게임에서는 놀기만하는 일반 게임과 달리 게임을 하면서 암호화폐나 NFT를 얻을 수 있다. 대표적인 예로는 Axie Infinity와 같은 게임이 있다.

- 게임 계정 생성 : 플레이투언 게임의 공식 웹사이트에서 계정을 생성한다.

- 초기 투자 : Axie Infinity와 같은 게임은 시작하기 위해 몇몇 초기 자산(예: Axie 캐릭터)을 구매해야 한다.

- 게임 플레이 : 게임을 플레이하면서 퀘스트를 완료하거나 대전을 통해 보상을 획득한다.

- 보상 수익화 : 게임 내에서 얻은 자산을 외부 마켓플레이스에서 판매하여 수익을 실현한다.

5. 암호화폐 황소 시장에 올라타자

화폐 혁명은 의식혁명에서 시작된다. 지금은 암호화폐의 진정한 가치를 키워 역사의 흐름을 바꿀 수 있는 절호의 기회이다. 지금 미국에서부터 시작된 암호화폐 혁명은 밖에서 구경하는 사람들에게는 '강건너 불'이지만, 암호화폐 세계 안에서 활동하는 사람들에겐 '기쁜 돈 혁명의 쓰나미'가 보인다. 전문가들은 이 새로운 돈의 물결에 참여할 최적기는 2024년 말 정도를 진단한다. 이것을 이해한 사람들은 완전히 새로운 미래와 희망을 쌓아갈 수 있다. 그러나 이 급격한 변혁의 흐름을 인식하지 못하는 사람들은 두려워하고 안타까워하고 분노하며 공부해야만 살아남을 수 있다.

코인경제의 전문가 홍익희 교수는 최근의 코인경제 동향에 대해 다음과 같이 이야기하였다.[5]

1) 앞으로 기관투자자들의 유입이 본격화 된다

2024년 초에 비트코인 현물 ETF가 승인되어 이제 많이 팔리고 있다. 2024년 1분기 비트코인 현물 ETF에 투자한 내용 중에 개인이 주도한 것이 약 80%이고 기관이 투자한 것이 약 20% 정도 된다. 실제 투자내역을 SEC에 보고해야 할 기관 투자자 수가 약 1만 개 정도인데 이중에 10% 정도가 투자한 것으로 나타났다. 정작 큰 손들은 아직까지도 주식만 하고 있고 직접 발을 담그지 않았다. 왜냐하면 원래 기관 투자자들은 이런 새로운 상품이 생기면 처음에 한 3개월은 지켜보는 게 상례이다. 진짜 안전한 건지 그리고 성장 가능성이 큰 건지를 지켜보는 것이다. 그간 기관투자자들이 비트코인 같은 것을 매입하지 못했던 가장 큰 이유는 세금의 회계문제와 보관방법이 불투명했기 때문이다. 비트코인을 구매한다면 이것을 자체적으로 지갑에 가지고 있어야 하는지?, 아니면 거래소에 맡겨놔야 하는지?, 아니면 수탁 업체에 맡겨 보관해야 되는지? 등등의 문제 때문에 사실은 기관 투자자들이 여태까지는 접근을 못 했다.

그런데 비트코인 현물 ETF가 나오면서 이런 문제들을 일거에 다 해결되었다. 그래서 이제는 기관 투자자들이 본격적으로 시장에 발을 담그기 시작했고, 앞으로 기관 투자자들의 참여가 본격화될 것으로 보인다.

바빠진 일반 투자자들
bing.com/images/create로 창작

그런 의미에서 지금까지는 개인 투자자들이 주도하는 시장이지만 앞으로는 주식과 마찬가지로 기관 투자자들이 주도하는 시장으로 바뀌게 되어 앞으로 2024년 3분기, 4분기로 갈수록 기관 투자자들의 유입이 본격화될 것으로 보인다. 그렇게 되면 개인 주도 시장에서 나중에는 기관 투자자 주도 시장으로 비트코인시장이 바뀔 것이다.

그렇게 되면 본격적인 강세장이 시작될 것인데, 또 하나의 요인은 거래에서 물량이 지금 빠른 속도로 줄어들고 있다는 것이다. 2024년 초에 있었던 비트코인 현물 ETF가 본격적으로 시작되면서 앞으로 거래소들이 갖고 있는 물량 자체가, 바이비트 거래소의 보고서에 의하면 약 9개월 정도면 소진될 것으로 보인다.

2) 전통금융시장과 암호화폐 시장의 관계 변화

지금까지 한 나라의 패권적 통화가 공급자 중심에서 발행되어 왔지만 앞으로는 소비자 중심으로 바뀌게 될 것이다. 즉 소비자들이 자기가 원

한국민의 코인 부자 염원 이미지
bing.com/images/create로 창작

하는 통화나 앞으로 성장 가능성이 크다고 생각하는 통화를 선택하여 거래에 활용하게 되는 소비자 중심 사회로 통화시장 환경도 바뀌게 될 것이다.

비트코인 현물 ETF가 나와서 전통금융시장하고 암호화폐 시장이 융합을 시작해서 이제는 시너지효과를 내기 시작했다. 이것이 나온 지 몇 달 안 되기 때문에 지금 횡보장이지만 이제 암호화폐 시장의 발전이 시작된 것으로 보아야 한다. 그리고 앞으로는 법정 화폐 CBDC와 스테이블 코인 등 몇가지가 치열하게 경쟁을 하게 되면서 기축통화가 다원화되고 통화의 종류도 다양화 될 것으로 전망된다.

3) 투자방법

내 투자금 100% 중에서 54%는 비트코인에 그 다음에 18%는 이더리움에 그리고 나머지 한 25%를 기타 알트코인에 투자하는 액티브 펀드 방식으로 하는 것이 좋다고 생각한다.

그러니까 비트코인이나 이더리움은 그냥 적립식 투자로 계속 끌고 가고 나머지 약 25~30%를 본인이 공부한 것을 바탕으로 가장 안정적이고 성장성이 있는 테마별 1등 코인에 투자하는 것을 권한다.

4절. 2050 K-G3

1. 10년 후 나는 어디에 있을까

마로우 기옌 교수의 저서 『2030 축의 전환, The Future of Every-thing』은 미래 사회의 변화와 트렌드를 예측한 책이다. 저자 마로우 기옌은 글로벌 트렌드 및 국제 비즈니스 전략 분야의 세계적인 전문가로 현재 펜실베니아 대학교 와튼스쿨 국제경영학 교수로 재직 중이다. 이 책은 4대 서점 베스셀러 1위고, 아마존 미래 예측 분야 1위인 이 책의 주요 내용을 소개한다.

2030년은 예측할 수 없을 정도로 먼 미래가 아니다. 우리는 코앞에 있는 미래의 기회와 도전 모두에 대해 준비해 둘 필요가 있다. 지금의 세상은 2030년이 되면 사라지고, 사람들은 지난날을 돌아보며 이렇게 생각할 것이다. '세상이 그렇게 급박하게 돌아갈 때 나는 뭘 하고 있었지?' 오늘날 출생률 감소와 세대, 성, 지역, 계급 갈등, 코로나19, 팬데믹 등이 야기하는 지각변동은 시작에 불과하다. 지금의 추세들이 수렴하는 2030년이 오면 모든 것은 완전히 달라질 것이다.

세계의 축은 미국과 유럽에서 아시아와 아프리카로, 젊은 세대에서 나이 든 세대로, 남성에서 여성으로 이동하고, 상시적 발명과 기술 혁신이 소유나 화폐에 대한 기존의 개념을 뒤바꿀 것이다.

새로운 기술은 더 신속하게 도입되고, 인구 고령화는 더 가파르게 진행되며, 여성의 사회적 역할은 훨씬 커지고, 신흥공업국 경제는 더 빠르게 성장해 세계에서 가장 큰 소비시장으로 부상할 것이다. 누구도 경험

해보지 못한 대변혁의 길목에서 국가와 기업, 개인은 어떤 선택을 해야 하는가? 우리가 깨닫지 못하는 사이에 대부분 국가에서는 노년층 인구가 청년층 인구보다 많아지고, 여성들은 남성들보다 더 많은 재산을 소유할 것이다. 아시아의 중산층 시장은 미국과 유럽을 합한 것보다 커질 것이다.

또한 우리는 공장 노동자들보다 더 많은 산업용 로봇, 인간들의 두뇌보다 더 많은 컴퓨터, 인간들의 눈보다 더 많은 감지 장치, 그리고 국가들의 수보다 다양한 통화에 둘러싸일 것이다. 그는 또 한국의 미래에 대해 다음과 같이 말하고 있다.

지정학적 한계에도 불구하고 한국은 세계에서 가장 역동적인 경제권

역 안에 자리하고 있어서 가장 큰 혜택을 볼 것이다. 이런 전략적 위치는 하늘이 준 기회라고 필자는 생각한다. 한국은 K-pop과 영화, 드라마 등을 중심으로 하는 문화 강국, 그리고 삼성이나 현대로 대표되는 혁신과 창의의 중심지로 거듭나고 있다. 하지만 미래는 여전히 불확실하다. 혼자 꾸면 꿈이지만 함께 꾸면 현실이 되는 것. 이게 인간이 가진 가장 강력한 힘인 상상력, 함께 꿈꾸는 힘, 거기서 나오는 창조력이라고 믿기 때문이다.

한국의 G-3 염원 이미지
bing.com/images/create로 창작

이렇게 급변하는 관경에서 우리나라가 적극적으로 대처해 디지털 지도국가가 되고 나아가 G3국가가 되기를 염원한다.

2. 대한민국 블록체인 금융제도의 선진화

우선 서울을 세계 금융중심지로 하자는 한국블록체인기업진흥협회의 제안을 소개한다. 글로벌 금융의 중심지는 시대에 따라 각각 독특한 역사적 경로를 거쳐 글로벌 금융의 중심지로 발전해 왔다. 여기에는 지리적, 경제적, 그리고 정치적 요인들이 복합적으로 작용하였다. 초기에는 런던과 뉴욕이 주요 금융 중심지로 자리 잡았으며, 이들은 여전히 세계 금융의 중심으로 남아있다.

그러나 최근 몇십 년 동안 아시아와 중동의 도시들이 급부상하면서 글로벌 금융 지도가 재편되고 있다. 예를 들면 싱가포르, 홍콩, 상하이와 같은 아시아 도시들은 금융 서비스, 기술 혁신, 그리고 강력한 경제 성장을 바탕으로 글로벌 금융 중심지로 부상했다. 또한, 두바이와 아부다비와 같은 중동의 도시들도 국제 금융의 중요한 플레이어로 자리매김하고 있다. 대한민국 블록체인 금융제도의 선진화하여 세계 금융중심지가 되기 위한 전략은 어떤 것이 있는지 알아보자.

1) 명확한 규제 정의 및 범위 설정

정부가 블록체인 및 암호화폐와 관련된 명확하고 일관된 규제 프레임워크를 마련하고, 시장 참여자들이 혼란 없이 활동할 수 있도록 하기 위해 다음과 같은 방안을 수립해야 한다. 블록체인, 암호화폐, 토큰, 스마트 계약 등 관련 용어들을 명확하게 정의하여 혼란을 방지한다. 또 어떤 유형의 블록체인 및 암호화폐 활동이 규제 대상인지 명확히 하고, 규제 대상 활동의 범위를 구체적으로 명시하는 것 등이다.

2) 규제 일관성 확보

여러 규제 기관들이 동일한 규제 기준을 적용하도록 하여 일관성을 유지해야 한다. 이를 위해 다양한 규제 기관 간의 조율을 담당할 중앙 조정 기구를 설립하여 규제의 일관성을 강화한다.

3) 투명한 규제 절차

규제 절차와 기준을 공개하여 시장 참여자들이 규제 준수 방법을 명확히 이해할 수 있도록 해야 한다. 그리고 기업과 개인이 규제를 준수하는 데 필요한 가이드라인을 명확하고 구체적으로 제공한다.

4) 국제 규제 협력

국제적으로 통용되는 규제 표준을 준수하여 글로벌 시장에서의 신뢰성을 확보한다. 다른 국가의 규제 기관들과 협력하여 규제의 일관성을 유지하고, 국제적인 규제 동향을 반영한다.

5) 시장 참여자와의 소통

지금까지 정부에서 하는 소통은 거의 불통 또는 겉치레 형식이라고 해도 과언이 아니다. 블록체인 및 암호화폐 산업계와 정기적으로 소통하여 규제의 실효성을 높이고, 시장의 의견을 반영해야 한다. 규제 도입 전에 공청회와 의견 수렴 절차를 통해 다양한 이해관계자들의 의견을 반영하도록 해야 한다.

6) 사회적 수용성 제고

블록체인 기술의 장점과 활용 사례에 대해 대중에게 알리고, 이를 통해 사회적 수용성을 높이는 계몽운동을 해야 한다. 블록체인 기술을 활용한 금융 서비스의 투명성을 높여 국민들이 신뢰할 수 있는 환경을 조성하여야 한다.

3. 반전의 역사는 블록체인을 지지한다

인류 역사는 때때로 지각변동 같은 천지개벽과 상하 좌우 반전의 역사를 겪으며 이어져 왔다. '개천에서 용난다'는 한국속담이 반전의 대표적인 표현이다. 어려운 환경이나 낮은 신분에서 태어난 사람이 훌륭하게 성공하거나 큰 인물이 되는 경우를 의미한다. 즉 개인의 출신 배경이나 초기 환경이 성공을 결정짓는 절대적인 요소가 아니라는 메시지를 담고 있다. 그러나 그렇게 되기까지 노력과 재능, 끈기의 중요성이 전제될 것이다. 서양에도 'Rags to riches'라는 표현이 있는데, 말 그대로 '누더기에서 부자로'라는 뜻으로, 가난한 출신에서 시작해 큰 부를 이루거나 성공하게 되는 결과로 반전되는 경우를 말한다.

천동설에서 지동설로 바뀌는 과정도 그렇다. 갈릴레이는 1632년 『코페르니쿠스 두 개의 주요 우주 체계에 대한 대화』라는 책을 출판했다. 이 책에서 지구의 공전과 자전 때문에 밀물과 썰물이 생긴다고 강조했다. 이로 인해 그는 1633년 교황청에 소환되었고 몇 차례의 신문 후 유죄가 선고되었다. 재판정에서 갈릴레이는 앞으로 이단 행위를 하지 않겠다는 서약을 하고 풀려났지만 가택 연금의 형벌이 주어졌다. 이는 천체의 자연 현상이 신의 섭리가 아니라 일정한 자연법칙에 따라 작동한다는 사실을 주장했기 때문이었다. 그 시대에는 신의 섭리에만 매몰되었던 인간늘의 사고체계가 닫혀 있었다는 한계를 보여준다.

천동설에서 지동설로 반전된 역사 현장 이미지
bing.com/images/create로 창작

또 초기 로마에서 기독교를 쥐 잡듯이 박해하다가 국교로 인정한 다음에는 반대로 타 종교를 박해했던 반전의 역사는 인류 전체가 잘 알고 있는 대표적인 사례이다.

20세기까지 현대 금융자본주의는 인간들의 간사한 욕심으로 신뢰를 깨뜨렸던 인간 가치 상실로 인해 긴 기간 동안 고질적인 배신과 불신의 역사를 만들어 왔다. 다행히 2010년경에 시작된 블록체인이라는 신뢰 기법은 인간성 회복을 강제로라도 실현할 수 있게 된 현실적 대안이 되었다. 이제 비트코인과 블록체인을 기반으로 하는 금융의 개념은 더 발전되어 결국은 종이돈 경제틀이 디지털 코인경제로 바뀌는 반전의 역사를 열어가고 있다. 그 뒤로 다양한 알트코인들의 역할이 기대된다.

지금까지 아날로그 화폐와 그에 따른 돈의 운영 시스템이 '신의 가호 아래 우리는 신뢰한다(IN GOD WE TRUST)'는 금융 신뢰가 이제는 더 이상 유효하지 않고, 블록체인이라는 신뢰법칙으로 돌아가야 현실 금융자본주의의 인플레이션과 양극화라는 큰 문제들을 해결할 수 있는 반전이 필요하다. 다시 말하면 계속 신의 섭리라는 오래된 종이돈 시스템은 이제 더이상 지속 발전이 가능하지 않다는 것을 적극적으로 받아들여야 우리가 선진 국민이 될 수 있다. 오늘날 신이 우리에게 내려준 블록체인 혁명은 인류 역사상 유일무이한 반전의 기회이기 때문이다.

지금처럼 현대 금융자본주의 경제적 양극화는 자유 시장의 본질인 민주주의를 위협하고, 디지털 생활이 일반화되면서 나타난 정보의 편중과 진실의 소실을 가져왔다. 철학자 한병철은 현대 민주주의가 인포크라시(infocracy)로 변하고 있다고 평한다. 즉 민중이 아니라 정보가 지배하는 사회라는 의미다. 민주주의에 대한 사람들의 마음을 흔들고 있는 세력은 금융이다. 금융 권력은 각종 정보를 통해 회사의 본질 가치나 장기적 건전성보다 단지 수익을 내는 데에만 관심을 기울인다. 그리고 양극화는 사회 계층 이동에 필요한 사다리를 끊게 된다. 이런 현상을 바꾸지 않아 더욱 심화되면 결국 사회가 붕괴되고 말 것이다.

역사적으로 보았을 때 사회 안에 불평등과 불합리가 극심해지면 폭력적 혁명이 일어난다. 프랑스 대혁명이 그랬고 러시아 혁명이 그랬다. 현대에도 이런 움직임들이 조금씩 나타나고 있다. 2008년 미국 금융위기 이후 2011년에 나타난 반 월스트리트 시위를 통해 얼마나 많은 이들이 불평등에 대해서 얼마나 분노하고 있는지 드러났다.

1500년대 유럽의 대항해 시대에는 조선 기술과 항해 기술이 새로운 세계를 열었지만, 이제는 다가오는 미래 블록체인 대항해 시대를 열어가야 할 시기다.

　2024년 6월 26일 뉴스 웨이가 주최한 〈디지털 자산 전문가에게 듣는다〉는 제하의 블록체인 비즈니스 포럼에서 오태민 교수는 기조연설을 통해 '지금 이 시기가 블록체인 혁명의 초입 단계'라는 점을 강조했다. 1억 원 안팎의 비트코인과 이해하기 어려운 블록체인을 정상적인 금융상품이나 접근 가능한 금융 체계로 보지 못하는 일반인들의 경향을 염두에 둔 듯, 그는 블랙록과 JP모건, SEC, XRP, 트럼프 대통령, 전쟁 등 미국 금융 대기업과 정계 등 최근동향을 예로 들면서 깨어나고 있는 금융 공룡들의 움직임을 설명했다. 그는 결론적으로 블록체인과 비트코인 등을 응용한 많은 비즈니스 모델이 나올 것이기 때문에 2024년 지금은 WWW가 등장했던 인터넷 도입기에 비유할 수 있다고 강조했다.

　다시말하면 영국의 팀 버너스리(Tim Berners-Lee)에 의해 WWW(World Wide Web)가 등장한 인터넷 도입기인 1990년도 정도라고 보는 것이다. 1994년에는 야후와 넷스케이프 같은 주요 인터넷 서비스와 브라우저가 등장하면서 인터넷의 대중화가 더욱 가속화되었다. 이러한 WWW의 등장과 발전은 인터넷의 대중화와 상업화를 이끌어 내는 중요한 계기가 되었으며, 현대 위대한 인터넷 문화의 기반을 마련했던 것에 비유하는 것이다. 오교수는 2025년 이후에는 비트코인 등의 코인경제가 대체 자산으로 등장하고, 이어서 다음 단계는 알트코인 시대가 올 것이라고 예측했다. 필자도 이것이 인류가 갖는 마지막 반전의 기회이며 이 시대의 희망이기를 소망한다. 이 시대적인 사명을 이끌어 갈 주체는 대한민국이다. 여기서 이를 고대하는 시를 인용하는 것은 큰 의미가 있다.

동방의 등불(타골)

일찍이 아시아의 황금 시기에 빛나던 등불의 하나인 코리아여

그 등불 다시 한번 켜지는 날에 너는 동방의 밝은 빛이 되리라

마음엔 두려움이 없고 머리는 높이 쳐들린 곳

지식은 자유스럽고 좁다란 담벼락으로 세계가 조각조각 갈라지지 않는 곳

地上의 맑은 흐름이 굳어진 습관의 모래 벌판에

길 잃지 않는 곳

무한히 퍼져나가는

생각과 행동으로 우리들의 마음이 인도되는 곳

그러한 自由의 天國으로 내 마음의 조국 코리아여

깨어나소서.

4. 한국의 미래 모습: 2030 코리아

미래를 예측하는 여러 지식인들이 있지만, 여기서는 세계적인 지정학자인 조지 프리드먼의 예측을 중심으로 살펴보겠다. 그는 2000년대 중반에 작성한 지정학 보고서를 통해 2020~2030년대의 세계를 전망했다.

1) 중국

프리드먼은 현재 중국이 회수가 불가능한 채무로 인해 막대한 부동산 프로젝트를 추진하고 있으며, 이로 인해 금융권이 몰락 위기에 처해 있다고 분석했다. 그는 2020년대부터 중국의 붕괴가 시작될 것이며, 2030년까지 완전히 붕괴할 것이라고 전망했다. 또한, 중국의 군사력이 이웃 국가에 대한 견제를 하지 못하고 내부 치안 문제를 해결하는 데에도 어려움을 겪을 것이라고 예측했다. 그는 신장, 위구르, 티베트, 타이완 등 분리주의 세력을 통제하기 어려울 것이라고 분석했다. 이러한 예측은 시진핑 중심의 독재가 강화되는 현재 상황과 일치한다.

2) 러시아

프리드먼은 러시아의 비정상적인 인구 구조와 정치적 불안정이 심화될 것이라고 경고하며, 러시아가 과거의 몰락했던 제국들처럼 국가적 붕괴를 겪을 것이라고 분석했다. 그는 2015년 이후 러시아가 빠르게 쇠퇴할 것이라고 예측했으며, 동유럽 국가들이 친서방으로 돌아서는 상황이 지정학적 불안 요인으로 작용할 것이라고 지적했다. 이러한 분석은 2014년 크림반도 침공과 2022년 우크라이나 전쟁을 통해 현실화되었다.

3) 미국

프리드먼은 21세기에도 미국이 컴퓨터와 항공우주 분야에서 세계를 지배할 것이라고 전망했다. 미국의 해군 군사력과 경제력은 앞으로 100년 동안 미국의 시대를 더욱 강화할 것이라고 분석했다. 그러나 그는 일본이 미국의 위협이 될 수 있다고 경고했다.

4) 일본

일본은 지속적인 노동 인구 감소가 부정적인 요소로 작용하지만, 중국과 러시아의 몰락으로 인해 일본에게 기회가 찾아올 것이라고 프리드먼은 분석했다. 그는 일본이 군사력을 강화하고 영향력을 확대할 것이라고 예측했으며, 과거의 군국주의로 회귀할 가능성도 언급했다. 일본이 미국과의 관계가 악화될 가능성도 제기되었다.

5) 한국

프리드먼은 2030~2040년 사이에 중국과 러시아의 힘의 공백으로 인해 한국이 미국과 좋은 우방 관계를 유지할 것이라고 예측했다. 그는 통일된 한반도가 형성될 것이며, 한국의 인구가 7천만에 달해 일본과 경쟁할 수 있는 수준에 이를 것이라고 전망했다. 통일 한국은 중국 동북3성과 만주 지역에서 기회를 얻을 것이라고 분석했다.

6) 터키

프리드먼은 미국이 러시아의 군사적 팽창을 저지하기 위해 터키와의 동맹을 강화해야 한다고 분석했다. 그는 터키가 중동 이슬람권의 맹주로 성장할 가능성을 언급하며, 미국과 터키 간의 외교적 불안 요소도 지적했다.

결론

조지 프리드먼의 분석에 따르면, 한국은 세계적인 리더 국가로 부상할 수 있는 여러 요소를 갖추고 있다. 한국 통일이 국제 경제에 미치는 영향은 여러 가지 측면에서 나타날 수 있다. 우선 한국이 통일되면 동아시아 지역의 경제 통합이 촉진될 수 있다. 통일된 한국은 중국, 일본, 아시아 태평양 지역의 다른 국가들과의 경제 협력을 강화할 수 있어, 지역 무역과 투자 흐름이 증가할 것이다. 통일 후 남북한 간의 무역이 활성화되고, 주변국과의 무역 관계도 개선될 것이므로 한국의 수출 증가와 더불어 글로벌 공급망에서의 역할 강화로 이어질 수 있다. 그렇게 되면 자연히 정치적 안정성을 바탕으로 외국인 투자자들에게 매력적인 시장이 될 것이고 북한의 자원 개발과 경제 성장 기회가 외국인 투자 유치를 촉진할 수 있다. 이런 경제 규모와 영향력을 갖게 된다면 이에 상응하는 코인 경제의 주도권 확보가 중요한 과제가 된다. 미래의 금융 흐름을 주도할 수 있는 시스템을 구축하는 것이 오늘날 우리 시대에 대한민국이 준비할 과제가 된다.

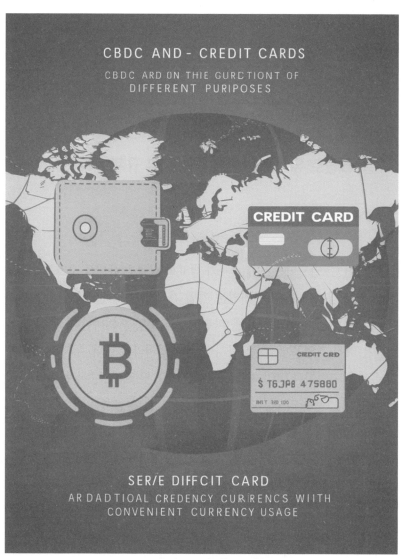

CBDC와 신용카드(Ideogram AI를 활용함)

2장. 분산금융의 위대한 가치성

김형중

1절. 크립토 유니콘 탄생을 막는 정부 규제

1. 지난날의 유니콘들

2024년 CB인사이츠(CB Insights)가 발표한 글로벌 유니콘 숫자는 1,200개가 조금 넘는다. 유니콘 기업은 기업 가치가 10억 달러(1조 3천억원 수준)를 돌파해 대박 성공의 기반을 마련한 스타트업을 의미한다. 동시에 유니콘은 아직 기업공개(IPO)를 하지 않은 기업이라야 한다. 투자자 사이에서 유니콘 기업이란 말이 처음 등장한 게 2013년이다. 중국계 미국 여성인 투자자 애일린 리(Aileen Lee)가 스타트업으로 성공하는 기업을 조사해 보니 성공 가능성이 매우 낮아 상상 속의 동물 유니콘을 차용했다. CB인사이츠에 따르면 2013년에는 43개, 2014년에는 80개, 2015년에는 141개의 유니콘이 있었다.

시간이 흐르면서 매년 유니콘 수는 꾸준히 늘어났다. 당연히 가장 많은 유니콘을 보유한 국가는 미국이고 그 뒤로 중국, 인디아, 영국, 독일 순이었다. 놀라운 건 2016년에는 한국이 3개의 유니콘을 보유해 6위에 올랐다. 2014년에 옐로모바일(Yello Mobile), 2015년 위메프, 2016년 메디

힐(L&P 코스메틱) 등 3개 신생기업이 차례대로 유니콘 대열에 합류했다. 이상혁이 설립한 옐로모바일은 데일리금융그룹의 지분 52.39%를 보유했고, 데일리금융그룹이 가상자산거래소 코인원의 지분 74.59%를 보유했던 시절이 있었다. 데일리금융그룹은 데일리 인텔리전스의 모회사였고, 데일리 인텔리전스는 아이콘루프의 지분 15.03%를 보유했다.

아이콘루프는 2017년 9월 아이콘(ICX) 코인을 발행하여 암호화폐공개(ICO)에 성공했다. 이때 하루 동안 ICO를 통해 160,092 이더(ETH)를 아이콘루프가 모았다. 아이콘루프의 대표 김종협이 포항공대 출신이었기 때문에 동문이었던 코인원의 차명훈, 해시드의 김서준, 빌리빗의 장민 등도 아이콘 매입에 참여했다. 이때 아이콘을 구입한 사람들은 자기 인생에서 별의 순간(Sternstunde)을 잡았다.[6] 2018년 1월에는 아이콘 하나의 가격이 무려 7.85달러까지 올라갔다. ICO에 참여할 때 아이콘 하나의 가격이 0.4센트 수준이었다. 아이콘이 많은 사람들을 행복하게 만들어주었다.

2018년 새해 벽두부터 코인원의 가상자산 하루 거래규모가 9,000억원에 달했다. 막대한 수수료가 현금으로 코인원에 쌓이기 시작했다. 이때 이 거래소가 적자로 비틀거리던 옐로모바일의 캐시카우(cash cow) 역할을 잠시 했다. 그러나 옐로모바일은 2022년 파산하고 말았다. 그런데도 CB인사이츠에 지금껏 계속 옐로모바일이 유니콘으로 남아있다.

2. 합리적인 토양이 유니콘을 키운다

2021년에 업비트의 모회사 두나무가 영업수익(매출) 3조 7,055억원에 당기순이익 2조 2,343억원을 달성했다. 그해에 두나무가 당당히 유니콘 대열에 진입했다. 일년도 지나지 않아 2022년 두나무가 공시대상기업 집단으로 지정되면서 유니콘 명단에서 빠졌다. 즉, 두나무는 대기업집단이 되었다. 2022년에는 한국에 12개의 유니콘이 있었다. 유니콘 수에서 한국은 그해엔 싱가포르와 동률을 이루며 공동 10위에 들었다. 2024년에는 15개의 유니콘을 보유한 국가로 성장했지만 안타깝게도 한국은 순위가 11위로 한 계단 밀렸다. 옐로모바일 같이 파산한 기업까지 유니콘 명단에 포함되었지만 그렇다.

두나무의 설립자 송치형은 서울대 컴퓨터공학과 98학번 출신이다. 그는 코스닥 상장기업인 다날에서 병역특례로 일하면서 휴대폰 결제시스템을 만들었다. 김형년은 다날에서 이사로 근무하다가 2002년에 회사를 떠나 퓨처위즈라는 핀테크 솔루션 스타트업을 설립했다. 김형년은 서울대 농경제사회학부 95학번으로 다날에서 바로글 같은 성공적인 상품을 다수 개발했다. 송치형은 2011년 두나무를 설립했고 비트코인 도메인(bitcoin.co.kr)을 선점하는 등 미래 먹거리를 찾으려고 동분서주했다. 김형년과 송치형이 만나 증권 앱을 출시한 게 업비트 성공의 결정적 계기가 되었다. 한창 암호화폐 시장이 뜨거울 때인 2017년 업비트가 혜성처럼 등장해 단숨에 시장 판도를 뒤집었다. 업비트는 모바일에서도 압도적으로 유려한 사용성을 제공했고 미국의 비트렉스와 제휴해 100개가 넘는 알트코인을 거래할 수 있게 만들었다.

여기서 가상자산 유니콘 기업 수가 무려 80개가 넘는다는 점에 주목해야 한다. 알파벳 순으로 0x로 시작해 지벡(Zebec)까지 소리소문 없이 가상자산 유니콘 수가 날로 늘었다. 인도양의 작은 섬나라 세이셸(Seychelles)에는 두 개의 유니콘이 있는데 하나는 암호화폐 거래소 쿠코인(KuCoin)이고 다른 하나는 레이어-2 솔루션 기업인 스크롤(Scroll)이다. 80

개의 가상자산 유니콘 기업 중 코인 팔아서 유니콘 타이틀을 얻은 곳은 그리 많지 않다. 예를 들자면 세이셸에 자리잡은 유니콘 기업 둘 다 코인을 발행하지 않았다. 의외로 여겨질지 모르지만 많은 가상자산 유니콘 기업들은 코인을 전혀 발행하지 않았다. 대부분 가상자산 유니콘들은 코인을 발행하지 않고도 그 세상에서 할 일이 지천으로 널렸다는 걸 간파했다. 영리한 가상자산 VC들도 그 시장의 잠재력을 알아봤다.

가상자산 기업들은 암호화폐 친화적인 정책을 펴고 있는 나라들을 찾았다. 그 가운데 하나가 세이셸이었다. 쿠코인과 스크롤 등 두 개의 유니콘 기업 말고도 세계적인 거래소 OKX, 빗겟(Bitget)이 이 섬에 자리를 잡았다. 우상철이 세운 거래소 프로빗 글로벌 역시 세이셸에서 사업을 잘 운영하고 있다. 한국에서 프로빗의 도현수는 2024년 사업을 접고 본업인 변호사로 돌아갔다. 그는 법무법인 김앤장에서 일하다가 프로빗에 합류했으나 한국정부의 강력한 규제 문턱을 넘지 못하고 법무법인 린으로 이직했다. 우상철은 컴퓨터공학부 92학번, 도현수는 전기전자공학부 93학번으로 서울대 동문이다.

3. 게으른 한국의 공직사회

한국은 가상자산 유니콘의 산실이 될 기회가 많았다. 우선, 한국은 압축성장을 통해 충분한 자본을 축적했다. 그래서 한국인들은 투자할 여력이 충분했고 끊임없이 좋은 투자 아이템을 찾고 있었다. 한국의 젊은이들은 해외에서 공부하며 충분한 기술적 역량과 인적 네트워크를 확보했다. 한국 사업가들은 닷컴 버블 시기에 좁은 내수시장만 바라보다가 유니콘이 될 기회를 놓쳤다. 아쉬운 대표적인 사례가 싸이월드나 다이얼패

드였다. 다행히 암호화폐가 출현하면서 한국의 젊은이들이 호기를 맞았다. 그런데 두 개의 장애물이 그들의 앞을 가로막았다. 하나는 정부의 강력한 규제였고, 다른 하나는 불법 다단계조직의 횡행으로 인한 피해자 양산이었다.

암호화폐 불법 다단계조직은 노무현 정부를 뒤흔든 바다이야기 사건을 떠올리게 했다. 2006년 8월부터 6개월간 검찰이 바다이야기 사건을 수사했지만 권력형 비리는 없었다는 결론이 내려졌다. 2004년에 처음 등장한 바다이야기 아케이드 게임이 중독성으로 인해 광풍처럼 퍼져나갔다. 이 게임에서 경품으로 상품권을 받은 고객이 사설 환전상에서 현금으로 바꿀 수 있었다. 원래 사업자가 상품권을 경품으로 주는 건 불법이었으나 2001년 그게 합법화되었다. 이 규제완화의 명분은 2002년 한일 월드컵 공동개최였다. 사행성과 중독성이 너무 강하다 보니 바다이야기에 빠져 목숨을 끊는 사람도 나오자 정부가 수사의 칼을 빼들었다.

수사 초기에는 잠시 권력형 비리로 오인되었다. 한나라당은 대통령 노무현의 큰형 아들 노지원이 바다이야기에 연루되었다며 권력형 비리로 몰아갔다. 2006년 1월 문화관광부 차관으로 임명된 유진룡은 그해 8월 바다이야기 논란이 터지자 애꿎게 돌연 경질되었다. 고위공무원들이 이처럼 유탄을 맞고 물러나자 바다이야기 사건은 공무원들을 움츠러들게 만들었다. 딱 10년 후 걷잡을 수 없이 불어온 암호화폐 광풍을 금융당국의 공무원들은 제2의 바다이야기로 인식했다. 게다가 불법 다단계 피해자들의 민원과 수사를 접할 때마다 암호화폐를 대하는 공무원들은 더 보수적으로 변해갔다.

4. 성공한 중국의 암호화폐 산업을 배운다

규제와 관련해서 중국은 한국보다 더 폐쇄적이었다. 중국은 자국 영토 안에서 암호화폐 사업을 완전히 금지했다. 이에 많은 중국의 가상자산 기업이 해외로 둥지를 옮겼다. 가상자산거래소 가운데 자오창펑(赵长鹏)이 설립한 바이낸스, 조우번(周奔)이 창업한 바이빗, 쉬밍싱(徐明星)이 세운 OKX 등은 해외에서 지금 승승장구하고 있다. 인접한 홍콩이나 싱가포르에 자리를 잡은 가상자산 유니콘 기업으로는 우지한(吴忌寒)이 설립한 매트릭스포트, 왕리(王立)가 세운 바벨 파이낸스, 마이클 우가 창업한 앰버 그룹 등이 있다. 중국 본토에 남아있는 유니콘 기업으로는 우지한이 2013년에 설립한 비트메인 테크놀로지스와 시싱궈(石興國)가 2016년 창업한 하이퍼체인이 있다. 이 두 기업은 블록체인 기업으로 분류되어 가까스로 중국 본토에서의 영업이 가능했다.

5. 한국은 크립토 유니콘의 산실

한국의 많은 가상자산거래소들은 해외 진출을 꾀하지 않고 국내 시장에서 승부를 보려고 했다. 어떻게든 은행으로부터 실명확인계좌만 받을 수 있다면 원화마켓거래소로 성공할 수 있다는 신념을 버리지 못했다. 규제당국은 세계에 유례가 없는 실명확인계좌로 거래소들의 숨통을 움켜쥐었다. 그렇게 꿈에 그리던 실명확인계좌를 받은 여섯 번째 거래소인 케셔레스트는 원화마켓 거래소를 운영해 보지도 못하고 2023년 11월 폐업을 선언했다. 케셔레스트보다 먼저 실명확인계좌를 확보한 고팍스는 당당히 원화마켓거래소가 되었다. 바이낸스가 2022년 고팍스를 인수한 후 대표 이준행을 레온 싱 풍으로 교체했다. 그런데 지금껏 고팍스의 대표 승인이 나지 않고 있다. 바이낸스가 이준행을 그대로 대표이사 자리에 남겼다면 고팍스의 앞날이 이리 험하지 않았을 것이다. 대표이사 변경은 규제당국의 승인이 필요하다는 걸 바이낸스가 간과했다면 그건 큰 실수였다.

한국 기업이 유니콘 기업 탄생의 촉매제가 된 사건도 있다. 2017년 4월부터 빗썸에 해킹 사건이 발생하여 36,487건의 개인정보가 유출되었다. 방송통신위원회는 이 사건을 심각하게 보고 과징금 4,350만원과 과태료 1,500만원을 부과했다. 이게 한국 정부가 가상자산거래소에 내린 최초의 처벌 사례였다. 빗썸은 이 문제를 처리하려고 세계적인 보안기업인 이스라엘의 체크포인트에 도움을 요청했다. 체크포인트는 마이클 솔로프와 파벨 베렌골츠를 빗썸에 파견했다. 그들은 가상자산거래소 보안이 미래의 먹거리가 될 거란 생각에 2018년에 파이어블록스를 설립했고 그게 유니콘이 되었다.

유니콘 기업 숫자는 사실 훨씬 더 많다. CB인사이츠가 발표한 유니콘 숫자가 대략 1,200개이다. 바이낸스 같은 암호화폐 거래소는 이미 유니콘 기업 수준을 뛰어넘었다. 세계의 문화금융을 선도하는 한국의 뮤직카우도 2,600억원 이상의 투자를 유치했다. 통상적으로 1,000억원 이상의 투자를 유치하면 유니콘으로 분류된다. 암호화폐 시장에는 많은 잠재적 유니콘이 즐비하다. 암호화폐 시장이 가져올 파급효과가 매우 크지만 정부는 투자자보호를 내세워 빗장을 걸어 잠그고 있다. 암호화폐 시장을 내정하게 살펴볼 필요가 있다.

2절. CBDC의 미래

1. CBDC의 개념

암호화폐가 완벽한 디지털 화폐인 건 아니다. 일단 중앙은행이 발행한 화폐가 아니므로 암호화폐는 법정화폐로서의 지위를 누리지 못한다. 언제라도 메인넷 서비스가 갑자기 종료되면 해당 암호화폐는 가치를 상실한다. 검증하는 노드 수가 줄어들면 몇 개 안되는 노드 가운데 과반이 공모해 검은 걸 희다고 결정할 수도 있다. 이더리움 노드 수가 실제로 단 하나일 때도 있었다. 다행스러운 건 그때 아무런 나쁜 일도 일어나지 않았다는 거다. 이처럼 암호화폐가 비록 수많은 문제점을 지니고 있을지라도 이들은 이중지불(double spending)을 방지하는 완벽한 길을 뚫었고 더 나아가 스마트 컨트랙트의 기능을 제시함으로써 디지털 화폐의 가능성을 입증했다. 이들은 CBDC가 나가야 할 길을 알려주는 첨병 역할을 잘 수행하고 있다.

CBDC 앞에는 많은 장애물이 있다. 가장 심각한 문제 중 하나는 오프라인 상태에서 가짜 CBDC를 감별할 방법이 마땅치 않다는 거다. 위조지폐는 워터마크나 홀로그램 등으로 감별해 낼 수 있다. 디지털 화폐는 CTRL-C, CTRL-V로 완벽하게 복제가 되는 숫자 조합만으로 만들어졌기 때문에 위조화폐임을 감별하는 방법은 단 하나뿐이다. 온라인 상태에서 조폐공사나 한국은행 데이터베이스를 통해 진위 여부를 확인하는 방법이 그것이다. 이건 중앙은행이 폐쇄형 블록체인 또는 데이터베이스를 써서 CBDC를 발행한다고 가정했을 때의 이야기이다. 퍼블릭 블록체인 기반의 CBDC인 경우에도 온라인 상황에서 진위 감별이 가능하다. 정확히 256비트의 비밀키로 그걸 옮길 수 있어야 그 주인이 누구인지 명확해진다. 그래서 정전이나 천재지변 등으로 통신망 장애가 발생했을 때 위조된 CBDC를 감별할 온라인 방법이 사라진다. 오프라인에서 CBDC를 사용할 수 있는 해법이 제안되기는 했으나 안심하고 쓰기에는 아직 무리이다.

암호화폐 형식의 CBDC가 진폐인지 위폐인지 온라인 검증이 필수적이므로 모든 거래 기록은 블록체인이나 데이터베이스에 기록된다. 거래 내역의 조작 등을 방지하기 위해서도 블록체인에 거래 기록이 투명하게 기록되어야 한다. 기록의 핵심은 A와 B의 신원이다. CBDC 코인의 지갑 주소를 소유자가 공개하지 않겠지만 은행은 자금세탁방지나 과세를 위해 그 신원을 반드시 알아야 한다. 지금도 은행 계좌를 개설하거나 신용카드 발급 신청을 할 때 고객의 신원확인은 필수적이다. 사실 거래의 추적이 가장 어려운 게 현금이다. 현금은 흔적을 남기지 않기 때문이다. 디지털 화폐를 쓸 때 개인의 금융 프라이버시는 완벽히 지켜지기 어렵다. 은행이 심각한 해킹을 당하지 않는다면 금융 프라이버시는 지켜지겠지만 빅 브라더가 지켜보고 있다는 찜찜함은 피하기 어렵다. 게다가 블록체인 기록을 인터넷 상의 수많은 흔적과 연관시켜 뒤지다 보면 A와 B의 신원이 어슴푸레 드러나는 날이 온다. 사람들이 CBDC를 싫어하는 이유가 여기에 있다. 프라이버시 보호 문제는 CBDC 설계에서 가장 중요한 또 하나의 고려사항이다.

CBDC가 출현하면 은행 등 중개 금융기관이 사라질 거란 오해가 있다. 금융기관을 거치지 않고 암호화폐를 보내고 받을 수 있기에 그런 오해가 발생했다. 즉, CBDC를 중앙은행이 개인이나 기업과 직접 거래하는 직접 거래 방식을 염두에 두면 그럴 수 있다. 그렇다고 해서 중앙은행이 기업에 융자를 해주고, 고객에게 펀드를 판매하며, 수출기업을 위해 신용장을 개설하는 일까지 할 수는 없다. 중앙은행이 할 일과 일반은행이 할 일이 엄연히 다르다. 중앙은행이 일반은행이 되어서는 안 된다. 그건 법에 규정된 중앙은행의 역할 범위를 벗어난다. 중앙은행은 영리 기관이 될 수 없다.

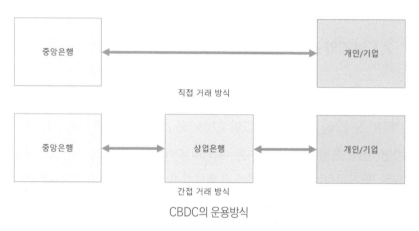

직접 거래 방식

간접 거래 방식

CBDC의 운용방식

CBDC는 간접 거래 방식으로 운용될 가능성이 높다. 중앙은행은 화폐를 발행하고 통화량을 조절하는 공공적 역할을 충실히 수행하면 된다. 상업은행은 예금 수취, 대출 제공, 신용 창출 등의 역할을 통해 금융시장의 안정성을 유지해야 한다. 이때 CBDC를 이용한 예금, 대출, 신용 창출은 기존의 스마트 컨트랙트가 없는 아날로그 또는 하이브리드 방식과 크게 달라질 것이다. 그래서 미래의 상업은행은 스마트 컨트랙트를 활용한 상품 개발에 철저히 대비해야 한다.

CBDC가 출현한다고 해도 현재의 금융 시스템에 큰 변화는 없을 것이다. 그건 하이브리드 금융환경에서 이미 입증된 바 있다. 신용카드에 현금을 담지 못하지만 마치 현금이 담긴 것처럼 단말기에 신용카드를 꽂으면 필요한 만큼의 현금 결제가 이루어진다. 그건 디지털 숫자가 현금처럼 신용카드를 통해 결제 채널로 흘러가기 때문이다. CBDC라고 다르지 않다. 고객들에게 송금하기 위해 160비트의 주소를 입력하고 256비트 길이의 비밀키를 암기해야 하는 건 악몽이다. 대부분 고객은 신용카드나 전자지갑을 통해 간편하게 결제하기를 원할 것이다.

2. CBDC의 스마트 컨트랙트

CBDC는 이자지급형과 현금형으로 구분할 수 있다. 이자지급형 CBDC의 설계는 간단하다. 그건 CBDC의 스마트 컨트랙트 기능을 활용하면 된다. 특정 조건을 만족할 때 CBDC에 이자를 붙일 수 있다. 예를 들어, 일정한 기간 동안 코인이 유통되지 않고 휴면상태에 있을 때 액면가의 일부를 감액하는 체화화폐(demurrage currency)를 만들 수 있다. 이런 방법으로 마이너스 금리도 적용할 수 있다. 1932년 오스트리아에서 실

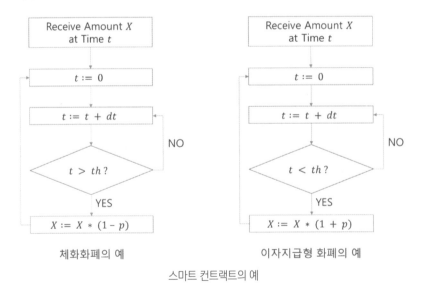

체화화폐의 예   이자지급형 화폐의 예

스마트 컨트랙트의 예

현되었던 체화화폐 실험의 성과는 지금도 〈뵈르글의 기적〉으로 잘 알려져 있다.

아예 이자를 붙이지 않으면 그건 이자지급형 CBDC가 아닌 현금형 CBDC가 된다. 따라서 이자지급형과 현금형을 굳이 구분할 필요가 없다. 현금형은 이율이 0%인 현금지급형의 특수한 형태에 지나지 않는다.

체화화폐는 액면가에서 p%씩 이자를 감하는 모델이다. 마이너스 이자를 적용하는 게 통화관리 측면에서 더 효과적일 수 있으나 현금과 CBDC가 경쟁해야 하는 환경에서는 플러스 금리가 더 효과적이다. CBDC가 저절로 액면가에 이자를 더한 금액으로 증액할 수 있는 건 아니다. 지정된 스마트 컨트랙트를 통해 CBDC가 처리될 때만 액면가치에 이자가 더해지게 설계해야 한다. 공식 스마트 컨트랙트를 통해 처리되지 않는 CBDC는 좀비 CBDC가 되도록 인프라가 구축되어야 한다. 만일 이자율이 플러스일 경우 통화량 증가로 이어진다. 반대로 마이너스 이자율은 통화량 감소를 초래한다.

CBDC가 나오면 CBDC의 유통 속도는 실시간 측정이 가능하다. 측정이 가능하면 제어가 가능하다. 정부가 통화정책을 펼치고 그 효과를 검증하는 데 어려움이 많았던 건 속도와 방향측정이 어려웠기 때문이다. 그래서 통화정책을 시행하고 효과를 검증할 때까지 외부 시차(outside lag)가 컸다. CBDC의 이자율을 결정하는 데도 블록체인을 통한 CBDC 유통속도 측정은 중요하다. 속도의 측정은 CBDC가 제공하는 장점 가운데 하나에 불과하다. 그래서 CBDC는 경제학을 공학으로 변모시킬 중요한 모멘텀을 제시할 수 있다.

3절. 신박한 분산금융

1. 종이돈 예치보다 안전한 스테이킹

퍼블릭 CBDC는 예금 스마트 컨트랙트를 이용할 수 있다. 이더리움 커뮤니티에서 잘 활용되고 있는 예금은 크게 두 종류가 있다. 하나는 단순한 예치로 스테이킹(staking)이라 불린다. 유사한 사례는 라이도 파이낸스(Lido Finance)에서 살필 수 있다. 고객이 이더리움(ETH)을 라이도 파이낸스의 스테이킹 풀에 예치하면 예치한 수량만큼의 새 토큰(stETH)를 받는데 이 토큰을 다른 곳에서 거래하거나 그 토큰을 담보로 대출을 받을 수 있다. 언제고 고객이 그 토큰을 스테이킹 풀에 반환하면 예치했던 코인을 돌려받게 된다. 예치된 코인으로 라이도 파이낸스는 지분증명(proof-of-stake) 방식의 이더리움 거버넌스 투표에 참여하여 보상을 이더리움으로 받는다. 라이도 파이낸스는 그 이더리움 보상을 예치한 고객과 나눈다. 그 이더리움을 스테이킹 또는 예치에 대한 이자로 봐도 무방하다. 이렇게 예치하는 건 소극적 예금에 해당하며 스마트 컨트랙트 풀이 임의로 예치한 코인을 처분할 수 없다. 그 코인에 대한 통제권이 온전히 예치한 당사자에게 있기 때문에 고객 입장에서는 손실 리스크가 아주 낮다.

토큰을 활용하지 않고 그대로 보유만 하고 있다 해도 보상을 받을 수 있기 때문에 고객의 입장에서 그 이자는 불로소득과 같다. 금융기관들이 주목해야 할 신종 비즈니스 모델이다. 전통금융에서는 이게 불가능했다. 전통금융에서는 고객이 은행에 현금을 예치하고 이자를 받을 수 있지만 그 예금이 어떻게 쓰이는지는 고객이 알지 못한다. 고객이 맡긴 돈을 돌려받지 못할 수도 있기 때문에 이자는 알고 보면 떼일 가능성에 대한 보상이다. 그런데 스테이킹한 이더리움은 풀이 임의로 처분할 권한을 가지고 있지 못하므로 이자는 이자이고 원할 때 고객은 언제고 예치한 이더리움을 뺄 수 있다. 혹시 스테이킹 스마트 컨트랙트에 버그가 있어 예치한 이더리움을 풀이 임의로 처분할 수 있다면 그때는 문제가 심각해진다. 그런데 그런 버그는 사전점검에서 다 걸러진다.

더 적극적인 예금 방법도 있다. 유니스왑(Uniswap)의 유동성 풀에 예치하는 게 그렇다. 고객이 이더리움과 스테이블 코인인 테더(USDT) 쌍을 유동성 풀에 예치할 수 있다. 이더리움을 팔고 싶은 사람이 유동성 풀에 이더리움을 전송하면 유동성 풀 스마트 컨트랙트가 원하는 수량만큼의 테더를 준다. 반대로 이더리움을 사고 싶은 사람이 유동성 풀 스마트 컨트랙트에 테더를 보내면 유동성 풀이 합당한 수량의 이더리움을 보내준다. 이 거래 플랫폼에서 교환 수수료가 발생하면 유니스왑 풀이 예치한 고객과 거래 수익을 나눈다. 이 경우에는 고객이 예치한 코인의 통제 권한이 유니스왑 스마트 컨트랙트에 넘어간다. 즉 고객이 예치한 코인들이 거래자의 지갑으로 빠져나가게 된다. 한 코인이 빠져나가는 만큼 동일한 가치의 코인이 고객의 지갑으로부터 유동성 풀에 채워진다. 그래서 유동성 풀에서 코인이 완전히 사라질 일은 발생하지 않는다. 이 유동성 풀에서 이더리움 수량이 증가하면 테더 수량이 줄고, 반대로 이더리움 수량이 줄면 테더 수량이 늘어난다. 이때 유니스왑에서는 이더리움의 자산가치와 테더의 자산가치가 항상 1:1로 유지되도록 설계되어 있다.

비록 예치한 고객의 자산에 대한 통제권이 유니스왑에 넘겨졌다 해도 고객이 원하면 언제고 자신이 예치한 코인 쌍을 인출할 수 있다. 인출할 시점에서의 시가 기준으로 1:1 자산가치를 유지하면서 고객은 예치했던 코인 쌍을 환수할 수 있다. 다만, 고객이 처음 코인 쌍을 예치할 때의 자산가치에 비해 인출할 그 당시의 자산가치가 낮을 수 있다. 그건 소위 말하는 비영구적 손실(impermanent loss)이라는 게 발생하기 때문이다. 손실이 발생했다가 어느 순간에는 손실이 사라지기 때문에 항구적으로 손실이 발생하는 게 아니므로 비영구적 손실이라 부른다. 즉, 간혹 손실도 아닌, 그렇다고 이득도 아닌 원래의 자산가치를 유지하는 때가 흔하지 않지만 발생한다. 비영구적 손실을 수학적으로 완벽하게 제거하는 건 불가능하지만 특정한 조건을 만족하면 손실이 아닌 이득이 생길 수 있다는 사실이 알려졌다.

유니스왑은 스마트 컨트랙트를 이용한 코인 거래 플랫폼인데 거기서 유동성 풀을 통해 거래할 코인 가격이 수학적으로 결정된다. 상품의 적정한 가격을 잘 모를 때 가격을 결정하는 일반적인 방법은 소위 이중경매(double auction)라는 방식이다. 즉, 팔고자 하는 사람의 원하는 가격과 사고자 하는 사람의 원하는 가격이 일치하는 지점에서의 가격을 바로 그 상품의 적정한 가격으로 보는 방식이 그것이다. 이 방식을 구현한 게 오더 북(order book)이다. 수백 년 사용된 오더 북 방식을 버리고 수학적으로 가격을 결정한다는 건 너무 혁신적이다. 아직 그 수학적 방식을 이해하지 못하는 많은 사람들이 구매자나 판매자의 의중과 무관하게 가격이 정해진다는 사실을 결코 수용하지 못하고 있다. 그러나 유니스왑의 거래방식은 환상이 아닌 현실이며 지금도 잘 쓰이고 있다.

수학적으로 가격을 결정할 수 있는 건 유동성 풀 스마트 컨트랙트에 거래자들의 의중과 무관한 코인 쌍이 충분히 존재할 때 가능하다. 거래자들은 스마트 컨트랙트와 거래를 한다. 그래서 구매자의 상대가 판매자가 아니라 객관화된 스마트 컨트랙트이다. 더 정확히 말하자면 거래의 상대는 스마트 컨트랙트에 코인을 예치한 유동성 제공자들이다. 주식시장이나 외환시장에서도 유니스왑처럼 유동성 풀에 충분한 유동성을 갖춘 거래 쌍(예를 들면, 주식시장에서 삼성전자와 원화 쌍, 외환시장에서는 원화와 달러 쌍)이 갖추어져 있을 경우 수학적 가격 결정이 가능하다. 물론, 누구나 유동성 풀에서 강제적으로 거래를 해야 하는 건 아니다. 유니스왑 같은 거래시장의 스마트 컨트랙트를 인정하고 수용하는 고객들끼리만 거기서 거래하면 된다.

대출의 경우 전통금융에서 가장 어려운 난제는 신용평가이다. 은행에 충분한 금액의 적금을 들고 그걸 담보로 고객이 대출을 받는 경우가 있다. 그 고객은 은행으로부터 적금을 떼일 수 있다는 점에 가끔 걱정이 앞선다. 그래서 생긴 게 예금자보호법이라는 안전판이다. 은행 입장에서는 그래도 적금 금액이 대출 금액보다 크므로 떼일 염려가 없다. 분산금융에서는 고객이 가상자산을 예치하고 예치한 가상자산 범위 내에서 다른 가상자산으로 대출을 받는다. 고객이 가상자산 담보대출을 받지만 고객이 담보로 예치한 가상자산의 통제 권한이 고객에게 주어진다. 이건 정말 혁신적인 방법이다. 예를 들어 이더리움 100개를 풀에 예치하고, 본인이 예치하지 않은 다른 이더리움 60개를 빌리는 방식이다. 자신이 예치한 코인 100개의 통제 권한은 고객 본인이 쥐고 있으면서 다른 코인 60개를 빌리는 거다. 다만, 빌린 코인 60개의 가치가 예치한 코인 100개의 가치 이하로 떨어지면 예치한 코인 100개를 풀이 강제로 청산한다. 오로지 그 경우에만 예치한 코인의 통제 권한이 풀로 넘어간다. 이런 방식의 대출을 부채담보부포지션(CDP) 상품이라 부른다. 메이커다오가 채택한 이 방식은 대출자와 유동성 풀 둘 다 모두 안심할 수 있게 만들어 금융기관들이 벤치마킹할 필요가 있다.

2. 분산금융의 하이라이트, 플래시론

분산금융의 하이라이트는 플래시론(flash loan)이다. 대출은 눈 깜짝할 사이에 이루어진대서 플래시 론이라 명명되었다. 대출을 상환해야 하는 만기 역시 눈 깜짝할 사이만큼 짧다. 플래시론은 기존 상식으로 볼 때 전통금융에서는 한 번도 적용한 바 없는 매우 혁신적인 금융상품이다. 우선 대출에 앞서 대출 플랫폼인 아베(Aave)가 고객에게 담보를 요구하거나 신용조사를 요청하지 않는다. 아베의 유동성 풀에 잠겨있는 코인을 몇 개 꺼내서 다른 분산거래소에서 차익거래를 한 후 이익을 남겨 원금과 이자를 갚겠다는 계획을 플래시론 스마트 컨트랙트에 담아 그걸 아베에 제출하면 된다. 이 스마트계약에 담긴 계획이 일사천리 성공적으로 진행되면 고객이 이자와 원금을 갚고 이익을 남길 수 있다. 플래시론은 대출, 운영, 상환의 모든 과정이 다음 블록이 생성되기 전 현재의 블록에서 완결되어야 한다.

물론, 세상만사가 다 그렇듯이 계획대로 대출부터 상환까지 모든 과정이 항상 성공적으로 진행되지 않을 수 있다. 도중에 계획과 달리 엉뚱한 상황이 전개되어 대출자가 손해를 볼 수 있고, 그래서 약정된 이자와 원금을 돌려주지 못할 수 있다. 이건 예측하지 못한 사고이자 실패 사례에 해당한다. 이런 상황이 발생하면 아베가 손해를 감수해야만 한다. 그런데 아베가 손해를 볼 일은 결코 발생하지 않는다. 최악의 상황은 따로 있다. 그건 대출자가 작정하고 아예 코인을 들고 달아나는 거다. 이렇게 심각한 실패 사례가 발생하면 아베의 유동성 풀이 고갈될 수 있다. 그런데 이런 상황에서도 역시 아베의 유동성 풀이 손실을 입는 일은 전혀 발생하지 않는다. 그런 일이 한 번이라도 생겼다면 플래시론은 벌써 역사의 뒤안길로 사라졌을 것이다. 이게 플래시론이 몰고 온 유동성 매직(liquidity magic)이다. 그냥 아무나 유동성 풀에서 코인을 꺼내 갔는데 어느 경우든 유동성 풀이 손실을 입지 않는 게 아베의 유동성 매직이다.

한편, 이런 일도 벌어질 수 있다. 대출자가 빌린 코인으로 운영을 잘해서 이익을 남겼지만 작업시간이 예상보다 길어져 다음 블록이 생성된 후에야 상환할 수 있게 되는 일이 생길 수 있다. 그런데 상환은 다음 블록이 생성되기 전에 현 블록에서 완결되어야 한다고 전제했다. 따라서 비록 대출자가 이익을 남겼더라도 그 대출 역시 실패 사례로 간주된다. 어떤 종류의 실패이든 일단 실패 사례가 발생하면 현 블록에서 플래시론 스마트 컨트랙트의 실행을 원점으로 되돌려버린다. 즉, 대출도 없었고 대출 후 발생한 거래도 없었던 걸로 세탁해 버린다.

불의의 실패이든 고의적 실패이든 플래시론 스마트 컨트랙트는 손해를 보지 않는다. 그 이유를 비유를 들어 쉽게 설명하면 이렇다. 플래시론 스마트 컨트랙트는 대출이 이루어지고 나서 상환이 완결되기 전까지는 대출 가계약 상태에 놓인다. 상환이 완결되면 그때 정식 계약서 상태로 전환되어 계약이 완결된 상태로 블록체인에 기록이 남는다. 상환이 이루어지지 않으면 블록체인에는 효력이 상실된 가계약서가 저장된다. 따라서 플래시론 스마트 컨트랙트는 유동성 풀에 있는 코인을 대출해준 바 없는 것으로 기록되므로 대출되었던 코인을 날릴 위험이 전혀 없다. 대출된 코인이 분산거래소에서 다른 코인과 교환됨으로써 가계약이 정식계약으로 종결되었다 해도 블록체인에서 최종 승인이 이루어지지 않으면 그 거래도 무효로 처리된다. 실제로 그 거래에서 코인들은 〈교환된 상태〉가 아니라 〈교환될 상태〉에 있었던 건데 정상적으로 대출이 상환되지 못했기 때문에 그 가계약은 최종적으로 승인되지 못해 〈교환될 상태〉로 남겨진다.

4절. 미래 금융의 예표

1. 개봉박두 CBDC

CBDC가 신용카드와 경쟁할 일은 없다. CBDC는 명목화폐이고 신용카드는 화폐를 편리하게 쓰도록 도와주는 도구이므로 둘을 직접 비교하는 건 무리이다. 신용카드는 고객이 외상으로 결제할 수 있는 기능과 현금을 인출할 수 있는 기능을 제공한다. 전자는 고객의 대금결제 시기를 최대 한 달 정도 늦춘다. 이때 자기 자금이 없을 경우 외부로부터 해당 자금을 조달해야 한다. 이 과정에서 카드 회사가 은행의 대출을 받아 발생한 신용 창출은 통화량에 포함된다. 후자의 경우에도 자기 자금이 부족하여 카드 회사가 은행으로부터 대출을 받으면 이때 이루어진 신용 창출은 통화량 증가로 이어진다. 신용카드는 이래저래 담보 없이 신용을 창출하므로 신용을 기반으로 하는 금융카드이다. 신용카드는 한 달간의 신용을 필요로 하는 경제주체가 존재할 것이 자명하기 때문에, 신용을 제공하지 않는 CBDC가 도입되더라도 신용 제공이라는 장점으로 인해 신용카드는 계속해서 존재할 가능성이 높다.

2. CBDC 지갑이 핵심

비트코인의 주소 길이가 160비트라서 CBDC의 주소 길이도 160비트라고 가정하자. 고객은 CBDC의 160비트 길이의 긴 주소 대신 지금처럼 16개 숫자의 신용카드 번호를 선호할 것이다. 16개 숫자도 기억할 필요가 없다. 플라스틱 카드만 보유하고 있으면 된다. 블록체인 기반의 CBDC에선 고객은 256비트 길이의 비밀키를 암기해야 한다. 그걸 잊는 순간 그의 CBDC는 연기처럼 사라져 복구할 길이 없게 된다. 물론, 대안이 없는 건 아니지만 근본적인 해법은 아니다. 이런 걸 감안하여 은행은 메타마스크보다 훨씬 진화된 전자지갑을 제공해야 한다. 은행이 잘 만들지 못하면 민간에서 훌륭한 유저 인터페이스를 지닌 전자지갑을 제공할 것이다. CBDC의 경쟁 상대는 신용카드나 전자지갑이 아니다. 이들의 경쟁 상대는 CBDC 지갑이다. CBDC 지갑은 단순한 지갑이 아니라 손안의 은행으로 격상될 것이다. CBDC 지갑의 강자가 스마트폰 업계의 애플이나 삼성 같은 존재가 될 날이 올 것이다.

오프라인 환경에서 CBDC를 쓸 수 없다는 건 CBDC의 중대한 결함이다. 그런데 완벽한 솔루션은 세상에 없다. 오프라인에서 CBDC를 쓸 수 있는 기술 개발은 계속되어야 하지만 그게 완성될 때까지 CBDC 출시를 늦출 수는 없다. CBDC가 출현해도 사람들은 지금처럼 신용카드 같은 장치를 사용할 것이다. 오프라인 상태에서 신용카드로 결제하면 신용카드 번호가 남아 후일 사용자의 신원 확인이 가능하다. 물론, 가짜 신용카드를 썼다면 문제는 조금 복잡해진다. 그건 지폐가 근간인 지금도 그렇다. 오프라인 상태에서 가짜 CBDC를 막지 못하기 때문에 CBDC를 도입하는 데 주저한다는 건 설득력이 부족하다. 인터넷 없는 곳에서도 신용카드가 사용되었던 역사를 기억할 필요가 있다.

3. 분산금융 환영대회 필요

1977년 미국의 와이오밍 주의회는 유한책임회사(LLC)란 것을 합법적인 조직 형태로 승인했다. 이전에 보지 못한 이 새로운 회사 형태는 미국 국세청(IRS)이 받아들이기 힘들었다. 미국 국세청이 유한책임회사를 인정한 건 그로부터 10년이 지난 1988년이었다. 한국에서 유한책임회사를 법적으로 인정한 건 2012년 상법을 개정한 뒤부터다. 그 전에는 한국에서 합명회사, 합자회사, 유한회사, 주식회사만 인정되었다. 개인사업체도 아니고 그렇다고 주식회사도 아닌, 정말 모호한 회사 형태를 인정하는 데 많은 시간이 흘렀다. 유한책임회사를 인정하고 보니 전혀 혼란스럽지 않았고 부작용도 별로 없었다. 그런데 규제당국은 언제나 새로운 제도를 두려워했다. 새로운 경제 제도가 정착되는 게 이렇게 어려웠다.

2017년 한국에서는 적기조례(Red Flag Act)와 튤립버블이란 용어가 뜨겁게 대립했다. 정부가 규제의 칼을 꺼내 들려고 하자 암호화폐를 옹호하는 사람들은 적기조례를, 반대론자들은 튤립버블을 들고 나왔다. 영국에서 자동차가 처음 등장했을 때 생계수단을 잃게 생긴 마부들의 입장을 고려해 만든 게 적기조례이다. 사람이 자동차 앞에서 붉은 깃발을 들고 달리며 자동차의 속도를 마차보다 느리게 통제했었다. 그런데도 결국 마부는 사라지고 자동차의 전성시대가 왔다. 1634년 네덜란드에서 튤립 뿌리 하나가 집 한 채의 수준으로 가격이 폭등했다가 급락했다. 사람들은 이 튤립버블처럼 비트코인 가격도 곧 거품처럼 사라질 거라고 예상했다.

2017년 1월 10일 정부종합청사에서 금융위원회 정은보 부위원장 주재로 〈블록체인 기술과 금융의 융합 추진 관련 현장의견 청취〉 행사가 열렸다. 이 행사에서 정부의 입장은 매우 블록체인 친화적이었다. 이날 정은보는 금융분야에서 블록체인 기술을 한발 앞서 수용하여 변화와 혁신을 선도해 나가야 한다고 강조했다. 이에 고려대 교수 인호는 영국에서 증기기관이 발명되고 자동차 산업이 활성화될 당시에 적기조례가 통과되면서 자동차산업의 주도권을 독일에 빼앗기게 된 사례가 있다고 말했다.

2017년 1월 비트코인 하나의 가격이 1,000달러를 돌파했다. 연말이 다가오면서 12월 19일에는 그 가격이 19,783달러에 달했다. 한 해 사이에 비트코인 가격이 거의 20배 정도로 뛰었다. 투자상품 중 한 해 동안에 20배 뛰는 투자상품은 찾기 어렵다. 비트코인 가격이 천정부지로 뛴건 2017년에 대형 초기코인공개(ICO) 행사가 줄줄이 열렸기 때문이다. 강남의 테헤란로, 여의도 금융가 주변의 커피숍에서는 어디서나 비트코인을 주제로 대화에 열중하는 사람들을 만날 수 있었다. 정부의 입장에서 암호화폐 열풍이 제2의 바다이야기 사태로 번질 수 있다는 우려가 생길 법했다.

한국 최초의 ICO는 2017년 5월에 시작되었다. 고객이 1 비트코인을 보스코인 재단에 보내면 재단이 40,000개의 보스코인을 주는 방식으로 ICO가 진행되었다. 이 ICO에서 보스코인 재단은 6,902개의 비트코인을 모았다. ICO가 이루어지자 마자 힛비티시(HitBTC) 거래소가 보스코인을 몰래 상장했다. ICO를 하고서 한 달도 되지 않아 거래소에서 보스코인의 가격이 5달러까지 올라 때문에 150배 이상 수익이 발생했다. 이미 리플이나 이더리움에 투자해서 큰 수익을 본 사람들이 2017년 들어서면서 새로운 투자처를 찾고 있었다. 보스코인 ICO는 소위 김치코인의 원조인데 이 코인의 대박 소식을 듣고 한국 투자자들이 크게 요동했다. 안타깝게도 김치코인은 한국에서 또는 한국인이 국내시장을 겨냥해 한국인이 만든 코인을 비하해 부르는 단어가 됐다.

9월 1일 오전 10시 30분. 금융위원회 16층 대회의실에서 〈가상통화

관계기관 합동 태스크포스〉가 개최한 〈가상통화 현황 및 대응방향〉 회의가 열렸다. 금융위원회 김용범 부위원장이 주재한 이 모임에서 지분증권, 채무증권 등 증권발행 형식으로 가상통화를 이용하여 자금조달(ICO)을 하는 행위에 대해서는 자본시장법 위반으로 처벌하겠다는 발표가 이루어졌다. 당시에는 정부가 암호화폐나 가상자산 대신 가상통화란 용어를 사용하던 시기였다. 50인 이상의 투자자를 대상으로 증권 또는 금융투자상품을 토큰으로 발행하는 발행인은 자본시장법을 따라야 한다. 그런데 발행자들은 변호사들의 조력을 받아 증권성을 배제한 코인이나 토큰을 발행하고 ICO를 진행했다. 김치코인 1호 인 보스코인도 재단을 한국이 아닌 스위스의 추크(Zug)에 설립하고 공모를 진행했다.

뒤늦게 암호화폐를 알게 되어 다단계를 통해 리플이나 이더리움을 사서 이익을 본 국내 투자자들이 김치코인 ICO 시점에 직접 참여해 더 큰 수익을 볼 수 있다는 건 낭보였다. 보스코인을 통해 그 가능성을 확인하자마자 너도나도 김치코인 ICO에 뛰어들었다. 2017년 10월에는 아이콘, 11월에는 메디블록, 그리고 이어서 에이치닥(Hdac)이라 불리는 코인의 ICO가 열렸다. 에이치닥 ICO에서는 1 비트코인을 내면 18,000 에이치닥을 받을 수 있었다. 에이치닥 재단은 15,200개의 비트코인을 모았다. 아이콘은 ICO에서 비트코인 대신 이더리움을 받았다. 메디블록은 비트코인, 이더리움, 큐텀(QTUM) 등 3종의 암호화폐를 받았다. 이들도 정부의 규제나 법적 문제를 피하려고 아이콘과 에이치닥은 스위스, 메디블록은 영국령 지브롤터에 재단을 설립했다. 하이콘(HYCON)이 9월에 1차 ICO를 통해 3,500개의 비트코인을 모았다. 그 외에도 플러스코인이 9월, 애스톤이 12월에 ICO를 했다. 2018년에도 줄줄이 김치코인 ICO가 이어졌다.

4. 규제의 둑이 무너지고 있다

지나고 나서 보니 비트코인은 튤립버블이 아니었다. 2024년 비트코인 가격이 1억원을 넘겼고 미국은 비트코인 현물 ETF와 이더리움 현물 ETF를 승인했다. 이로써 제도권 금융기관들이 가상자산 현물을 바탕으로 안정적인 금융상품을 출시할 수 있게 되었다. 유한책임회사를 처음 법적으로 인정한 와이오밍 주의회는 분산자율조직(DAO)를 유한책임회사로 인정했다. 금융의 역사를 통틀어 전혀 경험하지 못한 일들이 분산금융에서 연일 발생하다 보니 규제당국은 매우 혼란스러워하고 있다. 그러나 분산금융을 수용하는 각국의 속도 역시 빨라지고 있다. 일본은 스마트 컨트랙트가 작동하는 CBDC 발행을 고려하고 있다. 비트코인이 1억원을 가든 10억원을 찍든 분산금융의 시대는 다가오고 있다. 수용할 건지 거부할 건지 그것이 문제일 뿐이다. 비록 보스코인 등 많은 김치코인이 무대에서 사라졌는데 그건 닷컴 버블 시기를 거치면서 구글이나 아마존이 살아남은 것과 유사하다. 결국 살아남을 건 살아남고 소멸될 건 소멸된다. 그럼에도 분산금융은 금융의 역사를 새로 쓸 것이다. 80개가 넘는 가상자산 유니콘들이 새 역사를 써 내려갈 거다. 시간이 지나면 규제의 둑은 무너질 것이다.

글로벌로 사용되는 코인경제 이미지
(https://copilot.microsoft.com/images/create? 활용하여 창작)

3장. 글로벌 주요 코인경제 현황

김호진

1절. 글로벌 코인시장의 기술적 발전과 미래 전망

1. 글로벌 코인시장의 기술적 발전

가장 주목할 만한 기술적 발전은 블록체인 기술의 진보이다. 초기의 블록체인은 비트코인의 거래 기록을 담는 데에 그쳤지만, 이후 이를 발전시켜 보안성을 높이고, 속도를 향상시키는 등의 다양한 기술적 개선이 이루어졌다. 이러한 진보로 인해 블록체인은 금융부터 제조업, 의료 등 여러 산업에서 응용이 가능해졌다.

이 중에 얼마 전부터 활용되는 기술이 스마트 기술인데 이를 활용하는 하나의 거래행위가 스마트 계약이다. 스마트 계약은 블록체인 기술을 활용한 계약의 자동 실행 메커니즘이다. 이는 중간 단계의 인증기관을 배제하고, 거래의 투명성과 신뢰성을 높여준다. 스마트 계약은 기존의 계약보다 보안성이 뛰어나며, 소규모 거래부터 대규모 거래까지 다양한 분야에서 활용될 수 있다.

또한 프라이버시 보호 기술에서 블록체인은 거래의 투명성과 안전성을 보장하지만, 동시에 개인정보의 노출 문제를 야기할 수 있다. 이에 따라 프라이버시 보호 기술이 중요해 지면서, 익명성을 보장하고 개인정보를 안전하게 보호하는 다양한 기술이 개발되고 있다. 이러한 기술은 사용자들에게 보다 안전한 거래 환경을 제공한다.

　기존의 블록체인은 거래 속도와 확장성 측면에서 한계를 갖고 있었다. 그러나 최근에는 다양한 확장성 문제를 해결하기 위한 기술적인 노력이 진행되고 있다. 새로운 합의 알고리즘, 샤딩 등의 기술이 도입되면서 블록체인의 확장성이 크게 향상되고 있다. 다른 발전의 하나는 탈중앙화의 가속화이다. 탈중앙화 거래소의 발전과 거래진행은 중앙 거래소와는 달리 사용자들이 자신의 자산을 직접 관리할 수 있는 거래소 시스템이다. 최근에는 탈중앙화 거래소의 수가 급증하며, 이는 보다 안전하고 투명한 거래를 위한 수단으로 활용되고 있다.

　또 블록체인 기술과 인공지능 기술의 융합은 새로운 혁신을 이루어지고 있다. 인공지능을 활용한 스마트 계약 시스템이나 거래 분석 툴 등이 개발되고 있으며, 이는 암호화폐 시장을 보다 효율적으로 운영하고, 사용자들에게 더 나은 서비스를 제공할 수 있게 될 것으로 기대된다.

　위에서 살펴본대로 글로벌 코인시장의 기술적 발전은 빠르고 다양한 영역에서 이뤄지고 있다. 블록체인 기술의 진보와 함께 스마트 계약, 프라이버시 보호 기술, 확장성 문제의 해결, 탈중앙화 거래소의 발전, 그리고 인공지능과의 융합 등이 암호화폐 시장을 변화시키고 있다. 이러한 기술적 발전은 보다 안전하고 효율적인 디지털 자산 거래 환경을 조성하며, 미래에는 블록체인 기술이 더욱 폭넓게 활용될 것으로 기대된다.

2. 글로벌 코인시장의 시장규모

글로벌 코인시장은 최근 몇 년간 빠르게 성장하고 있는데, 이는 암호화폐의 보급과 기술적 발전, 그리고 글로벌경제의 변화와 밀접한 관련이 있다.

암호화폐 초기에는 소수의 전문가나 열렬한 커뮤니티에서만 사용되던 기술이었다. 그러나 최근 몇 년간 암호화폐의 보급이 더욱 확산되고 있다. 이는 대중들의 암호화폐에 대한 이해도가 높아지고, 디지털 자산에 대한 수요가 증가한 결과이다. 특히 최근 금융기술(FinTech) 붐과 관련하여 디지털 결제시스템의 혁신과 암호화폐의 활용이 더욱 두드러지고 있다.

암호화폐의 성장에는 블록체인 기술의 발전이 큰 영향을 미쳤다. 블록체인 기술은 실로 다양한 산업 분야에 응용하고 있으며, 이는 암호화폐 시장의 성장을 더욱 촉진시키고 있다. 스마트 계약, 프라이버시 보호 기술, 그리고 새로운 합의 알고리즘 등의 기술적 진보는 블록체인의 확장성과 효율성을 크게 향상시키고 있다.

글로벌경제의 변화도 암호화폐 시장의 성장에 영향을 미치고 있다. 특히 최근의 금융위기와 경제적 불확실성은 안전한 자산으로서의 암호화폐에 대한 관심을 높였다. 여러 국가들의 통화정책이나 금융 시스템에 대한 불신도 암호화폐 시장의 성장을 촉진하는 요인 중의 하나다.

암호화폐 시장의 성장은 다양한 요인들의 상호작용에 의해 결정되고 있다. 암호화폐의 보급과 기술적 발전, 글로벌경제의 변화 등은 모두 시장의 성장을 촉진하는 요인으로 작용하고 있다. 따라서 글로벌 코인시장의 시장 규모는 계속해서 확대될 것으로 예상되며, 이는 암호화폐 시장이 금융 시스템의 중요한 요소로 자리매김하는 과정에서 중요한 지표가 될 것이다.

3. 글로벌 코인시장과 전통 재화와의 관계

암호화폐는 글로벌 코인시장에서 거래되는 디지털 자산으로서, 전통적인 재화 및 금융상품과 경쟁하며 혁신적인 금융 생태계를 형성하고 있다.

1) 암호화폐와 전통적인 통화의 관계

암호화폐는 전통적인 통화와 경쟁하는 주요 디지털 자산 중 하나이다. 일부 국가들은 디지털 화폐를 공식적인 통화로 채택하거나 중앙은행 디지털 통화(CBDC)를 개발하여 통화 시스템의 디지털화를 추진하고 있다. 이러한 움직임은 전통적인 통화 시스템에 큰 변화를 가져오고 있으며, 디지털 자산에 대한 관심을 높이고 있다. 예를 들어, 중국의 디지털 위안화와 유럽중앙은행의 디지털 유로 프로젝트는 이러한 변화를 반영하고 있다. 이는 글로벌 코인시장 성장을 촉진하는 요인 중 하나로 작용하고 있다.

2) 금융상품 및 서비스의 다양화

암호화폐는 특히 여러 방면에서 금융상품 및 서비스의 개발을 촉진하고 있다. 디지털 자산을 기반으로 하는 대출 상품, 이자를 제공하는 탈중앙화 금융(DeFi) 서비스, 스마트 계약을 활용한 자동화된 금융 서비스 등이 등장하고 있다. 이러한 서비스는 전통적인 금융 시장과 경쟁하며, 새로운 금융환경을 조성하고 있다. 예를 들어, DeFi 플랫폼은 중개자 없이 사용자 간의 직접 거래를 가능하게 하여, 금융 서비스의 접근성을 높이고 비용을 절감하고 있다. 이는 기존의 금융상품보다 효율적이고 투명한 대안으로 자리매김하고 있다.

3) 암호화폐와 기존 금융 시장의 연계

암호화폐 시장은 기존의 금융 시장과도 긴밀하게 연계되어 있다. 많은 금융기관들이 암호화폐 거래를 지원하고 있으며, 암호화폐 자산을 포트폴리오에 추가하는 투자 전략을 채택하고 있다. 예를 들어, 주요 금융기관들이 비트코인과 같은 암호화폐에 투자하거나, 암호화폐 기반 펀드를 출시하고 있다. 또한, 기존의 금융 시장에서는 블록체인 기술을 활용하여 거래 속도를 향상시키고 비용을 절감하는 등의 변화가 이루어지고 있다. 이러한 기술적 혁신은 금융 시스템의 효율성을 높이고, 새로운 비즈니스 모델을 가능하게 한다.

4) 전통금융과 암호화폐의 상호작용

전통금융시장과 암호화폐 시장은 상호 작용하며 발전하고 있다. 암호화폐의 발전은 전통금융시장에 새로운 도전과 기회를 제공하고 있다. 예를 들어, 금융기관들은 블록체인 기술을 도입하여 기존의 금융 서비스 개선을 추구하고 있다. 반대로, 전통금융의 규제와 안정성은 암호화폐 시장의 발전에 중요한 영향을 미치고 있다. 예를 들어, 금융규제 기관들은 암호화폐 시장의 투명성 확보와 투자자 보호를 위해 규제 정책을 마련하고 있다.

5) 결론

암호화폐는 글로벌 코인시장에서 중요한 역할을 하며, 전통적인 금융시장과 경쟁하면서 동시에 협력하고 있다. 디지털 자산의 보급과 기술적 발전, 그리고 글로벌경제의 변화는 암호화폐 시장의 성장을 촉진하고 있다. 암호화폐와 전통금융시장 간의 상호작용은 금융 생태계의 변화를 이끌며, 새로운 금융상품 및 서비스의 개발을 촉진하고 있다. 이러한 변화는 금융 시스템의 효율성과 투명성을 높이고, 글로벌 코인시장의 지속적인 성장을 가능하게 할 것이다.

4. 글로벌 코인시장의 규제와 안전성

글로벌 코인시장은 규제와 안전성에 대한 이슈에 직면하고 있다. 암호화폐 시장의 높은 변동성과 시장 조작의 위험성은 규제 당국과 투자자들에게 큰 우려를 불러일으키고 있다. 따라서 글로벌 코인시장의 안전성과 신뢰성을 높이기 위한 다양한 노력이 필요하다.

1) 규제와 안전성 문제

- 변동성 : 암호화폐 시장은 다른 자산 시장에 비해 변동성이 매우 크다. 이는 투자자들에게 높은 수익을 기대하게 만들기도 하지만, 동시에 큰 손실의 위험도 내포하고 있다. 이러한 변동성은 시장의 안정성을 저해하는 주요 요인 중 하나이다.

- 시장 조작 : 암호화폐 시장은 아직 비교적 규제가 미흡한 상태로, 시장 조작이 빈번하게 발생할 수 있다. 이는 투자자들에게 큰 피해를 줄 수 있으며, 시장 전체의 신뢰도를 떨어뜨리는 원인이 된다.
- 규제 불확실성 : 각국의 규제 환경이 상이하고, 규제가 빈번하게 변경되는 상황에서 투자자들은 법적 불확실성에 직면하게 된다. 이는 글로벌 코인시장의 성장을 저해하는 요소로 작용할 수 있다.

2) 규제와 안전성 강화 노력

- 국제 협력 : 글로벌 코인시장의 특성상, 국제적인 규제 협력이 중요하다. 국제 기구나 각국의 금융 당국 간의 협력과 정보 공유가 강화되어야 한다. FATF(금융행동특별기구)와 같은 국제 기구는 AML(자금세탁방지)과 CFT(테러자금조달방지) 규제를 표준화하는 역할을 하고 있다.
- 투자자 보호 : 각국의 규제 당국은 암호화폐 거래소에 대해 KYC(고객확인)와 AML 규정을 엄격히 적용하고, 투자자 보호를 위한 제도적 장치를 마련하고 있다. 이는 시장의 투명성을 높이고, 투자자 신뢰를 구축하는 데 기여할 것이다.
- 기술적 안전성 : 암호화폐의 기술적 안전성을 강화하기 위한 노력이 필요하다. 이는 해킹 방지, 데이터 보호, 스마트 계약의 보안 강화 등이 포함된다. 이를 통해 거래의 안전성을 높이고, 시장의 신뢰도를 제고할 수 있다.

3) 전통금융시장에 미치는 영향

암호화폐와 전통금융시장의 관계는 상호작용을 통해 변화하고 있다.

- 금융상품의 다양화 : 암호화폐 기반의 금융상품과 서비스는 전통적인 금융 시장에 새로운 경쟁자로 등장하고 있다. 디파이(DeFi) 서비스, 스마트 계약 기반의 금융 서비스 등이 그 예이다.

- 기술 혁신 : 전통금융시장도 블록체인 기술을 도입하여 거래의 효율성을 높이고, 비용을 절감하는 등 새로운 슴융기법으로 변화하고 있다. 이는 금융 시장 전체의 혁신을 촉진한다.

- 규제 환경 변화 : 암호화폐의 등장으로 인해 전통금융시장도 새로운 규제 환경에 적응해야 한다. 이는 금융기관들이 AML과 CFT 규제를 강화하고, 디지털 자산 관리 시스템을 도입하는 등 변화로 이어지고 있다.

4) 결론

글로벌 코인시장은 규제와 안전성 문제를 해결하기 위한 국가와 시장, 시장과 고객간의 관계를 긴밀하게 하기 위한 노력을 통해 발전하고 있다. 이러한 노력은 암호화폐 시장뿐만 아니라 전통적인 금융 시장에도 긍정적인 영향을 미칠 것으로 예상된다. 암호화폐의 성장은 새로운 금융상품과 서비스의 출현을 촉진하고, 전통금융시장의 변화를 이끌고 있다. 그러나 이러한 변화는 규제와 안전성에 대한 새로운 과제도 함께 가져오고 있으며, 이에 대한 적절한 대응이 필요하다.

2절. 글로벌 코인시장의 투자 전략과 리스크 관리

1. 글로벌 코인시장의 재화로서의 선호도

글로벌 코인시장은 다양한 암호화폐가 거래되는 공간으로, 각 암호화폐는 고유한 특징과 기술적 이점을 바탕으로 투자자들이 선호하고 있다. 이 장에서는 비트코인, 이더리움, 그리고 기타 블록체인 플랫폼들이 왜 투자자들로부터 관심을 끄는지를 다양한 측면에서 살펴보겠다.

1) 비트코인(Bitcoin, BTC)

비트코인은 2009년 사토시 나카모토(Satoshi Nakamoto)에 의해 처음 출시되어 확인이 가능한 세계 최초의 암호화폐로 다음과 같은 요인들로 현재까지도 가장 높은 시장점유율을 자랑한다.

- 역사적 신뢰성 : 비트코인은 가장 오래된 암호화폐로서 오랜 기간 동안 안정성과 신뢰성을 입증했다. 이는 초기 투자자들 뿐만 아니라 현재의 투자자들에게도 중요한 요소로 작용한다.

- 높은 유동성 : 비트코인은 대부분 암호화폐 거래소에서 거래할 수 있으며, 많은 페어의 기본통화로 사용된다. 이는 비트코인의 높은 유동성을 보장하고, 투자자들이 쉽게 매수 및 매도할 수 있게 한다.현재의 미국 달러화나 일본의 엔화 유럽의 유로화처럼 국제적으로 인정되는 기본통화와 유사하다는 의미로 인식되고 있다. 앞으로는 기존 국제 기축통화들을 능가할 것으로 예측된다.

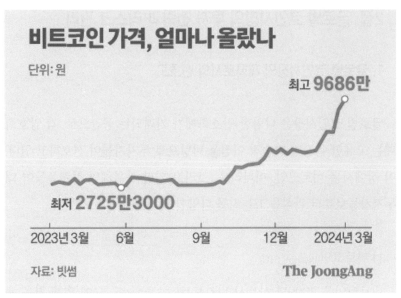

비트코인 가격추이

- 디지털 금 : 비트코인은 디지털 금으로 불리며, 가치 저장 수단으로 널리 인정받고 있다. 이는 글로벌경제 불확실성 속에서 비트코인이 안전한 피난처 자산으로서의 역할을 인정받은 것이라 할 수 있다.

2) 이더리움(Ethereum, ETH)

이더리움은 비탈릭 부테린(Vitalik Buterin)에 의해 개발된 블록체인 플랫폼으로, 스마트 계약을 실행할 수 있는 기능을 제공한다.

- 스마트 계약 : 이더리움은 스마트 계약 기능을 제공하여 다양한 분산 애플리케이션(DApps)을 구축할 수 있게 한다. 이는 금융, 게임, 공급망 관리 등 다양한 산업에서 혁신을 가능하게 한다.

- DeFi(탈중앙화 금융) : 많은 DeFi 프로젝트가 이더리움 블록체인 위에서

운영되고 있다. 이는 이더리움의 기능성과 유용성을 높이는 요소로 작용하며, 투자자들이 이더리움을 선호하는 주요 이유 중 하나이다.

- 개발자 커뮤니티 : 이더리움은 강력한 개발자 커뮤니티를 보유하고 있어 지속적인 업데이트와 개선이 이루어지고 있다. 이는 플랫폼의 장기적인 성장 가능성을 보장한다.

3) 기타 블록체인 플랫폼

최근에는 카르다노(Cardano), 폴카닷(Polkadot), 솔라나(Solana) 등 새로운 블록체인 플랫폼들이 주목받고 있다.

- 카르다노(Cardano, ADA) : 카르다노는 과학적 연구와 피어 리뷰를 통해 개발된 블록체인 플랫폼으로, 높은 보안성과 확장성을 자랑한다. 또한 스마트 계약 기능을 제공하여 다양한 DApp 개발이 가능한다.

- 폴카닷(Polkadot, DOT) : 폴카닷은 서로 다른 블록체인을 연결하고 상호 운용성을 제공하는 데 중점을 둔다. 이는 다양한 블록체인이 서로 데이터를 교환하고 협력할 수 있게 하여 생태계를 확장한다.

- 솔라나(Solana, SOL) : 솔라나는 높은 거래 처리 속도와 낮은 거래 수수료를 제공하는 블록체인 플랫폼이다. 이는 특히 DeFi와 같은 고속 거래가 필요한 응용 프로그램에서 큰 장점을 제공한다.

4) 결론

글로벌 코인시장에서 특정 암호화폐의 선호도는 그 암호화폐가 제공하는 기술적 장점과 실용성, 그리고 시장의 신뢰성에 크게 의존한다. 비트코인은 오랜 역사와 높은 유동성 덕분에 가장 신뢰받는 암호화폐로 자리 잡았으며, 이더리움은 스마트 계약과 DeFi의 기반으로 널리 사용되고 있다. 또한, 카르다노, 폴카닷, 솔라나와 같은 새로운 블록체인 플랫폼들은 각자의 독특한 기술적 특징으로 인해 투자자들의 관심을 끌고 있다. 이러한 다양한 암호화폐들이 상호작용하며 글로벌 코인시장을 더욱 풍부하고 다채롭게 만들고 있다.

2. 개인정보 보호 및 익명성 기능 코인들

개인정보 보호 및 익명성은 많은 암호화폐 사용자들에게 중요한 이슈이다. 암호화폐의 초기 목적 중 하나는 사용자 프라이버시를 보호하고, 탈중앙화된 거래 시스템을 통해 익명성을 보장하는 것이었다. 이러한 요구에 부응하여, 특정 암호화폐들은 강력한 익명성 기능을 제공하고 있어 글로벌 코인시장에서 높은 선호도를 얻고 있다.

1) 모네로(Monero, XMR)

모네로는 2014년에 출시된 프라이버시 중심의 암호화폐로 다음과 같은 특징을 갖고 있다.

- 익명성과 프라이버시 보호 : 모네로는 높은 수준의 익명성을 제공하는 것으로 유명한다. 링 서명 기술과 스텔스 주소를 사용하여 거래 당사자와 금액을 숨긴다. 이를 통해 거래 내역을 추적하기 어렵게 만들어 사용자의 프라이버시를 보호한다.

- 채굴 알고리즘 : 모네로는 RandomX라는 작업증명(PoW) 알고리즘을 사용한다. 이 알고리즘은 ASIC 저항성을 가지고 있어 일반 CPU로도 채굴이 가능하도록 설계되었다.

- 시장 현황 : 2024년 7월 6일 기준, 모네로의 가격은 약 246,793원(한화)이며, 시가총액은 약 4조 5,525억 원이다. 코인시장에서 상위 30위권 내에 위치하고 있다.

- 장단점 : 장점으로는 뛰어난 프라이버시 보호 기능이 있다. 반면 단점으로는 이러한 익명성이 불법 활동에 악용될 수 있다는 우려가 있다.

- 사용 사례 : 모네로는 주로 개인 간 거래나 온라인 구매 등에서 프라이버시를 중요시하는 사용자들에 의해 활용된다.

- 향후 전망 : 프라이버시에 대한 관심이 높아짐에 따라 모네로의 수요가 증가할 수 있다. 그러나 규제 당국의 감시가 강화될 가능성도 있어 이에 대한 대응이 중요하다. 예를 들면 국내 거래소(예로 업비트)에는 익명성의 위험을 감안한 정책 등으로 상장표시가 되어있지 않다. 모네로는 프라이버시 보호라는 명확한 목표를 가진 암호화폐로, 개인정보 보호를 원하는 현대 사회에서 중요한 가치로 여겨지고 있다. 그러나 투자자들은 모네로의 익명성이 가져올 수 있는 법적, 규제적 리스크도 고려해야 한다.

2) 대시(DASH, DASH)

대시(DASH) 코인은 빠른 거래와 사용 편의성에 중점을 둔 암호화폐로, 실생활에서의 활용도를 높이는 데 주력하고 있다. 그러나 투자자들은 암호화폐 시장의 변동성과 규제 환경 변화 등의 리스크를 항상 고려해야 한다.

- 특징 : 대시는 빠른 거래 속도와 저렴한 수수료를 특징으로 하는 암호화폐이다. 또한 일정 수준의 프라이버시 보호 기능도 제공한다.

- 기술 : 대시는 마스터노드 시스템을 사용하여 네트워크를 운영한다. 이를 통해 빠른 거래 확인과 네트워크 거버넌스를 가능하게 한다.

- 사용 사례 : 대시는 주로 일상적인 결제 수단으로 사용되는 것을 목표로 한다. 특히 개발도상국에서 금융 서비스 접근성 향상을 위해 노력하고 있다.

- 시장 현황 : 대시는 암호화폐 시장에서 중요한 위치를 차지하고 있으며, 시가총액 기준으로 상위 50위 안에 들어 있다. 현재 1 대시의 가치는 3만원 정도이다.

- 향후 전망 : 대시는 계속해서 사용자 친화적인 인터페이스와 빠른 거래 속도를 개선하여 더 많은 사용자를 확보하려 노력하고 있다. 그러나 다른 암호화폐들과의 경쟁이 치열해지고 있어 지속적인 혁신이 필요할 것으로 보인다.

3) 결론

글로벌 코인시장에서 특정 암호화폐의 선호도는 다양한 요인에 의해 결정된다. 비트코인과 이더리움 같은 대표적인 암호화폐들은 각각의 고유한 기능과 사용 사례를 가지고 있으며, 이에 따라 많은 투자자들의 관심을 받고 있다. 비트코인은 안정성과 유동성, 디지털 금으로서의 역할을 통해 신뢰받고 있으며, 이더리움은 스마트 계약과 DeFi 프로젝트의 기반으로 널리 사용되고 있다.

또한, 모네로와 대시 같은 익명성을 제공하는 암호화폐들은 개인정보 보호와 익명성을 중시하는 사용자들에게 높은 선호도를 받고 있다. 새로운 블록체인 플랫폼과 DeFi 프로젝트 같은 새로운 기술과 개념들은 글로벌 코인시장에서의 선호도를 변화시키고 있으며, 이러한 동향을 주시하면서 적절한 투자 결정을 내리는 것이 중요하다.

(단위 : 조원)

구 분	글로벌 상위 10개 종목*			국내 상위 10개 종목**		
	종목명	시가총액	비중	종목명	시가총액	비중
1	BTC	491	44%	BTC	3.8	16.6%
2	ETH	169	15%	XRP	2.9	12.5%
3	USDT	86	8%	ETH	2.1	9.3%
4	USDC	73	7%	E**	0.7	3.0%
5	BNB	47	4%	ADA	0.7	2.9%
6	BUSD	23	2%	DOGE	0.7	2.9%
7	XRP	21	2%	W**	0.5	2.3%
8	ADA	20	2%	S**	0.4	1.7%
9	SOL	15	1.3%	B**	0.3	1.3%
10	DOGE	11	1.0%	SOL		

2022년 상반기 가상자산사업자 실태조사 결과
(금융정보분석원(FIU), 2022)

3. 글로벌 코인시장의 투자전략

글로벌 코인시장에서의 투자 전략은 높은 수익을 기대할 수 있지만, 동시에 높은 변동성과 리스크를 동반하기 때문에 신중하고 체계적인 접근이 필요하다.

1) 포트폴리오 다변화

포트폴리오 다변화는 코인시장의 높은 변동성을 줄이기 위한 기본적인 전략이다. 여러 암호화폐에 투자하여 리스크를 분산시킬 수 있다.

• 비트코인(BTC) : 시장에서 가장 안정적인 디지털 자산으로 간주되며, 포트폴리오의 중심축으로 사용된다.

- 이더리움(ETH) : 스마트 계약과 DeFi 프로젝트의 기반으로서, 기술적 발전과 사용 사례가 많다.
- 알트코인 : 카르다노(ADA), 폴카닷(DOT), 솔라나(SOL) 등 다양한 알트코인들은 각각의 고유한 기술적 특성과 성장 가능성을 가지고 있다.

2) 기본적 분석과 기술적 분석

기본적 분석과 기술적 분석을 통해 암호화폐의 가치를 평가하고 거래 신호를 파악하는 것이 중요하다.

- 기본적 분석 : 암호화폐의 기술적 특징, 개발팀, 사용 사례, 파트너십 등을 조사하여 장기적인 가치를 평가한다.
- 기술적 분석 : 가격 차트, 이동 평균, 상대강도지수 RSI 등 기술적 지표를 사용하여 시장의 단기적인 움직임을 예측한다. 여기서 RSI(Relative Strength Index, 상대강도지수)는 주가의 상승 압력과 하락 압력 간의 상대적인 강도를 나타내는 대표적인 모멘텀 지표이다.

3) 투자 기간의 선택

투자자들은 장기 투자와 단기 거래 사이에서 선택할 수 있다.

- 장기 투자 : 몇 년간 보유할 수 있는 암호화폐에 투자하여 장기적인 가치 상승을 기대한다. 비트코인과 이더리움은 장기 투자에 적합하다.
- 단기 거래 : 시장의 단기적인 변동성을 이용하여 수익을 창출한다. 단기 거래는 높은 트레이딩 기술과 경험이 필요하다.

4) 리스크 관리

리스크 관리는 코인시장 투자에서 매우 중요한 요소이다.

- 투자 금액 한정 : 전체 자산의 일부분만 암호화폐에 투자하여 큰 손실을 방지한다.
- 손절매 설정 : 특정 가격 이하로 하락할 경우 자동으로 매도하여 손실을 최소화한다.
- 주기적 리밸런싱 : 포트폴리오의 구성 비율을 주기적으로 재조정하여 목표 비율을 유지한다.

5) 규제 환경 파악

각국의 규제 환경은 암호화폐 시장에 큰 영향을 미친다. 투자자는 규제 변화에 주의하고, 국제 지정학적 변화와 각국의 정책 방향을 지속적으로 모니터링해야 한다.

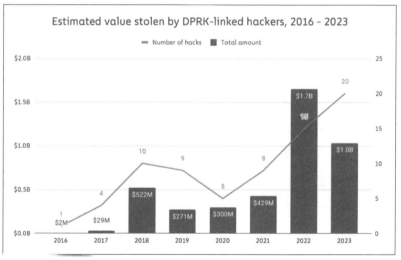

북한관련 가산자산 탈취현상 추정치(체이널리스트, 2024. 1. 25)

6) 교육과 정보 수집

코인시장은 빠르게 변화하므로 지속적인 교육과 정보 수집이 필요하다.

- 신뢰할 수 있는 뉴스 소스 : 코인데스크, 코인텔레그래프 등 신뢰할 수 있는 뉴스 소스를 통해 최신 정보를 얻는다.
- 커뮤니티 참여 : 암호화폐 관련 포럼, 소셜 미디어 그룹에 참여하여 시장의 동향을 파악한다.

7) 결론

글로벌 코인시장에서의 투자는 높은 수익을 기대할 수 있지만, 신중하고 체계적인 접근이 필요하다. 포트폴리오 다변화, 기본적 분석과 기술적 분석, 투자 기간의 선택, 리스크 관리, 규제 환경 파악, 지속적인 교육과 정보 수집을 통해 성공적인 투자 전략을 수립할 수 있다. 이러한 전략을 통해 변동성 높은 코인시장에서 안정적인 수익을 창출할 수 있을 것이다.

코인시장은 높은 변동성과 높은 리스크를 동반하고 있다. 따라서 투자자들은 리스크 관리를 효과적으로 수행해야 한다. 이를 위해서는 포지션 크기를 조절하고, 손실을 제한하기 위한 정해진 출구 전략을 설정하는 것이 중요하다. 또한 투자 자본의 일정 부분을 보전하고 안전한 자산에 투자하는 것도 중요한 전략이다. 이를 위해서는 최신 동향과 소식을 파악 해야하는데, 이유는 코인시장은 매우 빠르게 변화하기 때문이다. 투자자들은 주요 뉴스 사이트, 커뮤니티, 소셜 미디어 등을 통해 최신 정보를 수시로 확인해야 한다. 또한 코인시장의 기술적인 발전과 미래 전망에 대한 이해도를 높이는 것도 중요하다.

코인시장에서는 투자자의 감정적인 요소가 투자 결정에 영향을 미칠 수 있다. 따라서 투자자들은 감정을 제어하고 신중하게 분석된 전략에 따라 행동해야 한다. 과도한 신뢰나 두려움은 비판적인 사고를 방해하고 손실을 가져올 수 있으므로 피해야 한다. 글로벌 코인시장에서의 투자전략은 매우 다양하고 복잡하다. 투자자들은 포트폴리오 다변화, 기본적인 분석과 기술적 분석, 리스크 관리, 최신 동향 파악, 감정 제어 등 다양한 요소를 고려하여 투자전략을 수립해야 한다. 또한 투자의 목표와 성향에 맞는 전략을 선택하는 것이 중요하며, 전문가의 조언과 자문을 받는 것도 좋은 방법이다.

4. 글로벌 코인시장의 리스크 관리

글로벌 코인시장은 디지털 자산을 거래하는 활발한 시장이다. 이 시장은 고수익을 기대할 수 있는 동시에 고위험도를 동반하기 때문에 신중한 리스크 관리 전략을 수립하고 실행하여 자산을 보호해야 한다. 글로벌 코인시장에서의 리스크 관리에 대해 다양한 측면을 살펴보는 것도 중요하며, 이를 위해 효과적인 전략을 소개한다.

코인시장은 높은 변동성을 가지고 있기 때문에, 변동성 관리가 매우 중요하다. 투자자들은 자산을 분산시키고 다양한 암호화폐에 투자함으로써 변동성을 관리할 수 있다. 또한 포지션 크기를 조절하여 한 번에 투자하는 금액을 제한하고, 시장 상황에 따라 포트폴리오를 조정하는 것이 중요하다.

매수는 쉽지만 손절을 하는 것은 망설임이 많고 매수에 비해 적절한 시점에 대응하지 못하는 경우가 많다. 손실 관리는 투자자들이 가장 주의해야 할 부분 중 하나이다. 투자자들은 손실을 최소화하기 위해 출구 전략을 사전에 설정해야 한다. 예를 들어, 손실을 받아들일 수 있는 최대 손실액을 정하고, 해당 손실액에 도달하면 포지션을 청산하는 등의 전략을 수립할 수 있다. 또한 손실을 받아들일 수 있는 자산의 일부만 투자하는 것도 좋은 전략이다. 이를 위해 끊임없는 시장 분석과 정보 파악이 필수적이다.

시장 분석과 정보 파악은 투자자들이 리스크를 관리하는 데 필수적인 요소이다. 주요 뉴스 사이트, 커뮤니티, 소셜 미디어 등을 통해 최신 정보를 수시로 확인하는 것이 중요하다. 기술적 분석과 기본적 분석을 통해 시장 동향을 파악하고 투자 결정을 내리는 것도 중요하다.

투자자는 리스크 관리를 위해 스탑-로스 주문을 설정하거나 옵션 계약을 매매하여 리스크를 분산시키는 등의 다양한 도구를 활용할 수 있다. 또한 전문가나 소프트웨어를 활용하는 것도 좋은 방법이다. 투자자로서의 감정 제어는 필수적인 마인드 컨트롤이며, 감정적인 요소가 투자 결정에 영향을 미칠 수 있는 코인시장에서는 특히 중요하다. 따라서 투자자들은 감정을 제어하고 신중하게 분석된 전략에 따라 행동해야 한다.

또 코인시장은 규제와 법률적인 측면에서 여러 가지 위험을 가지고 있다. 투자자들은 규제와 법률에 대한 이해도를 높이고, 관련된 규정을 준수하는 것이 중요하다. 또한 신뢰할 수 있는 거래소에서 거래를 진행하고, 보안을 강화하는 등의 조치를 취하는 것이 좋다. 글로벌 코인시장에서의 리스크 관리는 투자자들이 신중하고 전략적으로 행동해야 하는 중요한 부분이다. 변동성 관리, 손실 관리, 시장 분석과 정보 파악, 리스크 관리 도구 활용, 감정 제어, 그리고 규제 및 법률 준수 등의 다양한 요소를 고려하여 효과적인 리스크 관리 전략을 수립해야 한다. 또한 투자자들은 자신의 투자 목표와 성향에 맞는 전략을 선택하고, 전문가의 조언을 수용하는 것이 중요하다.

3절. 글로벌 코인시장의 주요 플레이어와 경쟁 환경

1. 비트코인과 기타 코인과의 시장경쟁 관계

비트코인은 암호화폐 시장에서 가장 오래되고 널리 알려진 자산으로, 막대한 시장 점유율을 자랑한다. 그러나 최근 몇 년간 새로운 암호화폐들이 등장하면서 비트코인과의 경쟁이 더욱 치열해지고 있다.

비트코인은 최초의 블록체인 기반 암호화폐로서 글로벌 시장에서 가장 큰 시가총액을 자랑한다. 이는 비트코인이 가장 오랜 역사와 많은 투자자들의 신뢰를 얻고 있다는 것을 의미한다. 또한 비트코인은 많은 거래소에서 기본통화로 사용되며, 다른 암호화폐와의 거래 페어로 자주 사용된다. 비트코인은 여전히 시장에서 강력한 지위를 유지하고 있으며, 이는 브랜드 가치와 네트워크의 분산화로 인한 강력한 보안성 때문이다. 또한 많은 기업과 금융기관들이 비트코인을 인정하고 사용하고 있어 유용성을 높이고 있다.

그러나 최근 몇 년간 이더리움, 리플, 카르다노와 같은 새로운 플랫폼과 알트코인들이 다양한 기술적 특성과 새로운 사용 사례를 제공하며 시장에서 강력히 성장하고 있다. 이들은 스마트 계약 실행, 탈중앙화 애플리케이션(DApps), 디파이(DeFi) 서비스 등에서 비트코인과 직접적으로 경쟁하고 있다.

한편 이더리움은 스마트 계약 실행을 위한 플랫폼으로, 디파이와 탈중앙화 애플리케이션 개발에 널리 사용되고 있다. 리플은 글로벌 결제시스템 개선을 목표로 하는 프로토콜을 제공하며, 다양한 금융기관과의 협업을 통해 채택되고 있다. 카르다노는 스마트 계약 실행과 탈중앙화 애플리케이션 개발을 위한 새로운 접근 방식을 제공하며, 높은 확장성과 보안성을 자랑한다.

비트코인과 기타 코인들 간의 경쟁은 시장 전반에 긍정적인 영향을 미칠 수 있다. 이는 혁신과 발전을 촉진하고, 투자자들에게 다양한 선택의 기회를 제공한다. 또한 이러한 경쟁은 새로운 협력 기회를 제공하며, 전반적인 시장의 성장을 촉진할 수 있다.

비트코인과 기타 코인들 간의 시장 경쟁은 암호화폐 시장의 다양성과 발전에 중요한 역할을 하고 있다. 투자자들은 각 코인의 고유한 특성과 잠재적 위험을 신중하게 평가하고, 자신에게 맞는 투자 결정을 내리는 것이 필요하다.

2. 새로 부각하는 코인과 투자 유망성

코인시장은 끊임없이 새로운 프로젝트와 암호화폐가 등장하여 변화하는 생태계이다. 이 글에서는 최근 부각된 몇 가지 주요 코인들을 다루며, 그들의 투자 전망과 분석을 주관적인 시각에서 살펴보겠다. 독자들은 이 평가와 판단이 저자의 주관이라는 점을 인식하고, 자신의 투자 결정에 있어 다른 요소들을 고려하고 스스로 책임지는 것이 중요하다.

1) 카르다노(Cardano, ADA)

- 카르다노는 2017년에 출시된 플랫폼으로, 스마트 계약 실행과 탈중앙화 애플리케이션(DApps) 개발을 위한 확장 가능하고 보안성이 강

화된 블록체인을 제공한다. ADA 토큰은 최근 가격 상승세를 보이며 투자자들의 큰 관심을 받고 있다. 카르다노는 실용적인 기술적 특징과 혁신적인 접근 방식으로 주목받고 있다.

- 투자 전망 : 카르다노는 현재 네트워크 기능성을 향상시키기 위한 다양한 업그레이드를 진행 중이다. 이는 향후 성장에 긍정적인 영향을 미칠 것으로 전망된다. 또한 아프리카와 같은 신흥 시장에서의 채택을 촉진하고 있으며, 글로벌 커뮤니티와의 협력을 강화하여 블록체인 기술의 확산을 촉진할 것으로 기대된다.

- 분석 : 카르다노는 긴 시간 동안 철저한 연구와 개발을 통해 고도의 확장성과 보안성을 갖춘 블록체인을 구축해왔다. 투명한 개발 과정과 업그레이드 계획을 통해 신뢰성 있는 프로젝트로 평가받고 있다.

2) 솔라나(Solana, SOL)

- 솔라나는 높은 처리량과 낮은 거래 비용을 제공하는 블록체인 플랫폼으로, 초당 수백만 건의 거래를 처리할 수 있는 능력을 가지고 있다. SOL이라는 네이티브 토큰은 가격 상승세를 보이며 많은 투자자들의 관심을 받고 있다. 기존 블록체인 플랫폼과의 경쟁에서 우위를 점하고 있다.

- 투자 전망 : 솔라나는 디파이(DeFi) 및 게임 분야에서 활발히 활용되고 있으며, 높은 성능과 확장성을 제공한다. 네트워크 생태계를 확장하기 위해 다양한 프로젝트와 협력하고 있으며, 글로벌 개발자 커뮤니티와의 협업을 강화하고 있다.

- 분석 : 현재 솔라나는 높은 처리량과 낮은 거래 비용을 통해 다양한 분야에서의 채택을 촉진하고 있다. 신속한 개발과 업그레이드를 통

해 네트워크 성능을 지속적으로 향상시키고 있으며, 이는 향후 성장 가능성에 긍정적인 영향을 미칠 것으로 기대된다.

3) 폴카닷(Polkadot, DOT)

- 폴카닷은 다중 체인 구조를 가진 블록체인 플랫폼으로, 서로 다른 블록체인 네트워크 간의 상호 연결성을 제공한다. DOT이라는 네이티브 토큰은 최근 가격 상승세를 보이며 투자자들의 주목을 받고 있다. 블록체인의 상호 운용성과 확장성을 개선하는 데 기여하고 있다.

- 투자 전망 : 폴카닷은 블록체인의 상호 운용성을 개선하고 다양한 프로젝트 간의 협력을 촉진하고 있다. 또한 신속한 개발과 업그레이드를 통해 네트워크 생태계를 확장하고 있으며, 다양한 분야에서의 채택을 이끌어내고 있다.

- 분석 : 폴카닷은 다중 체인 구조와 강력한 보안성을 제공하는 블록체인 플랫폼으로, 다양한 프로젝트들 간의 상호 연결성을 촉진하고 있다. 개방적인 개발 환경을 통해 개발자들에게 문을 열어주고 있으며, 네트워크의 성장과 발전에 기여할 것으로 기대된다.

이 새로 부각하는 코인들은 코인시장의 다양성과 발전에 중요한 역할을 하고 있다. 그들은 혁신적인 기술과 다양한 사용 사례를 제공하며, 투자자들에게 다양한 투자 기회를 제공한다. 그러나 투자자들은 각 코인의 고유한 특성과 잠재적인 위험을 신중하게 평가하고, 적절한 투자 결정을 내리는 것이 중요하다. 또한 코인시장의 동향을 지속적으로 관찰하고, 전문가의 조언을 수용하는 것도 중요하다.

3. 비트코인의 시장발전과 한계성

비트코인은 급속하게 성장하여 글로벌 디지털 화폐 시장의 주요 플레이어로 자리매김했으나 비트코인의 시장 발전은 여러 가지 제약과 한계성을 가지고 있다. 이 글에서는 비트코인의 시장 발전과 한계성에 대해 다양한 측면을 살펴보고자 한다.

1) 시장 발전

비트코인은 초기에 주로 기술 열정가들과 암호화폐 열풍을 따르는 투기자들에 의해 주목받았다. 그러나 시간이 흐름에 따라 비트코인은 글로벌 금융 시장에서 주목받기 시작했다. 특히 2017년에는 비트코인의 가격이 폭등하여 전 세계적으로 많은 관심을 끌었다. 이로써 비트코인의 가치는 상승하고, 비트코인에 대한 인식과 수용도가 증가했다. 비트코인은 점차 기업 및 금융기관들에 의해 채택되고 있으며 몇몇 대형 기업은 비트코인을 결제 수단으로 채택하거나 투자 포트폴리오에 포함시키고 있고, 금융기관들도 비트코인 거래와 관련된 서비스를 제공하기 시작했다. 이러한 채택은 비트코인의 인식을 높이고 시장의 성장을 촉진하는 요인으로 작용하고 있다.

비트코인의 기술적 발전도 지속적으로 이루어지고 있다. 블록체인 기술의 발전을 통해 비트코인 네트워크의 확장성과 보안성이 개선되고 있으며, 이는 비트코인의 신뢰성을 높이고 사용자 경험을 향상시키는 데 기여하고 있다. 또한 라이트닝 네트워크와 같은 레이어 2 솔루션의 도입으로 비트코인의 거래 속도와 효율성이 향상되고 있다.

2) 한계성과 제약

그럼에도 불구하고 항상 따라 붙는 문제는 확장성이다. 비트코인 네트워크는 블록크기의 한계와 거래 처리 속도의 제약으로 인해 스케일링에 한계를 가지고 있다. 이로 인해 비트코인 네트워크는 과도한 거래량이 발생할 경우에는 처리 지연과 수수료 상승 문제를 겪는다. 비트코인 채굴은 많은 전력을 필요로 하며, 이로 인해 비트코인은 환경에 부정적인 영향을 미치고 있다. 특히 비트코인 채굴에 사용되는 탄소 배출량이 많아지면서 환경 보호에 대한 우려가 증가하고 있다. 법적 및 규제적 위험이 있어서 비트코인은 여러 국가에서 법적 및 규제적 제약을 받고 있다. 일부 국가는 비트코인 거래를 금지하거나 제한하는 법률을 도입하고 있으며, 이로 인해 비트코인시장에 대한 불확실성이 증가하고 있다. 또한 비트코인 거래에 대한 범죄 및 사기 행위의 위험도 증가하고 있다.

비트코인은 글로벌 디지털 화폐 시장에서 가장 큰 시가총액을 보유한 주요 암호화폐 중 하나로 자리매김하고 있다. 그러나 비트코인은 여전히 다양한 한계성과 제약을 가지고 있으며, 이는 비트코인의 지속적인 발전에 대한 장애요인으로 작용할 수 있다. 향후 비트코인은 이러한 한계성을 극복하고 기술적 발전과 채택 확대를 통해 발전해 나가야 할 것이다.

4. 알트코인의 시장발전과 한계성

알트코인(Alternative Coin)은 비트코인 이외의 모든 암호화폐를 지칭하는 용어로, 비트코인과 경쟁하며 시장에서 발전하고 있는 다양한 암호화폐들을 포함한다. 알트코인은 다양한 기술과 사용 사례를 제공하여 시장이 다양성을 증가시키고 있다. 몇 가지 대표적인 예시를 들어보자.

- 이더리움(Ethereum, ETH): 스마트 계약 실행과 탈중앙화 애플리케이션(DApps)을 위한 플랫폼으로, 디파이(DeFi) 및 Non-Fungible Token(NFT) 등의 분야에서 중요한 역할을 하고 있다. 이더리움은 스마트 계약을 통해 자율적인 애플리케이션을 실행할 수 있으며, 이를 통해 금융 서비스 및 디지털 자산 관리를 혁신하고 있다.

- 리플(Ripple, XRP): 글로벌 결제 시장을 혁신하고자 하는 프로토콜을 제공하며, 실시간 국제 송금 서비스를 통해 금융 시스템의 효율성을 높이고 있다. 리플은 특히 금융기관들과의 협력을 통해 국제 송금 비용과 시간을 절감하는 데 기여하고 있다.

- 카르다노(Cardano,ADA): 스마트 계약 실행과 스케일링 문제를 해결하기 위한 새로운 접근 방식을 제공하여 블록체인 기술의 발전에 기여하고 있다. 카르다노는 특히 고도의 확장성과 보안성을 갖춘 네트워크를 구축하여 신뢰성 있는 분산형 애플리케이션을 지원한다.

1) 채택과 사용 확대

알트코인들은 전 세계적으로 채택과 사용이 확대되고 있다. 많은 기업, 금융기관, 정부 및 비정부 기관들이 알트코인 기술을 채택하고, 다양한 분야에서의 활용을 모색하고 있다. 예를 들어, 이더리움은 스마트 계약과 DApps 플랫폼으로 널리 사용되며, 블록체인 기반의 자율적인 서비스를 구축하는 데 중요한 역할을 하고 있다. 리플은 글로벌 금융 시장에서의 국제 송금 서비스를 혁신하고, 실제로 다양한 금융기관들과의 협력을 통해 실질적인 사용 사례를 제공하고 있다.

2) 기술적 발전과 제약

알트코인들은 지속적인 기술적 발전을 이루고 있다. 블록체인 기술의 발전을 통해 네트워크의 확장성과 보안성이 향상되고 있으며, 이는 사용자 경험을 향상시키고 신뢰성 있는 서비스 제공에 기여하고 있다. 또한 다양한 알트코인들은 새로운 기술적 혁신을 추구하고 있어, 블록체인 기술의 발전과 다양한 사용 사례의 발견을 촉진하는 중요한 역할을 하고 있다.

3) 시장 불안정성과 환경적 영향

알트코인은 비트코인에 비해 높은 시장 불안정성을 보일 수 있다. 이는 시장에서의 상대적으로 작은 시가총액과 거래량 때문에 발생할 수 있는 현상이다. 또한 일부 알트코인들은 에너지 소모가 많은 채굴 방식을 사용하고 있어, 환경에 부정적인 영향을 미칠 수 있다.

4) 결론

알트코인은 비트코인과 함께 암호화폐 시장을 다양화시키고 발전시키는 중요한 요소이다. 다양한 기술적 혁신과 다양한 사용 사례를 통해 시장의 성장을 이끌고 있으며, 앞으로도 기술적 발전과 사용 확대를 통해 긍정적인 영향을 더욱 확대시킬 것으로 기대된다. 그러나 높은 시장 불안정성과 환경적 영향 등은 중요하게 고려되어야 할 사항이다.

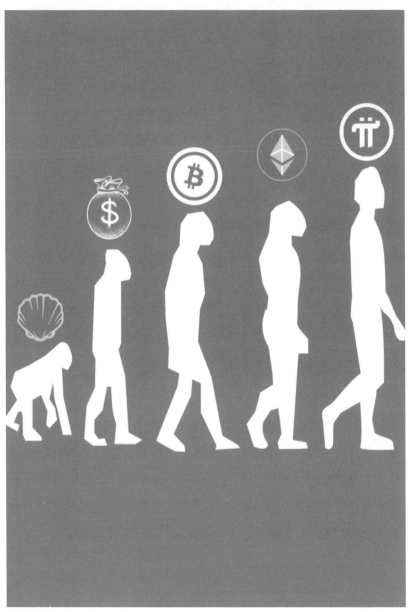

인류 화폐 시스템의 진화
〈PINOMICS 4장〉에서 인용

4장. 2024년 파이노믹스에 주목하라

우 승 택

1절. 파이 네트워크의 위대한 가치

1. 미개척 사회적 자본의 활성화를 위한 경제학 파이노믹스

칭띠아오 판(Chengdiao Fan) 박사와 니콜라스 코칼리스(Nicolas Kokkalis) 박사가 주도하는 암호화폐 파이(π)를 근간 통화로 하는 생태계가 나날이 발전하고 있다.

Dr.Chengdiao Fan, Stanford Ph.D
in Anthropological Sciences

Dr. Nicolas Kokkalis is a Stanford
PhD and instructor of Stanford

이들은 어떤 경제 세상을 만들려고 하고 있을까? 필자가 그들의 사상을 알게 된 것은 2022년 10월, 그들의 인터뷰를 보고 나서 부터다. 그들의 경제학은 세상의 모든 사람이 태어난 일체 존재들이 스스로의 존재로 인해 돈을 가질 수 있게 하고, 그 돈이 서로 교환되어 230개국에 골고루 퍼지게 하여, 사람들이 그 돈을 사용할 때 인류의 제한된 자원으로 인해 발생한 지구상의 가난 문제를 최소화시켜야 건전한 호모데우스 세상이 펼쳐진다고 본 것이라고 판단했다. 여기서 호모데우스는 호모 사피엔스 보다 한 층 진화된 신인류를 말한다.

그 이유는 파이의 창업자인 박사 부부가 사람들이 생각하는 직관에 따라 하는 의사결정이 아니라, 그 의사결정의 역직관을 통해 중요한 의사결정을 하겠다는 말에서 찾을 수 있다. '역직관'이라는 말은 니콜라스 부부가 자주 사용하는 '카운터 인튜이티브(CounterIntuitive)'라는 말을 필자가 번역한 것이다. 사전에는 '반직관'이라고 나오지만, 반직관과 역직관은 전혀 다른 의미다. 반직관은 직관과 반대되는 의사결정 방식을 말하지만, 역직관은 완벽할 수가 없는 인간의 직관으로 얻어진 것을 다시 완벽한 그 무엇에 거울처럼 비추어보아서 그 다음 결정을 하는 과정을 말하기 때문이다. 이러한 의사결정 방식은 오차 없이 100% 정확한 길을 가게 한다. 그러면 이 사람들은 왜 남들보다 먼저 블록체인과 암호화폐에 대해 알고 있었으면서도 남들보다 10년 늦게 암호화폐 산업에 참여하게 된 것일까? 그들은 무엇을 본 것일까? 인터뷰에서 그들의 답을 직접 들어보자. 사회자는 이렇게 물었다.

"당신들이 암호화폐 산업에 참여하게 된 비하인드 스토리에 대해 조금 말씀해 주시겠습니까?"

"우리의 학문적 경력과 개인적인 관심사는 블록체인과 암호화폐에 대한 일반 사람들의 접근성을 쉽게 할 수 있는 루트를 제공하기 위한 생태계를 만들기로 결정했습니다. 그 생태계에는 소비자와 생산자 그리고 유통과 생태계 진화를 위해 각 회원, 상인 및 개발자를 위한 강력한 생태계를 가능하게 하여 세계에서 가장 널리 배포된 암호화폐로 구동되는 대규모 개방형 커뮤니티인 Pi Network의 탄생으로 이어졌습니다.

우리는 둘 다 Stanford University에서 박사 학위를 받았고 그곳에서 서로를 알게 되어 여러 프로젝트에서 10년 넘게 협력해 왔습니다. Pi 프로젝트 이전에 우리는 생산성, 확장된 소셜 커뮤니케이션 및 미개척 사회적 자본을 개선하기 위한 소프트웨어 시스템을 설계했습니다. 우리는 암호화폐의 기술적, 재정적, 사회적 잠재력에 대해 강력하고 장기적인 신념을 갖고 있지만, 암호화폐가 현재 사회에서 하고 있는 일, 그리고 이 방법으로 앞으로 할 수 있는 일이 여기에서 멈출 것 같은 현재의 한계에 좌절하고 있었습니다. 이것이 우리가 Pi 네트워크를 만들게 된 동기입니다. 우리는 블록체인을 근간으로 하는 새로운 화폐가 할 수 있는 무궁무진한 영역과 그렇게 되기 위해서 무엇을 해야 하는지 알고 있고, 또 미래에 어떻게 이 화폐가 변할지도 알 수 있기에 도전한 것입니다.

그래서 우리는 비트코인 등장 이래 현재까지의 블록체인을 근간으로

하는 화폐에 대한 세상과 사람들의 경험을 개선하고, 이 새로운 형태의 전자화폐가 모든 사람을 위한 가치를 구축함으로써 더 많은 사람들에게 블록체인의 힘을 제공하기 위해 최선을 다하고 있습니다. 그렇게 하기 위해서 우리는 새로운 블록체인의 개발 프로세스를 거꾸로 뒤집는, 즉 사용자 중심 디자인 철학을 적용하여 이를 수행하고 있습니다."

필자가 주목한 것은 위 인터뷰에 나오는 '미개척 사회적 자본'이라는 의미심장한 말이었다. 다른 말로는 비트코인을 비롯한 지난 10년간의 암호화폐가 미개척 사회적 자본을 진정한 사회적 자본으로 전환하는 일을 하지 못했다. 이는 필자의 경험을 떠올린다.

삼성그룹 창업자인 호암 이병철 선생은 증권업을 아주 싫어했다. 그것을 도박이라고 보았다. 물론 맞는 말이었다. 그런데 1992년 삼성 2대 회장인 이건희 회장은 당시 삼성그룹의 2인자 이수빈 회장을 삼성증권 회장으로 임명했다. 그때 삼성증권은 증권업이 오전 9시부터 오후 3시까지 단지 매매 수수료만이 증권회사의 수익원이라는 것에 절망하고 있었다. 그래서 새로운 수익원을 찾아서 은행처럼 대출업을 해서 일요일에도 돈을 벌고 밤에도 돈을 벌 수 있는 방법을 찾아 나서기 시작했다. 왜냐하면 주식 혹은 채권이라는 것이 사고파는 사이에, 즉 매매 없이 보관하고 있는 동안에는 증권예탁원에 돈을 내는 것 말고는 아무런 수익도 내지 못하는 비수익 자산이기 때문이었다. 즉 증권사 입장에서는 수탁하고 있는 모든 자산이 '미개척 경제 자산'이었던 것이다.

그리고 또 하나의 유명한 말이 있었다. 바로 '실패의 자산화'였다. 즉 모든 체험이 자산으로 전환되어야 한다는 말이었다. 니콜라스 부부는

10년간의 암호화폐가 블록체인에서 만들어내는 타 코인들의 실패와 좌절과 그 위험성을 그들이 새로 만들고자 하는 파이 네트워크의 자산으로 보고 있다는 말이다. 이러한 의도는 2023년 말 발표한 그들의 로드맵을 보면 필자의 판단이 정확한 것임을 알 수 있다.

완전한 화폐 쿠데타인 암호화폐에 대한 각국의 규제 근거를 살펴보고, 이제 곧 이루어질 암호화폐의 법제화 과정에서 논의될 10년 이상의 모든 문제점을 그들은 자신들만의 치밀한 대책으로 남들보다 5년, 10년 앞서는 자산으로 하겠다는 것이다. 그 대표적인 것이 바로 엄청난 막노동으로 이루어지는 파이 코인의 KYC 정책이다.

그렇다면 '미개척 사회적 자본'에는 또 무엇이 있을까? 바로 은행망이 완벽하게 깔리지 않는 전 세계의 70% 지역의 약 55억에 달하는 사람들이다. 여기에는 '사람' 자체가 자산이며, 그 자산이 선진국이거나 스마트폰이 보편적으로 보급된 세계 30개국이 아닌 230개국에 그 자산이 펼쳐져 있음을 주목하였을 것이다. 여기에서 그들의 '돈'에 대한 시각을 알수 있다. 필자가 유튜브 방송에서는 할 수 없는 이야기를 좀 해야겠다. 필자가 이것을 알고 이해하는 데는 20년이 넘게 걸렸다. 그런데 파이 코어팀은 돈의 정체와 돈의 근원이 무엇인지 알고 일단 그 일을 개시했다는 것은 정말 대단한 일이다.

2. 돈의 정체와 돈의 근원

독자께서 이 '돈의 정체와 돈의 근원'을 이해하지 않고서는 니콜라스 부부의 돈 철학을 알 수 없을 것이다. 그리고 아무리 파이 코인을 많이 채굴하여 그것이 수십억, 수백억이 되어도 이 답을 찾지 못하면 그 돈은

2년 내에 반드시 다시 흩어지고 말 것이기 때문이다. 사람들은 이 말조차 믿지 않는다. 누가 내 돈을 가져가기라도 한다는 말이야? 하면서 필자의 말에 화를 내고 비웃고 조롱할지도 모른다. 그렇지만 이미 과학에 의해서 증명되었지만, 당신의 생각의 주체가 아니다. 사람들은 좌회전 우회전을 할 때 어디로 갈까? 라고 자신이 결정한다고 믿지만 뇌 과학자들은 운전자가 어느 쪽으로 결정하기 이미 이전에 그의 뇌에서 2~3초 전에 오른쪽을 미리 정한다는 것이 밝혀졌다. 즉 당신의 의식 이전에 어떤 초월의식이 있는데, 그 초월의식도 당신의 일부이다. 그 초월의식을 우리가 알고 있는 자아가 아닌 '상위자아'라고 부른다. 그 상위자아가 갑자기 들어온 당신의 돈 100억을 2년 이내에 당신의 의식의 그릇이 10억이라고 하면, 90억을 어떤 방법으로든지 누구를 통해서든지 나가게 한다. 그것은 불균형을 균형으로 맞출 수 있게 하기 때문이다. 그래도 10억이 어디야? 하겠지만, 그렇지 않다. 사람들이 100억 가지고 있는 동안 건방을 떨어둔 것이 있어서 나머지 10억도 마이너스 부채 상황에 빠지지 않는다면 오히려 다행이라고 할 것이다.

아래 질문에 답해보자.

아래 A와 B 중에서 돈을 버는 주체는 누구일까? 당연히 거의 99%의 사람들이 A라고 답하겠지만, 그것은 틀린 답이다. 돈을 버는 주체는 B다. B가 바로 당신의 상위자아이기 때문이다. A라고 답한 사람에게는 안된 일이지만 당신들이 수십억, 수백억을 벌어도 그 돈은 당신의 B에 의해서 당신을 떠날 것이다. 이것을 이해하기는 쉽지 않다. 인간의 돈에 대한 이해는 완전히 뒤집혀 있고 복잡하고 어지러울 지경이라서 이 단순한 답을 그의 의식이 강력히 거부하고 있다. 이제 파이 코인의 위대함을 찾아보자.

자아 A와 상위자아 B의 개념도

3. 미개척 인적자산을 개척하려는 파이 코인의 위대함

우리 모두 알고 있듯이 파이 네트워크는 230개국에 10억 명의 사람들이 경제적 사회적 활동을 하는 생태계 공간을 만들고 있다. 사회적 자산 중에 대표적인 것이 인적자산이다. 한국은 그 대표적인 나라이다. 안타깝게도 북한은 그 인적자산을 비수익 자산으로 그냥 두고 있다. 민주주의라는 제도가 많은 문제를 안고 있지만 그래도 공산주의에 비해서 빨리 성장한 것은 미개척 사회적 자산 중에 인적자산을 개발한 것에 있다고 필자는 생각한다. 중국도 베트남도 제도는 공산주의지만 미개척 상태의 인적자산을 개척했기 때문에 경제적 발전을 이루었다. 반면에 많은 아프리카 국가나 혹은 중동의 이란이나 아프가니스탄 같은 나라는 이 인적자산이 사회적 자산임을 아직도 모르고 있는 것 같다. 자원 부국의 경우 이런 정도가 더 심하다고 할 수 있다.

그런데 일반적으로 선진국 사람들의 B는 후진국 사람들의 B보다 큰 능력을 갖추고 있다. 그것이 문화의 힘이고, 교육의 힘이고, 종교에 의해

억지로 사람들을 믿게 하던 것을 과학과 학문의 힘으로 하나하나 증명해 나간 것이 과학이기 때문이다. 그 과학과 문명의 발달로 선진국 사람들은 자신들만의 필요뿐 아니라 국제적 사회적인 필요에 답할 필요성을 느끼게 된다. 선진국 국민들은 개발도상국 국민들에 비해 더 넓은 경제적 시야와 필요성을 인식하게 된 것이다. 사실 '필요는 발명의 어머니'라는 말이 있듯이 필요성을 느끼고, 그 필요를 충족하려는 것은 큰 능력이다. 그러나 B의 크고 작음을 떠나서 기본적인 B는 사람이라면 어느 정도 기본 30%는 동일하다. 필자는 파이 코인 10억 명과 230개 국가라는 발상에는 가장 기본적인 그 30%의 인적자산을 개발하는 것이 파이 코인의 미개척 사회적 자산의 첫번째 타깃이라고 보았다. 실제 은행 망이 부족하고 금융의 상태가 좋지 않은 후진국 국가 70%의 경제는 미국이 부채 대국이 될 수밖에 없는 가장 근본적인 이유이기도 하다. 아래 그림을 보자.

통화 유동성이라는 말은 한국은행에서 풀린 돈 중에 몇 %가 실제 경제활동에 사용되고 있는지를 나타내는 지표입니다.

한국은 2016년도 기준으로 약 17%입니다. 파이 코인으로 이야기하면 파이 코인이 1,000억 개가 다 채굴되어도 실제 생태계 내에서는 170억 개만 사용된다는 말로 해석해도 좋다. 이러한 이유로 상장 후 1파이의 기준가는 100불~300불 정도 되겠지만, 적정가는 그 기준가의 5배 이상인 1파이 500불~1,500불이라고 필자는 항상 주장하곤 했다. 더구나 모든 금융상품의 거래는 미래의 가치를 현재 가격으로 할인해서 그 가치가 정해지는 것이기 때문에, 향후 100년 후 파이 코인의 용도와 그 명성은 압도적일 수밖에 없으며, 시장에서는 1파이가 3,000불이라고 하는 것이다.

통화유동성지표

하던 이야기를 계속해보면, 미국은 한국보다 통화 유동성이 더 낮다. 미국 재무부가 달러를 찍어내도, 그 돈이 은행에서 은행으로, 펀드에서 펀드로 옮겨 다닐 뿐이었다. 그런데 이렇게 낮은 통화 유동성의 원인은 무엇일까? 왜 발행한 돈이 돌지 않고 유동성 함정에 빠져서 경제에 기여하지 못하는 것일까? 그 이유는 우리 일반인들의 경우와 마찬가지이다. 돈을 빌려주되, 갚을 능력이 있고 갚을 의지가 있는 사람에게는 누구나 돈을 잘 빌려줍니다. 그런데 사람이 착하고 남에게 피해를 주지 않는 사람이기는 하지만, 그 사람이 돈을 빌려 가서 그 돈으로 돈을 벌어 이자까지 줄 수 있는 능력이 있는 사람이 아니라면 당신은 돈을 빌려주겠는가? 아닐 것이다. 그 이치와 같다.

4. 하늘? 그래, 하늘! 그 하늘이 Covid-19을 통해 Pi-19을 돕다

• 질문 1〉 파이 코인은 왜 그렇게 살아있는 개인의 KYC에 집착할까?

• 당신은 답할 수 있다. 살아있는 개인이 아니 법인이나 봇은 위 그림에서 B인 상위자아가 없기 때문이다.

- 질문 2〉 파이 코인은 왜 선진국이 아닌 230개국의 그 어렵고 구매력이 없는 사람들에게 집착하는 것일까?
- 잘 사는 나라 사람이건 못 사는 나라 사람이건, 남자이건 여자이건 모든 사람들은 상위자아인 B를 가지고 있기 때문이다.

그럼 A를 돈을 버는 주체로 알고 있는 세상 사람들은 무엇인가? 그들이 다 바보라는 말인가? 맞다, 다 바보다. 그래서 돈 있는 사람이나 돈 없는 사람들이 모두 돈 버느라 고생하고, 그 돈 지키느라 고생하고, 그 돈 못 지킬까 싸우고 다투고 하는 것이다. 이 싸움과 이 노력과 이 헛고생은 평생 그를 괴롭힐 것이며, 그의 자손들에게도 그대로 전해질 것이다. 이 책 독자분들은 이미 알고 계실 것이다. 파이 코어팀에서 텔레그램 톡의 3,000만 개 지갑을 동결했던 사건을… 많은 이야기들이 있지만, 수십만 수백만 명들이 상위자아 B를 가지고 있기는 하지만 그것을 모른다. 그래서 오직 현재의 자기들이 아는 자아인 A만으로 어떻게든 생존해야겠다고 생각한다.

다시 Chengdiao Fan 박사와 Nicolas Kokkalis 박사 부부의 인터뷰를 참고해보자. 사회자는 두 번째로 이렇게 질문했다.

"블록체인 산업에 대해 우려하는 3가지 사항은 무엇입니까? 왜요?"

"블록체인의 주요 속성 중 하나는 탈중앙화이지만, '탈중앙화'에 대한 관심은 대부분 기술적인 측면에 집중되어 있습니다. 즉, 인간과 인간 사이의 분배가 아닌 기술적 분산 시스템만을 탈중앙화라고 작금의 암호화폐 업계는 보고 있는 듯합니다. 다시 말해서 화폐의 속성상 그 분배 자체가 형평성이 맞아야 하고, 그 화폐를 취득하고 소유하고 사용하는 데 진입 장벽이 낮거나 거의 없어야 합니다.

그래서 우리는 광범위한 토큰 배포만이 유틸리티 기반 생태계를 효과적으로 성장시킬 수 있다고 봅니다. 그렇게 100만 명, 3,000만 명, 5,000만 명, 1억 명, 10억 명으로 그 생태계가 확장되어 나가면서 블록체인을 기반으로 하는 새로운 화폐 시스템이 대량 채택할 수 있는 변곡점에 도달하는 데 도움이 될 수 있기 때문입니다. 그러한 이유로 Pi 토큰의 80%는 커뮤니티와 네트워크에 제공됩니다. 또 꼭 채굴이 아니더라도 누구나 네트워크에 다양한 기여를 함으로써 법정 화폐를 지불하지 않고 Pi를 채굴할 수 있습니다. Pi는 채굴 메커니즘과 생태계 구축을 위해 기여하는 사람들을 통해 광범위한 화폐의 배포를 달성하고 유지하려고 합니다.

여기서 또 하나 중요한 것이 화폐라고 하면 역사적으로 볼 때도 이용하기 편리하고, 믿을 수 있고 가치 저장이 되어야 합니다. 그리고 그것이 많은 사람들에 의해서 인정받아야 화폐로서의 기능이 시작됩니다. 그래서 무릇 화폐라고 하면 누구나 쉽게 그 필요성에 따라 접근성이 아주 중요한 요소입니다. 그래서 이 새로운 화폐에 세계로의 진입, 사용 및 참여에 대한 재정적, 기술적 진입 장벽이 있다면 이는 화폐로의 채택이나 그 확산에 영향을 미칩니다.

누구나 쉽게 이 화폐를 사용하기 쉽게 하려면 토큰 채굴 또는 획득 비용, 사용자 친화적이어야 할 것이고, 그에 따른 직관적인 인터페이스가 사용자 사이에 공유되어야 합니다. 그래서 아직은 IT 특히 인터넷이나 블록체인에는 정신적 장벽들이 있어서 오직 젊은 신세대들만이 이 새로운 기술을 사용하는 편입니다. 화폐로 사용되려면 사용자들에 대한 친절한 교육 및 커뮤니티 구축을 포함하여 사람들이 네트워크에 참여하는 모든 단계에서 이러한 장벽을 해결할 솔루션을 마련해야 합니다."

그런데 탈중앙화와 사람들이 가치가 변하여 새로운 생태계 적응같은 것이 그렇게 쉬운 일일까? 솔직히 말하면 필자만 해도 불과 몇 달 전만 해도 니콜라스 부부가 앞으로 어떤 일을 하건 2030년에 가격이 얼마가 되건 일단 상장을 하면 단물 쪽 빨아 먹듯이 적당한 가격에 현금화할 생각만을 가지고 있지 않았던가? 그리고 당연히 지금 수 많은 파이오니어들 중 95%는 정도의 차이만 있을 뿐 모두 그런 경향이 있을 것이다.

바꾸어 말하면 코어팀에서 하려고 하는 '우리를 가르치겠다' 라는 생각에 고맙다거나 그렇게 해야겠다고 생각하는 사람이 많지 않다는 것이다. 이것은 우리가 교육이 싫어서가 아니라 귀찮기 때문에 대부분은 관심이 없는 것이다. 이것이 우리의 현실이다.

그런데 위 인터뷰에서 니콜라스 부부의 생각을 우리가 읽을 수 있는 것은 우리들이 가지고 있는 "멘탈 블록" 즉 정신적·정서적·심리적 장벽을 그들은 통감하고 있다는 것이다. 그런데 기술적 장벽은 참으로 우습게도 '코비드 19'라는 대사건을 통해 그 장벽이 많이 허물어졌다. 즉, 파이 코인이 수조 원을 들여서도 하기 힘들었던 스마트폰을 통한 교육을 3년간 전 세계 사람들에게 그 정신적 장벽을 넘지 않으면 안 되게끔 도와준 사건이 코로나라는 전염병 사태로 만들어졌다.

5. 사람들에게 돈 버는 방법을 직접 보여주다

위 그림에서 자아인 A와 상위자아인 B의 두 명의 자아 중 상위자아가 하는 일을 간략하게 이야기하면 이렇다. 우리는 밥 먹고 물 마시고 소화하고 배설하고 신경과 혈액계통이 다 순환되지 않으면 막힘이 생긴다. 그 막힘을 불통(不通)이라고 표현해보자. 그 결과 생기는 것이 아픈 통(痛)

의 증상(症狀)이다. 그런데 우리는 어떤가? 원인인 막힘에 눈길을 주지 않고, 아픔의 증상에만 집중해서 그 마음에 들지 않는 증상을 마음에 드는 증상으로 바꾸려는 일만을 한다. 신체적 고통뿐만 아니라, 경제적 고통도 대부분 사람들은 그렇게 일을 처리하려고 한다. 평생을 그렇게 산다.

그런데 파이 코어 팀은 사람들에게 화폐를 무료로 채굴할 기회를 주어 그 화폐로 사람들이 경제적 고통에서 벗어나게 하는 일을 하고 있다. 나라도 구하지 못한다는 가난을 지금 파이 코어 팀에서 하고 있는 것이다. 주도적인 사람은 칭디아오 판 박사라고 여겨진다. 그가 인류학을 공부한 사람이기도 하지만, 그는 여성이기에 이 문제를 니콜라스 박사보다 더 정확히 알 수 있었을 것이다. 그 주된 방법은 일단 채굴을 하여, 그 채굴한 돈이 정당한 방법으로 채굴한 증거로 KYC를 통해 검증한 후, 그가 가진 화폐를 그의 지갑으로 옮겨 사적 재산의 보호를 위한 제도적 준비를 마쳤다. 그리고 난 다음에 좋은 글을 쓴 사람, 좋은 작품을 만든 사람들에게 그 화폐로 어떤 마음의 표시를 하도록 가르치고 있다. 지금 이 사람들은 우리에게 무엇을 가르치고 싶어 하는 것일까? 이것을 아는 것은 중요하다. 물론 안다고 해서 그 사람의 경제적 상황이 당장 바뀌는 것은 아니다. 그렇지만 파이 코어 팀에서 가르치고 싶어 하는 돈 공부를 자신의 삶의 여러 곳에 적용해서 그 영역을 넓혀가다 보면, 그 사람이 필요한 돈이 얼마이건, 그 사람이 현재 가진 빚이 얼마이건, 그 사람이 무엇을 필요로 하고 있건 그 사람의 필요는 반드시 충족될 것이다. 더 쉽게 이야기해보자.

갑(甲)과 을(乙)이 있다고 해보자. 갑에도 두 명의 갑이 있다. 자아만으로 살고 있는 A의 갑이 있고, 상위자아를 자기로 알고 살아가는 B의 갑이 있는 것이다. 물론 을에게도 두 명의 을이 있다. 을인 A가 있고, B인 을 이 있는 것이다. 이 말을 좀 더 이성적으로 표현하면 이렇게도 된다. 우리는 소유(所有) 모드의 우리가 될 수도 있고, 존재(存在) 모드의 우리가 될수도 있다. 소유 모드의 우리라는 것은 자기 자신과 세상을, 더 정확히는자기의 돈과 몸을 오직 물질적 기준으로만 보는 수준을 말한다. 반면에존재 모드의 우리는 인류 역사의 모든 깨어난 사람들이 생각하는 자기의주체이다. 경제적으로는 한국의 유한양행 창업자나 일본의 이나모리 가즈오 회장 같은 사람이고, 우리가 모두 알고 있는 사람들은 부처, 예수, 공자, 노자, 플라톤, 소크라테스 같은 사람들이 존재 모드로 사는 사람들이다.

이 존재 모드의 자기 자신을 필자는 B로 표현했고, 상위자아라고도 말했다. 소유 모드의 자기 자신을 A로, 그냥 우리가 알던 방식대로의 자기즉 자아로 표현했다. 그런데 우리가 상위자아인 B를 자신의 정체성으로삼고 살아가게 되면 어떻게 될까? 당연히 갑의 B와 을의 B는 둘이 아니고 하나가 된다. 이 말은 주고받음이 같아진다는 말이다. 파이 코인의 교육 방법은 이것이다. 파이 파이어 사이드 포럼에서도, 파이 챗에서도 우리들의 상위자아인 B를 활용해서 그런 작품을 만들어 파이 생태계를 디자인해 가는 그 사람들의 상위자아인 B에게 사랑과 감사를 주라는 것이다. 그러면 어떻게 될까? 당연히 당신의 상위자아가 준 것은 당신의 상위자아에게 준 것이 되기에 어떤 형태로든 당신은 당신이 준 것의 2배, 4배, 8배…로 실제 돈이 들어온다. 갑의 상위자아인 B와 을의 상위자아인 B는 하나로 직통으로 연결된 하나의 에너지체이기 때문이다. 이것이진짜 필요한 것을 구할 수 있는 살아있는 경제의 공식이고, 삶의 공식인것이다. 그들은 늙고 병들고 시들어가는 자기 자신의 A를 익어가는 자기자신이라고 우기며, 여전히 자신의 상위자아인 B를 한 번도 쳐다보지 않고 죽어버린다. 칭 피아오 박사의 간절한 가르침은 수십억, 수백억의 가르침인데, 그것은 내가 모르는 일이고 1파이가 100불, 1000불, 1만 불 되기만을 학수고대하는 것이다. 얼마나 안타까운 일인가? 누구나 자신의 상위자아인 B로 살면, 그가 바라고 원하는 것이 무엇이건 그 성취 시기가 훨씬 빨라진다는 것을 모르고 있는 것이다. 이것이 파이 코인의 위대함의 근간이라고 필자는 보고 있다.

2절. 파이 네트워크의 창업 철학

1. 파이(π)의 의미

파이 코인의 이름 〈파이〉에 담긴 근본 사상을 해석하면, 파이는 인간
의 한계를 솔직하게 인정한 이름이다. 천원지방(天圓地方)이라는 말은 하늘
은 둥글고 땅은 정사각형으로 아주 각이 딱 잡힌 형상을 말한다. 그래서
동양에서는 화폐를 만들 때 원 안에 사각형 모양의 구멍을 만들어 화폐
로 사용했다. 예를 들면 '상평(常平)'은 '상시평준(常時平準)'의 준말로 유통 가
치에 항상 등가를 유지하려는, 즉 물가 안정을 꾀하는 의도와 노력을 반
영한 표현이다. 조선왕조실록에는 동전(銅錢)으로 기록되어 있고 민간에
서는 엽전(葉錢)이라 불렀다.

우리나라 엽전을 보면 그 모양을 쉽게 상상할 것이다. 그런데 가운데
구멍이 원모양이라야 묶기도 하고 세기에도 편했을 터인데, 왜 사각형

안에 원 형태의 구멍을 뚫어 사용하지 않았을까? 당연하다. 어찌 땅 안에 하늘이 있을 수가 있다는 말인가? 이렇게 돈에는 우주적 사상이 담겨 있다.

그런데 원과 사각형이 인간의 숫자로 그 비율이 딱 떨어지지 않는다. 그래서 아무리 인간이 노력해도 그 정의를 할 수 없는 것이 있음을 알고 '인간들이여, 제발 겸손하라!'의 의미를 담고 있는 것이 바로 정사각형과 원의 비율이다. 여기서 3.14의 근사값으로 규정한 숫자적 의미의 문자가 파이(π)다. 다시 말해, 인간이 인식할 수 없는 것을 인식할 수 있도록 의식적으로 만든 개념이 바로 파이라는 말이다. 사람들이 인식할 수 없는 것을 믿게 할 수는 없다.

그래서 각국의 화폐를 만드는 사람은 힘과 권력을 사용했다. 그래서 불과 250년 전에 인류 역사상 그나마 가장 민주적으로 국가를 세우고 자국의 화폐를 만든 미국 사람들은 그들의 화폐인 달러에 'IN GOD WE TRUST'(우리는 이 화폐에 대해 신이 보증함을 믿습니다)라는 다소 낯간지러운 글을 적어둔 것과 같은 의미라고 할 수 있겠다.

즉, 종이 조각에 불과한 화폐에 신의 권위가 부여되기를 간절히 바라는 구절에서 느낄 수 있는 인간의 솔직함을 그 구절에서 냄새 맡을 수 있는 것이다. 이 말은 세계 기축통화인 US Dollar와 파이 코인은 이 세상에서 그나마 자신의 부족함을 솔직하게 인정하고 시작한 화폐라는 의미다.

2. 파이노믹스

파이는 '파이'라는 인간적 한계를 지닌 우주적 존재들의 총합이 주도하는 경제학(PINOMICS)이라는 말이다. 이 말에는 파이 네트워크가 왜 230개국이라는 정식 국가로 인정받지도 못하는 지역의 사람들과 스마트폰을 사용하는 사람들의 숫자가 전 세계적으로 10억 명을 돌파하는 시점이 2019년 이후 2030년 전후의 어느 시점을 그들의 비전으로 밝히고 있는지를 살펴야 할 것이다.

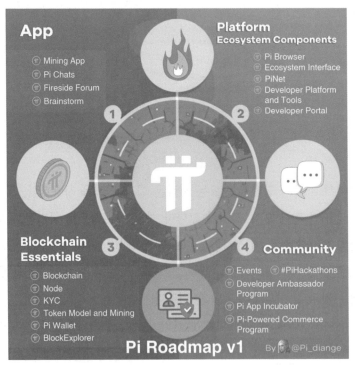

파이 브라우저의 기능들
(Pi Network 텔레그램 채널에서 인용)

한국 인구 5천만 명 중에 핸드폰을 은행 거래 및 상품 결제에 사용하고 있는 사람의 수는 1천오백만 명도 되지 않는다. 그나마 적극적 사용자는 인구의 1/3에도 못 미친다. 그러면 전 세계 80억 인구 중의 1/3은 약 25억 명이다. 그러나 25억 명 중에 핸드폰을 전화 용도가 아닌, 뉴스 검색이나 유튜브 시청이 아닌 자금 결제나 송금으로 사용하며 소유하는 사람은 얼마나 될까? 아마 2030년이 되어서야 한국의 젊은 층처럼 자유롭게 핸드폰을 사용하는 사람이 전 지구 통틀어서 10억 명에 달할 것이라고 본다. 그래서 파이 코인의 파이노믹스는 230개국 10억 명의 사용자에게 모두 적용하려면 상당히 긴 시각으로 보아야 한다. 다행히도 이미 5년이 지났고 앞으로 최소한 약 5년은 파이 네트워크를 믿어주고 밀어주고 지켜보아야 할 것이다.

3. 비트코인 110만개와 1파이 = 110달러의 10억 명

2009년에 태어난 비트코인은 15년 되는 2024년에 1억 원을 돌파했다. 그래서 사토시 나카모도가 가지고 있는 총 발행 코인의 5%인 제너시스 코드의 금액은 110조 원이 된다. 반면에 파이 코인은 파이 네트워크에 가입하기만 하면 1파이를 소유하게 되는데 그 소유자가 10억 명이 되면 그리고 가격이 110불(IOU 가격으로 2024년 120불 터치한 것은 의미가 크다고 할 수 있다.)이 되면 그 총액도 110조 원이 되는 것이다. 물론 파이 코인은 10억 명이 되기 전에 110불이 되겠지만, 그럼에도 불구하고 가입하는 순간 1파이를 받게 되는 파이 코인 생태계 참여 구조는 1파이가 몇백 불이 되건 10억 명에 도달할 때까지 계속된다면 정말 멋진 일이 될 것이다.

4. 파이 코어팀이 파이 매장, 파이 상품 몰에 집중하는 이유

많은 암호화폐들이 사토시 나카모도의 백서에 등장하는 코인이라는 말 대신에 토큰이라는 말을 사용했다. 파이 코어 팀도 그랬다. 최초의 화폐라고 할 수 있는 토큰은 약 4000년 전 메소포타미아 지역에서 시작되었다. 농업지역과 수렵지역 그리고 목축지역에서 행해지던 물물교환이 원활하게 이루어지기 위해서는 교환증이 필요했던 것이다. 그래서 사람들은 ▶소지하기가 편하고 ▶부패하지 않아 가치 저장이 가능하고, ▶농민, 목축민, 수렵인 모두가 받기를 거부하지 않는 교환증이 필요했던 것이다. 그러나 이 토큰은 하나의 생태계 내에서만 통용되었을 뿐 기타 지역에서는 무용지물이었다. 즉, 파이 코어 팀은 화폐 이전에 토큰이 사용되었고, 그 토큰은 상인들이 만들었고 상인들을 위해 확산되었던 것을 정확히 알고 있었던 것이다. 그래서 파이 코어 팀의 경영전략에는 칭띠아오 판 여사의 인류 역사관이 깊숙이 내재되어 있다고 할 수 있다.

기원전 7세기 터키 서부 지역에 '리디아'라는 왕국이 있었다. 리디아 왕국의 흔적은 영화 쿼바디스 도미네(Quo Vadis, Domine)에서 알 수 있다. 그 리디아 왕국에 크로이소스라는 왕이 있었다. 그 왕은 화폐 발행만큼 떼돈을 벌 수 있는 장사가 없다는 것을 간파한다. 그래서 그는 점토만으로 만들었던 상인들의 토큰을 주화 즉 금과 은을 섞어서 실제 화폐의 금속 가치보다 적은 금속만으로 몇 배 더 큰 신용이 들어간 주화를 제조하여 왕의 권위를 부여하기 시작한다. 실제 크로이소스 왕은 서아시아와 지중해 경제의 지배자가 되어 주화 발행을 통해 막대한 부를 쌓았다. 지금도 영어 표현에 'as rich as Croesus'가 있는데 이는 '크로이소스 왕처럼 부유한'이라는 뜻이다. 비트코인 110만 5천 개를 가진 사토시 나카모도처럼 부유한 사람이라는 의미와 같다고 할 것이다.

이렇듯 시뇨리지(seigniorage) 즉 화폐 발행으로 인해서 얻는 이익은 각국의 지배자인 황제나 왕 등에게 전해졌다. 이것을 다시 민주적인 절차라는 이름으로 왕에게서 빼앗아 상인들이 화폐 제작권을 물려받았는데 그들이 바로 은행가들이다. 그래서 각국 정부와 미국 월가의 금융 황제들은 지금도 이 화폐 발행의 권한을 가지고 소리없는 암투를 벌이고 있다. 여기에 슬쩍 판을 깨고 나타난 혁명가가 사토시 나카모도다. 이러한 화폐주조에 너도 나도 덤벼든 사람들이 전 세계에서 쏟아져 나왔는데 이더리움, 리플, 바이낸스 등이 대표적이다. 그렇지만 역사를 보면 이 화폐주조권을 놓친다는 것은 권력을 잃는 것과 마찬가지이다. 그래서 미국 SEC가 탈중앙화를 표방한 암호화폐를 반대하는 것이다. 물론 각국 정부가 모두 반대한다. 이 게임이 어떻게 정리되는지는 필자도 안다. 그러나 칭띠아오 판은 더 정확히 알 것이다. 그래서 파이 코어 팀은 정부 정책에 맞서지 않는다. 그래서 일단은 엄격한 KYC 정책으로 미국 정부와 230개국 정부의 눈치를 살피고 있다고 할 것이다.

5. 파이 코인이 탈중앙화에 위배되는 일도 하는 이유

여리박빙(如履薄氷)은 살얼음을 밟는 것과 같다는 뜻으로, 아슬아슬하고 위험한 일을 비유적으로 이르는 말이다. 1830년대 미국에는 1,600개나 되는 은행들이 있었다. 그 은행들은 7,000종의 지폐를 발행했고, 그 지폐를 위조한 위조지폐만도 5,000종에 달했다. 마치 지금 암호화폐가 전 세계적으로 약 1,000종이 있고, 우리나라의 김치코인처럼 '떳다방' 식의 이름뿐인 코인이 전 세계에 수천 개 있는 것과 마찬가지로 세상은 바뀌어도 인간들의 행태는 마찬가지로 진행되고 있는 것이다. 참고적으로 다시 미국을 돌아보면, 그렇게 많던 은행들이 화폐발행으로 엄청난 이득을 보는 와중에 링컨 대통령이 남북전쟁을 하면서 미국 재무부의 공식화폐로 미합중국 화폐를 발행하게 된다. 전쟁비용을 충당하기 위해서 말이다. 당연히 은행은 반발했지만 전쟁통이니 어쩔 수가 없었을 것이다. 그러나 전쟁이 끝나고 은행가들의 돈 장사를 망친 이유로(?) 링컨은 암살당했다. 링컨 대통령이 죽자 미국의 달러 발행권은 다시 민간은행에게로 돌아갔다. 사토시 나카모토가 왜 잠적했는지를 아는 사람은 다 안다. 그리고 파이 코인이 아직도 오픈 메인넷을 발표하지 않고, 조건 3개를 달고 시간을 재고 있는지 알만한 사람은 다 안다.

6. 통화의 이중구조, 상품과 증권이 생긴 이유

이제는 많은 파이오니어들도 알고 있겠지만, 미국 SEC와 리플 간 소송의 핵심은 리플이 상품이냐, 증권이냐이다. 증권이라면 증권법을 따라야만 하고, 그 증권 즉 그 증서에 따르는 책임을 져야 한다는 것이다. 그러나 암호화폐 발행자들은 책임을 지지 않는다. 마치 몇백 년 전의 네덜란드 튤립 파동의 투기 역사와 같다. 인간의 광기로 사서 인간의 광기가 끝났을 때 휴지조각이 되어버리는 것이다. 그런데 미국은 왜 암호화폐를 증권이라고 규정하는 것일까?

일본이 경제적으로 잃어버린 30년이 시작된 것은 1985년 미국 뉴욕 플라자 호텔에서 열린 G5 국가(미국, 영국, 프랑스, 서독, 일본) 정상들 간의 합의에서 비롯되었다. 미국 달러가 공식적으로 금과 분리되고 나머지 국가들의 돈도 금과 교환 비율을 생각할 필요 없이 각국 정부가 자국 화폐의 가치를 관리하는 제도인 '관리통화제도'가 합의에 이른 것이다. 즉, 각국이 알아서 하되, 그 나라가 통화 관리에 실패하면 그 나라의 돈은 휴지조각이 되어버리는 것을 정한 회의가 바로 플라자 합의이다. 그래서 일본은 엔화 약세 기조로 전환할 수밖에 없었던 것이다. 그 대신 미국은 당시 최대 산유국인 사우디와 협약을 따로 맺어 석유는 오직 달러로만 결제한다는 '석유본위제'를 이면 계약으로 만들면서 달러의 가치를 유지하려고 했던 것이다.

이제 미국은 미국을 위협하던 일본의 기세를 꺾고 달러가 다시 날개를 달았다. 달러를 마구 찍어낼 수 있었던 것이다. 화폐를 마구 찍어내면 인플레이션이 생긴다. 인플레이션이 생기면 화폐의 가치는 떨어지고 상품의 가치는 올라간다. 여기서 미국은 상품은 상품이되 특이한 상품인 파생상품이라는 것을 만들기 시작한다. 그 파생상품의 대표적 히트작이 증권 파생상품 지수 파생상품이다. 그리고 그 파생상품은 미국 증권관리위원회의 관리와 허가를 받아야만 정식적 상품으로 인정하기 시작했다. 그 이유는 인플레이션을 상쇄하기 위해서라는 아주 쌈박한 경제학의 원론적 권위가 부여되었다. 그래서 돈이 돈 버는 세상이 심화되었고, 부익부 빈익빈이 전 세계에 퍼져나가게 된 것이다.

그러나 이렇게 10여 년이 흐르자 다시 마구 찍어내던 달러가 약세로 전화되기 시작했다. 그때 레이건 대통령에 이어 소련을 붕괴시키며 그 대권을 이어받은 빌 클링턴은 "문제는 경제야 이 친구야!" 하면서 소련을 패퇴시킨 전임 대통령이 달러 약세로 미국 소비심리를 살리지 못했다. 그래서 그는 월가의 빅 머니들과 손을 잡는다. 변동환율제와 새롭게 떠오르는 IT 기술을 결합하면 미국을 '금융대국'으로 만들 수 있다는 생각을 한 것이다.

　당시 한국을 비롯한 대부분 국가들은 자국의 화폐를 달러의 가치와 고정시키는 고정환율제를 사용하고 있었는데, 느닷없이 미국이 국채금리를 높이면서 달러 강세로 전 세계의 돈을 미국으로 당기기 시작했다. 일본의 경우 1995년에 1달러 79엔이었는데 우리가 IMF 외환위기를 당했던 1998년에는 1달러 147엔이 되어버렸다. 한국도 1달러 700원대에서 1달러 1500원대가 되어버렸다. 결국 그 변동환율로 인해 다시 갚아야 할 단기 채무를 달러로 갚으려니 한국, 태국, 인도네시아는 파산을 하게 되었다. 일본은 묵은 재산이 많았던 탓에 버틸 수가 있었다. 조지 소로스가 클링턴 대통령과 손잡은 대표적 금융가의 인물이었다.

　이렇게 세계 경제대국 2위인 일본이 변동환율로 박살나는 것을 지켜보고 있던 유럽 사람들은 서둘러 유럽의 공동통화를 만들기 시작했다. 2002년이었다. 미국의 돈 귀신들은 포르투칼, 이태리, 그리스, 스페인의 약자를 딴 PIGs (돼지들) 이라는 유럽의 낙천적인 지역을 공략했다. 그러나 유럽 각국은 잘 대응하여 유로화는 그 위기를 넘기고 아직은 명맥을 유지하고는 있다. 이때 가장 관심을 끈 나라는 영국이었다. 독일의 마르크, 스페인의 프랑과 달리 영국은 파운드화를 고집하여 유럽연합에는 가입하되, 유로에는 참여하지 않았다. 화폐 발행 권리의 맛을 몇백 년간 전 세계에서 누려본 자들이 그것을 포기하지 않았던 것이다.

　이렇게 달러의 강력함을 한 방에 좌절시킬 수 있었던 사태는 2008년 리먼 브라더스 사태이다. 통화의 이중구조 역할을 했던 증권 중에서도 부동산 증권 파생상품의 거품이 터져버린 것이었다.

그때 미국 금융가가 입은 손실이 4조 달러라고 IMF가 발표했다. 그런데 2024년 비트코인의 총 가치는 1.7조 달러다. 한 사람의 혁명가가 만들어낸 토큰이 미국 월가를 흔들 수도 있는 상황이 되어버린 것이다.

7. 파이 코인은 오직 개인만이 채굴할 수 있는 이유

미국은 암호화폐에 화폐라는 말을 사용하기를 꺼린다. 물론 한국도 그렇다. 그 대신 가상화폐라는 말을 더 즐겨 쓴다. 이러한 권력자와 역사의 심리를 파이 코어 팀은 잘 알고 있는 듯하다. 파이 네트워크도 코인이라는 말을 거의 공식적으로 사용하지는 않고 있다. 왜냐하면 돈은 돈 그 자체와 돈의 시스템이 모두 갖추어져야 함을 너무나 잘 알고 있기 때문이다. 인터넷 단말기를 오고 가는 가상화폐에 '돈의 공공성'이 없는 것은 명확하다. 화폐로 인정받으려면 화폐 발행권을 쥔 사람들을 어떻게 할 것인가?라는 문제가 남는다.

화폐 발행권을 쥔 주체가 가짜 Bot 인물이라면 그것이 말이 될까? 근거도 알 수 없고 세금을 낸 적도 없는 법인이라면 그것이 말이 되나? 그 사람이 살아있는 사람이라는 증거가 있나? 바로 이 부분이 통화 발행권의 주체가 될 수 있는 사람은 반드시 숨 쉬고 있는 사람이어야 함을 역사는 이미 밝히고 있지 않은가? 파이 코어 팀이 KYC에 그렇게도 집착하는 이유이다. KYC가 허술하면 이름도 정체도 알 수 없는 그 아무개가 발행한 화폐에 역사 주체임을 주장하는 자들이 그들의 권력을 넘겨주게 되기 때문이다. 그리고 순한 양들을 보호해야 한다는 명목도 같이 첨부된다.

8. 블록체인 개발과정을 거꾸로 뒤집는 파이 시스템

1978년 그리스에서 태어난 니콜라스 코칼리스는 미국에서 경영과학과 컴퓨터 공학으로 학사부터 박사 과정까지 모두 스탠퍼드 대학에서 공부한 사람이다. 그는 사토시 나카모토와 이더리움이 세상에 등장하기 전에 암호화폐에 있어서 중요한 부문인 스마트 콘트랙트를 주제로 논문을 발표한 학생이었다. 그리고 이더리움의 창시자 비탈린 부테릭은 그의 강의를 들은 수강생이었다고 한다. 온라인 게임 플랫폼인 GamYola를 만들기도 했던 그는, 비트코인과 이더리움을 위시한 암호화폐의 폭발적 성공에 몹시 관심이 많았고, 그 문제점도 알고 있었을 것이다.

블록체인이라는 것이 인터넷 발명만큼이나 엄청난 것이라는 것을 알고 있었던 그는 암호화폐라는 것이 사회적으로나, 기술적으로나, 금융경제학적으로 경제의 한 축이 된다는 믿음에는 지금도 변함이 없다고 한다. 그리고 그는 블록체인 기반의 화폐라는 것의 맹점도 알고 있었을 것이다. 그런 이유로 '블록체인 개발 과정을 거꾸로 뒤집어서 혁신을 꾀하기로 했다'라고 한다. 그래서 사용자 중심의 블록체인 디자인 철학을 채택했다고 스스로 밝히고 있다. 이 말은 기존 암호화폐는 발행자 중심의 블록체인 디자인 방식이라는 말과 같은 의미이다. 기존의 블록체인 개발과정은 다음과 같다.

(1) 암호화폐 채굴이라는 대가를 지불함으로써 블록체인 기능을 발전시킨다.

(2) 점점 많은 사람들이 모이게 하여 블록체인 네트워크를 확장시킨다.

(3) 스마트 계약을 블록체인 네트워크에 탑재한다.

(4) 사용자 인터페이스를 개발하고 백엔드 로직을 개발한다.

(5) 트랜잭션 처리와 스마트 계약 실행 결과를 점검하며 디버깅에 많은 시간을 투입한다.

반면, 파이 네트워크의 니콜라스 박사는 이 방식을 뒤집는다고 했다. 즉 베타 방식부터 시작하겠다는 것이다. 베타 방식이라는 것은 주변과 상황을 살피겠다는 말이다. (5)번처럼 파이 코인은 테스트 넷 이전에 오랜 기간의 베타 버전 테스트 기간이 있었다. 그다음이 멤버들을 네트워크로 초대하는 것이었다. 이는 UI/UX 즉 백엔드 로직을 강화하고 사용자 인터페이스를 많이 테스트하겠다는 말이었다. 기존 암호화폐의 (4)번이 파이 코인에서는 (2)번이 되는 것이다.

그다음이 스마트 계약인데 이는 파이 코인의 KYC 정책 그리고 자체 지갑 개발과 마이그레이션 정책의 근간을 이루고 있지만 끊임없는 해커톤 대회의 개최와도 관련이 깊다. 블록체인 네트워크에 검증되지 않은 블록은 용서하지 않겠다는 의미이다. 그래서 오픈 메인넷 이전에 그간 개발한 프로토콜들을 내부적으로 시험하겠다는 의미이다.

그다음이 오픈 메인넷이 될 것이다. 기존 암호화폐의 (2)번이 파이 네트워크에서는 (4)번이 된다. 기존의 5년간의 내부 팬들뿐만 아니라 경쟁자, 경쟁사, 적대감 있는 모든 사람에게 문을 연다는 의미이다.

마지막이 '디자인의 분산'이라는 말을 한다. 이 말의 직접적인 해석은 파이 코어팀이 개발자들 수집에 열을 올리는 이유이다. 다른 암호화폐들이 마치 중국의 아파트 업자들처럼 허허벌판에 집을 지어 놓는 것과 달리, 사람들이 살 수 있는 환경을 조성하고 학교, 병원 기타 편의 시설인

상점, 놀이터 등을 다 만드는 생태계 디자인을 말하는 것이다. 즉 다 지어 놓고 아파트 청약을 받겠다는 것이다.

다양한 소통을 통해 완성해 가는 철학의 상징
Fireside Forum

니콜라스 박사는 다른 암호화폐들이 각국 정부와 상인들, 투자자들을 상대로 법적투쟁을 하고, 증권이냐 상품이냐라는 본질과는 다른 쓸데없는 공방을 벌이고, 선물 ETF 승인과 현물 ETF 승인 등으로 몰아붙이기식으로 생태계를 만들려는 기존 암호화폐 방식과는 거꾸로 하겠다는 것이었다. 그래서 이것을 2019년부터 시작했고, 이제 머지않아 파이 코인의 현금화가 이루어질 것이다. 파이 토큰이 파이 코인이 되어 화폐 혁명이 시작되는 시기가 될 것이다. 이렇게 완전히 다른 코인 회사가 바로 파이 네트워크인 것이다.

1990년대 이후 전 세계적으로 인터넷이 보급되면서 지구를 둘러싼 가상공간이 급속하게 그 형태를 갖추어 가고 있을 때였다. 이는 1980년대 초부터 본격적으로 컴퓨터화되기 시작한 금융계가 전자화폐를 지폐를 대신할 수 있다는 확신을 심어주기에 충분했다. 특히 신용카드 금융이 완전히 꽃을 피울 때여서 인터넷의 처리 속도는 금융에 있어서 보안이 중요하다는 점을 알면서도, 그리고 인터넷이 보안에 큰 허점이 있음을 알면서도 속도의 경제화에 매료되었던 것이다.

이러한 IT 세계화 시대에 기름을 부은 것은 중국이었다. 중국이 본격적으로 개방을 시작한 1989년만 해도 한국의 많은 경제 전문가들은 '너희들이 그 넓은 땅에 언제 전화를 깔고, 언제 광케이블을 놓아서 인터넷 시대를 준비한다는 말인가?'라고 중국과 한국의 격차를 최소한 10년에서 20년을 보던 시절이었다. 그러나 무선 인터넷이 개발되고, 아날로그에서 디지털로 바뀐 세상은 중국의 발 빠른 부흥에 큰 힘이 되었다. 게다가 2010년 스마트폰이 등장하자 중국은 현금 없는 전자화폐 시대로 급속하게 이동했고, 특히 인터넷의 중앙집권적인 형태는 그들의 정치 체제를 강화할 수 있는 큰 무기가 되었기에 중국은 급속하게 IT를 통한 세계적 경쟁력을 갖출 수 있었다. 이러한 중국의 급속한 발전을 지켜보던 아시아, 아프리카의 많은 후진국들은 은행이 사회 구석구석에 지점망을 설치하지 않아도 국가 경제를 운영할 수 있다는 사실에 눈을 뜰 수 있었던 것이다.

이때를 전후한 2008년 사토시 나카모토의 백서가 인터넷에 공표되었다. 블록체인 기술은 인터넷상의 여러 컴퓨터로 거래 기록을 공유하며 저장하는 방식을 말한다. 공유하여 저장한다는 말은 서로 간의 감시 기능을 갖추고 있다는 말이다. 이를 분산형 장부라고 하며, 일종의 데이터 관리 기술인 것이다. 이 데이터 덩어리를 '노드'라고 하는데, 이렇게 정보가 블록체인으로 덩어리가 되니 위조, 변조가 거의 불가능하고 삭제는 더 불가능한 것이 된다는 기술이었다. 이 논문은 당시에는 큰 관심을 끌지는 못하였지만 2008년도 리먼 브라더스 사태로 달러에 대한 불신이 팽배해지고, 그 사회적 배경을 근간으로 은행에 의한 크레딧 화폐가 아닌 사람들끼리의 트러스트 화폐를 만들 수 있다고 주장하며 중앙은행의 통제를 벗어나서 그 어떤 개인 혹은 법인이라도 자유롭게 그들만의 통화를 만들 수 있다고 주장한 것이다.

눈치가 빠른 사람은 알았겠지만, 왜 파이 네트워크 측이 오직 개인만 그것도 엄청 살벌한 KYC 정책을 통해 블록체인상의 개인은 100% 살아 있는 존재라야 한다고 주장하는지 쉽게 이해할 것이다. 반면에 비트코인 논문에 아주 매력적인 것이 있었는데, 그것은 통화 발행량이 정해져 있으므로 그 가치에 거품이 낄 수 없다는 공급한정의 이론이었다. 그래서 파이 코인의 발행 개수는 최대 1,000억 개라는 것이 정해진다. 이것도 이더리움은 인지하지 못했던 비트코인의 장점을 채택한 파이 코어 팀의 안목을 살필 수 있는 점이다.

9. 파이코인의 증권성 여부 판단

기존 권력자들이나 합리적으로 생각하는 사람들에게 암호화폐에서 가장 문제가 되는 것은 그 '가치 보증이 불명확하다'는 것이다. 어떤 나라가 발행하는 화폐라도 그 가치가 폭락할 수는 있지만, 그 가치에 대한 보증이 없다면 그 나라 정치지도자는 그것으로 끝이다. 그래서 어떻게 해서든지 그 나라 화폐에 대한 보증을 할 수밖에 없는 세력이 존재한다. 그런데 암호화폐에 대한 가치 보증은 누가 해주는 것일까? 상품이라면 아무도 해줄 필요가 없다. 그것은 네덜란드 튤립과 같은 이치이다. 그런데 증권이라면 어떨까? 사람들은 암호화폐가 증권이라고 하니 자꾸 증권시장의 증권만 이야기하는 것으로 알지만, 미국 SEC가 말하는 증권은 유가증권을 말한다. 즉 채권이나 상품권 등 모든 권리와 의무가 있는 증서를 통칭하여 증권이라고 말하는 것이다. 당연히 발행 주체가 책임을 져야 한다. '책임을 질 사람이 없는 암호화폐의 가치는 누가 보증할 것인가'에 대한 질문에 스스로 답해 보아야 한다. 특히 현대 금융은 복잡한 IT 기술을 전제로 하기 때문에 모든 통화 즉 화폐 단위가 기업을 중심으로 움직이게 된다. 즉 시스템을 관리하는 사람에게 돈이 모일 수밖에 없는 구조이다.

SEC가 코인을 증권으로 판단할 수 있는 하위 테스트 4개 항목 중에서 중요한 요소는 소비자의 투자 여부다. 그러나 미국 증권거래위원회(SEC)가 파이 코인의 증권성 여부를 판단한 구체적인 근거나 결과에 대한 정보가 포함되어 있지 않다. 하지만 일반적인 가상자산의 증권성 판단 기준에 대해 알아보자.

미국 SEC는 가상자산의 증권성 여부를 판단할 때 '하위 테스트(Howey Test)'라는 기준을 사용한다. 이 테스트는 다음 4가지 조건을 충족하면 해당 자산을 '증권'으로 간주하게 된다.

• 투자자가 돈을 투자할 것

- 공동 사업에 투자할 것

- 투자 이익을 기대할 것

- 이익이 타인의 노력에 따라 결정될 것

SEC는 이 기준을 바탕으로 개별 코인마다 소송을 통해 증권성 여부를 판단하고 있다. 예를 들어, SEC는 리플(XRP)을 증권으로 판단하여 소송을 제기했지만, 법원은 "리플이 일반 투자자를 대상으로 판매될 때는 증권이 아니다"라고 판결한 바 있다.

현재 미국에서는 가상자산의 증권성 판단에 대한 명확한 가이드라인이 없어 업계에 혼란이 있는 상황이다. 이에 따라 미국 의회에서는 가상자산 관련 규제를 명확히 하기 위한 법안을 추진 중이다. 이 법안은 탈중앙화 테스트를 통해 토큰의 증권성 여부를 판단하고, 증권으로 판단된 경우 SEC가 규제하도록 하는 내용을 포함하고 있다.

파이 코인의 경우, 현재로서는 SEC가 공식적으로 증권성 여부를 판단했다는 정보는 없다. 파이 코인의 증권성 여부는 향후 SEC의 조사나 법적 판단에 따라 결정될 수 있을 것으로 보인다.

코어팀이 내놓은 논리는 파이 네트워크에 투여된 개인의 노동력이나 정신적 기여 등은 돈이 아니므로 투자로 보지 않기 때문에 증권이 아니라는 결론이다.

3절. 파이 코인 채굴자들은 멍청이거나 복 많은 사람들이다

1. 돈보다 공부가 먼저

이 주제는 쉽게 이해할 수 있는 부분이 아니다. 그러나 곰곰이 생각해 보면 파이 코인 측의 채굴자들을 대하는 방식은 마치 선생님이 아이들에게 '나만 믿고 따라와!' 하면서 아이들을 데리고 미지의 장소로 여행을 가는 인도자와 같다고 할 수 있다. 아직 단 한 명도 파이 코인 채굴하여서 돈 벌었다는 사람이 없다. 그렇게 5년 이상을 6,000만 명에 달하는 사람들을 이끌고 이 선생들은 우리들을 데리고 어디론가 자꾸 가기만 한다. 밥도 과자도 주지 않으면서 자꾸 '공부하면서 가자'라는 말만 한다.

사람들은 알고도 어떤 일을 하기도 하지만 모르고 하기도 한다. 그래서 그 결과가 좋기도 하고 나쁘기도 하다. 이것이 바로 다른 그 어떤 코인과도 다르게 우리들에게 단 한 개의 채굴한 코인도 팔지 못하게 하면서, 서로 칭찬해 주라고 하면서, 혹은 다른 학생들도 데리고 오라고 하면서, 심지어 개발자들도 추천하라고 하면서 5년 넘게 이끌어 오고 있는 것이다.

필자는 한국의 어느 재벌 집 자제들의 경제 선생을 제법 오랫동안 한 경험이 있다. 그들은 부모들에게 돈을 빌려서 돈을 공부하고 지키고 불리고 경험하는 공부를 했다. 즉 실전용 겸으로 경제공부를 하는 것이다. 즉 돈이 이미 금고에 있는 상태에서 경제공부를 시작하는 것이다. 그러나 나는 어떠했고 대부분 다른 사람들은 다 어떠했나? 이론을 배우고, 종이칼과 나무칼로 경제공부를 한다. 그런데 당신은 파이 코어 팀에서 우리들에게 돈은 나중에 생태계가 만들어지면 엄청나게 현찰이 생길 것이라며, 마치 우리에게 줄 돈이 자신들의 금고에 이미 잘 보관되고 있는 양, 경제에 관한 오너 교육을 시키고 있다고 생각한다. 물론 코어 팀의 의도인지 결과적으로 그러한 것인지 나는 모르지만 내 판단은 그렇다. 물론 아닐 수도 있다. 그들이 끌고 나가고 우리가 뒤에서 돕는 이 일이 실패할 수도 있는 것이다. 그래서 우리 모두 바보가 될 수도 있다. 그러나 난 확실히 아는 것이 있다. 어떤 사람이 성공하고 어떤 사람이 실패하는지를 판정을 내릴 수가 있다는 말이다.

그런데 나는 파이 코인 사람들이 하는 일은 성공한다고 판단했다. 그 가장 큰 이유는 이들이 모든 정보들의 총합인 직관에 의해 의사결정을 하는 것이 아니라는 점이다. 이들은 역 직관 즉 자신들의 직관을 사실이 아닌 진심의 거울에 비추어 보는 카운터 인튜이티브를 아주 제대로 사용하는 사람들이기 때문이다. 참고적으로 역 직관하는 방법을 터득하는 데 필자는 21년 걸렸다.

2. 코어 팀의 카운터 인튜이티브

카운터 인튜이티브는 아무도 믿지 않는 것이다. 그중에서도 절대 믿지 말아야 하는 사람이 있는데 그것이 바로 자기 자신이다. 상위자아인 B가 아닌 지금까지 자기 삶을 이끌어왔던 A를 믿는다는 것은 정말 황당한 일이 아닐까? 정말 얼이 빠진 자들이나 나이가 60살이 넘어 지하철 공짜로 타면서도 환갑 이전의 자기 자신을 믿고 무엇인가 새로운 일을 하겠다는 사람들이다. 필자도 물론 그렇게 살았었다. 그런데 왜 사람들은 이런 말을 처음 들어본 것도 아닐 텐데 자기를 계속 믿으려는 것일까? 그 이유는 아주 간단하다. 자기 자신을 믿지 않는 사람은 '아무 일도 하지 않아서 바보가 되거나, 아주 위대한 일을 하는 사람이다'라고 알고 있는 것이다.

물론 아주 위대한 일을 하는 사람은 자기가 알던 자기 자신 말고, 역직관을 할 수 있는 또 다른 자신을 발견한 사람만이 사용할 수 있는 '또 하나의 자기'를 믿고 일을 하는 것을 말한다. 그러면서 그 또 하나의 자기를 찾는 일이 그렇게 쉬운 일이냐고? 너도 21년이나 걸렸다고 실토하지 않았냐? 고 필자에게 항변할 수도 있다. 그런데 방법을 모르고 21년 걸렸지 알고 나서는 약 7개월 걸렸다.

카운터 인튜이티브 개념 상상도
https://www.bing.com/images/create?FORM=GDPG

즉 나의 상위자아인 B가 어떤 일을 할 수 있는 능력이 있는지를 몰랐던 것이다. 그런데 너무나 우습게도 그것을 파이 코어 팀 하는 일을 보고 실감했던 것이다.

상위자아는 다른 용어로 새로이 등장한 '또 하나의 자기'로 일하는 방법이 전혀 다르다. 예를 들면 이렇다. 언젠가는 파이 코인 채굴자들도 채굴 코인을 팔 것이다. 그리고 다시 물건 구매 등을 이유로 코인을 사야 하는 경우도 있을 것이고, 다행히도 파이 코인 가격이 낮게 형성되면 그 때를 채굴보다 좋은 기회라고 생각하고 많이 사려는 사람도 있을 것이다. 그런 경우 우리가 직면하게 되는 것은 양극성이다. 즉 '비싸다, 싸다, 돈 벌었다, 손해 보았다' 등으로 말이다. 혹은 예를 들어 어떤 사업 거래를 했는데 자신이 손해 본 것처럼 느낀다고 해보자. 당장의 인식은 '좋다'와 '나쁘다' 중에 후자일 것이다. 우리에게 손해를 입힌 쪽은 우리 인식 속에서 십자가형을 당하게 되니, 앙갚음이 거기에 보태진다. 만약 파이 코인을 싸게 초창기에 팔았는데 나중에 가격이 막 오른다면 우리의 인식은 자기 비하를 하게 된다. 혹은 파이 코인에 대한 안 좋은 감정을 갖음으로 속 쓰린 자기 마음을 달래려고 할 것이다. 우리는 그런 식으로 우리의 인식으로 인해 벌어진 불균형을 균형으로 맞추려고 한다. 누구나 그렇다. 이솝 우화의 여우가 자신이 따 먹을 수 없는 높은 나무에 매달린 포도를 보고 '저 포도는 시어서 못 먹을 거야'라며 자신의 감정을 달래듯이 말이다.

다른 사람들과 거꾸로 사업을 한다는 소위 역 직관을 하며 사업을 하겠다는 코어팀 사람들을 보자. 다른 암호화폐 채굴자들은 일단 채굴하면 그 채굴한 것을 자신이 팔아서 생계비로 사용할 수 있게 한다. 이는 마치 일반 가정 출신들이 회사에 취직을 하거나 사회에 아르바이트 일자리라도 얻어서 돈을 벌기 시작하면 그 돈을 사용하는 것과 같다고 할 것이다. 반면에 파이 코인은 그렇게 하지 않는다. 즉 완전히 반대로 하는 것이다. 너희들 돈은 이미 너희들 금고에 있으니 학생들이 돈 생각하지 말고 공부만 하라는 것이다. 솔직히 미칠 지경이다. 오픈 메인넷은커녕 5년이 지나도 상장할 생각도 없고, 그 계획을 로드맵에 발표를 하지도 않았다. 더구나 현찰과 파이 토큰의 교환을 인정하지 않는다는 발표도 했다.

10개가 넘은 거래소에서 IOU 상장을 시켜도 우리와는 상관없다라고 한다. 2024년 5월에는 파이 코인 3,000만 개를 가지고 있는 지갑을 동결하기도 했다. 왜 그래야만 했을까? 공부하라고 학교 보낸 아이가 하라는 공부는 안 하고 짤랑이만 해서 돈 따고 돈 잃고 하는 격이라고 생각했을까? 그럴지도 모른다.

지금 코어팀은 끊임없이 해커톤 대회를 개최하고 개발자를 소개하라고 하면서 기존 암호화폐 사업자들의 마지막 단계인 애플리케이션의 개발에 많은 시간을 투입하고 있다. 그리고 파이 화이어 사이드 포럼, 파이 챗 등을 통한 사용자 인터페이스를 개발하고 있으며, 오픈 메인넷에 들어가기 직전에 마이그레이션 작업을 통해 확실한 백 엔드 로직을 개발한다고 정신없이 일하고 있는 것 같다.

그리고 230개국의 10억 명이 스마트 계약을 할 수 있도록 블록체인 네트워크를 배포하고 있다. 그런데 가짜 사람이나 개인이 아닌 법인 등끼리 스마트 계약을 하게 한다면 그것이 무슨 의미가 있다는 말인가? 그리고 거의 마지막에 가서야 파이 코인을 상장하여 그동안 채굴한 암호화폐의 현금화를 가능하게 할 것이다. 이것이 상식을 거꾸로 뒤집어서 행하는 카운터 인튜이티브가 아니고 무엇이겠는가? 생태계 디자인을 먼저

하고 있는 것이다. 다른 암호화폐들은 제일 마지막에 가서야 합법이니 적법이니 하면서 이리저리 소송하고 싸우고 하는 생태계 디자인 말이다.

이렇게 하지 않으면 대부분 채굴자들은 중간중간 파이 코인을 다 팔아먹고 그 생태계는 구매력이 없는 사람으로 넘치게 될 것이다. 그야말로 브라질의 빈민촌인 '파벨라'나 필리핀의 빈민촌인 필리핀 '톤도' 같은 생태계가 될 수는 없지 않은가? 그런 의미에서 중간 수집책을 동원해서 초기 단계에 파이 코인 생태계를 향후 빈민촌으로 파이 생태계의 수준을 낮출 수도 있는 3,000만 개 텔톡 계정을 정지시킨 것이라고 필자는 본다. 3,000만 개의 파이 코인이라면 최소한 10만 명에서 100만 명의 파이오니어들이 채굴한 것을 모았을 테니까 말이다. 그리고 그 3,000만 개 말고도 얼마나 많은 중간 매입책들이 존재하겠는가? 그렇다면 500만에서 1,000만 명의 파이오니어들이 파이 코인 다 팔아먹고 구매력이 없는 생태계 빈민으로 그냥 숫자만 채운다면 파이 코인은 결정적 타격을 입을 수밖에 없을 것이다. 이렇게 되면 파이 생태계는 또 부익부 빈익빈의 기존 관념에 묶이게 되고 마는 것이다. 그것은 파이 미래의 큰 재앙이 될 것임을 왜 그들이 모르겠는가?

파이 네트워크 경영진들은 카운터 인튜이티브라는 세상을 바라보는 앵글을 간혹 그리고 중요한 지점에서는 반드시 180도 뒤집어 세상을 보는 사람들이다. 니콜라스 박사의 부인인 칭띠아오 판 박사는 "블록체인과 암호화폐 산업에 처음 참여하게 된 이야기를 들려 주시겠습니까?"라는 사회자의 질문에 이렇게 답했다.

"나는 박사 학위를 마쳤습니다. 인간 행동 및 인구 연구에 대한 전문 지식으로 스탠포드 대학에서 인류학 박사 학위를 받았습니다."라고 했다. 여기서 필자의 관심을 끈 것은 인류학 전공자라는 것이었다. 칭띠아오 판은 고고 인류학이 아닌 현대 인류학을 공부한 사람이다.

필자 생각에 파이 코어 팀의 칭띠아오 판 박사에게는 선진국 후진국은 중요하지 않았을 것이다. 그리고 지금 파이 네트워크가 꿈꾸는 생태계는 기존의 우리가 알던 삶의 방식과는 모든 것이 다르다고 생각했을 것이다.

또 그녀는 이렇게 말했다. "내 연구 관심 분야는 나중에 인간-컴퓨터 상호 작용 및 소셜 컴퓨팅, 특히 인간 행동과 사회에 긍정적인 영향을 미치기 위해 기술을 사용하는 방법에 초점을 맞췄습니다. 저는 탈중앙화와 경제수단의 결합으로 인해 블록체인 기술에 흥미를 갖게 되었습니다. 이 놀라운 기술은 전 세계의 개인을 동원하여 참여하고 그것에 대한 보상을 받을 수 있습니다. 인터넷이 정보 교환을 통해 세상을 더 많이 연결할 수 있게 했듯이 블록체인과 암호화폐는 가치 교환과 더 가깝고 더 빈번한 협업을 가능하게 합니다."

"메인넷 가면 버그 수정이 어렵다. 지금 KYC를 완벽하게 하자!"

그녀의 이 말은 전 세계 230개국의 저개발 국가의 사람들에게도 완전히 새로운 세상의 멤버가 되게 하고 싶다는 말일 것이다. 즉 비트코인이나 이더리움을 포함한 모든 재화를 얻는 방법은 어떤 문제를 해결하는 전제조건을 깔고 있었다. 그래서 부자가 되느냐 되지 못하느냐의 관건은 "성공 가능성"이었다. 지금까지 인류 역사의 모든 사람들은 그 가능성을 높이기 위해서 살아왔다.

그러나 우리는 모르지만 그녀가 아는 것이 있다. 그것은 '목표가 달라지면 더 정확히는 삶의 방향성이 달라지면 모든 것이 달라진다'라는 아주 간단한 소원 성취 방법인 것이다. 그래서 파이 코어 팀은 "일반적으로 블록체인 산업에서 가장 흥분되는 3가지는 무엇입니까? 왜요?"라는 질문에 이렇게 답했다.

(1) 우리가 모든 사람들에게 부를 창출하게 할 수 있다는 그러한 화폐 시스템에 혁명을 일으키고 있다는 생각이 저를 흥분시켰습니다.

(2) 서로 다른 생각을 하고 있는 세계 각국의 사람들을 대규모로 이해관계를 조정한 다음 그 사람들이 집단적으로 위대한 것을 달성하도록 동기를 부여하고 동원할 수 있는 능력을 개발시켜준다는 생각이 또 저를 흥분하게 했습니다.

(3) 우리가 사는 세상이 이제는 승자독식의 시대가 아닌 Web 3 세계로 더욱 확고하게 이동함에 따라 블록체인상에서 펼쳐지는 온라인 세상에서는 기존의 사업가들이 아닌 새롭고 혁신적인 애플리케이션과 경험을 하는 사람들이 등장하게 함으로써 새로운 부를 낳을 수 있게 할 수 있다는 사실입니다.

3. 파이로 당신이 원하는 부를 이룰 수 있는 이유

2024년 하반기 미국 대통령 선거를 앞두고 각 후보들의 가상자산(암호화폐) 지지 발언이 이어지는 가운데 대선 후보 중 한 명인 로버트 케네디 주니어 후보는 텍사스 오스틴에서 열린 '컨센서스 2024(Consensus 2024)'에 참여, 지지자를 비롯한 가상자산 투자자들을 만나는 자리에서 이렇게 말했다.

"가상자산은 수십조 달러의 부채를 떠안은 미국의 해결책이 될 수 있다. 가상자산을 실제 사용이 가능한 통화로 만들겠다."라고 밝힌 것이다.

사실 암호화폐는 가치를 저장하고 교환할 수 있는 일종의 유가증권이다. 이 새로운 형태의 증권은 세계 경제의 온갖 짐을 어깨에 메고 있는 미국의 상황으로 볼 때 블록체인에 기반한 가상자산은 분명히 세계 금융 위기의 재발을 막고 미국의 어쩔 수 없는 국가 재정 상황 특히 부채를 줄일 수 있는 돌파구가 될 수 있기 때문이다. 그는 당연한 주장을 했다.

"가상자산은 밥이나 커피를 사는 데 사용되는 화폐가 돼야 한다."

"내가 대통령이 된다면 가상자산을 화폐로 취급할 것."

"가상자산은 화폐이기 때문에 과세는 하지 않을 것."

"우리는 미국이 블록체인 기술의 허브로 남도록 지원해야 한다."

묻고 싶다. 이 사람이 말한 가상자산에 해당하는 암호화폐가 파이 코인 말고 어디에 있다는 말인가? 그리고 지금 당신이 채굴하고 있는 파이 코인이 그 어떤 암호화폐보다도 확실하게 성공할 수 있다. 당신이 이해하든지 이해하지 못하든지에 관계없이 말이다.

〈파이 코인은 세상을 바꾸려 하지 않는다. 단지 세상에 대한 사람들의 인식을 바꾸려 할 뿐이다.〉

당신이 부자가 되고 싶다면 바로 위의 말을 제대로 이해하고 그 말 그대로 당신 삶에 적용하기 시작할 때가 당신이 부자가 되기 시작하는 시점이라는 것을 밝혀 두고 싶다. 비트코인이 가격으로서는 성공했지만 화폐로서는 성공하지 못하고 있는 것은 세상을 바꾸려 했기 때문이다.

4절. 인공지능 시대, 파이오니어 역할

1. 파이 네트워크는 비 인공지능을 우선으로 한다

블록체인 기술의 목적에 크게 감탄하고, 이 엄청난 기술이 단지 돈귀신들의 돈장사에만 쓰이는 현실을 통탄하여 파이 네트워크를 비즈니스를 시작했다고 니콜라스 부부는 밝힌 바 있다. 이러한 위대한 개척자들의 철학을 관철시킬 수 있는 방법은 시대적 도구인 인공지능의 적극적인 활용이다. 그러나 빠르게 발전하는 AI 기술은 인간의 지식능력을 엄청나게 능가하는 능력으로 경이로운 결과를 주지만 두려움도 공존한다. 생성형 AI는 딥페이크 및 범죄에 악용될 우려가 있기 때문이다.

최근 일론머스크 테슬라 CEO 딥페이크 영상을 이용한 사기가 기승을 부리고 있다는 뉴스가 나오는 등 생성형 AI 기술이 발달할수록 가짜 뉴스 양산, 저작권 침해, 개인정보 유출 피해가 커질 수 있다. 수많은 인간의 전쟁에서 보았듯이 인간의 위선과 이중잣대는 우리에게- 너무나 익숙한 '현명한 처사'임에 틀림없다. 그래서 러시아 우크라이나 전쟁에서 볼 수 있듯이 인공지능을 비윤리적으로 활용하는 경우에는 대량의 인명피해가 예상되는 자율살상 무기 개발을 할 수 있다. 인공지능을 탑재한 군사용 로봇과 드론 시장 규모는 민간 시장 규모를 압도할 것으로 예상되고 있다. 또한 AI의 사용빈도가 높은 선진국 특히 영어를 사용하는 유럽권과 인구가 많은 중국에서는 의도적으로 가짜 역사, 조작된 사실을 근거로 한 뉴스, 음성을 생성해 배포하는 행위도 만연할 수 있다.

파이 네트워크에서 가장 신경쓰는 일은 부적절한 생각과 의도를 악의적으로 학습시키는 사람이 가짜 사람, 무기명 가짜인간 즉 인공지능 봇을 적극 차단하는 것임을 우리는 안다. 파이 코인의 KYC 핵심은 '진짜 사람이냐'의 여부에 집중하는 것도 사람과 로봇의 차이를 가려내려는 것이다. 그래서 먼저 일단 인간의 존엄성을 위해 '이 사람이 나다' 라는 사람증명을 먼저 진짜 KYC를 통과한 10명의 사람들로 이루어진 블록체인에서 한다. 가장 근본적인 조치를 취하는 것이다. 바로 영혼(靈魂)의 존재하는 인간을 중심으로 네트워크를 구성하고 운영한다는 철학이 까려 있는 것이다. 영혼은 실제 인간의 몸속에 자리하고 있다. 많은 사람들이 속이 상하고 속이 뒤집히고 등등의 표현을 하는데 그 이유는 영혼이 위바로 뒤쪽에 존재하고 있기 때문이다.

이런 나쁜 일을 방지하는 도구로 블록체인을 활용하면 AI를 더 안전하고 공정하게 사용할 수 있다. 즉, 블록체인 네트워크 위에서 생성형 AI

를 사용하면 데이터를 투명하고 공정하게 관리할 수 있다. AI 기술에 따른 윤리성 문제와 저작권 문제 등을 블록체인 기술 도입으로 막을 수 있기 때문이다.

실제로 AI와 블록체인을 결합한 다양한 시도가 이루어졌고, 사용자들은 현재 P2P 서비스를 통해 AI 기반 리소스를 공유하여 다양한 개발을 하기도 한다. 그런가하면 인공지능은 블록체인 스마트컨트랙트의 품질과 효율성을 높이는 데 도움을 줄 수 있다. 스마트컨트랙트는 계약 조건이 충족된다면 외부 개입 없이 자동적으로 계약을 체결하고 이행해 편리하고 안전하다는 장점이 있다.

2. 인공지능시대에 파이오니어들이 해야 할 일

메인넷에 진입할 수 있게 하기 위해서는 대량 마이그레이션과 KYC 및 생태계 유틸리티 구축에 집중해야 파이 네트워크가 강해진다. 성공적인 메인넷 목표 달성을 위해 파이오니어들이 해야 할 일에 대해 코어팀은 아래와 같은 공식입장을 내놓았다. 이와 관련된 내용을 텔레그램의 시크릿 파이 '켄리' 채널 포스팅 모음 등을 참고하여 재작성하였다.[7]

- 코어 팀은 네트워크의 한 참여자에 불과하며 모든 사용자와 회원, 개발자는 네트워크 구축에 기여해야 할 책임이 있습니다.(22.11.14)

- 결국, 생태계가 얼마나 성숙해지느냐는 개척자들의 일상적인 노력에 달려 있습니다.(23.11.02)

- 오픈 네트워크 조건은 개척자, 커뮤니티 개발자, 코어 팀의 분산된 노력에 달려 있습니다.(24.01.19)

• 마이그레이션은 여러분들의 몫입니다.(24.05.18)

좀 더 구체적으로 말하면 폐쇄형 메인넷의 목표를 달성하는 것에 있어서 항상 "함께"라는 표현을 쓰면서 그 주체가 코어 팀만이 아님을 언급하고 있다. 이것은 불특정 다수의 파이오니어들이 분산되어 각자의 노력으로 파이 네트워크를 형성해 나가고 있음을 강조하는 것이다. KYC, 마이그레이션, 앱 구축, 생태계 확장 등 이런 모든 것이 코어 팀을 앞서는 개척자들의 힘에 의해서 구축되고 있다. 또 코어팀이 제공하는 플랫폼 인프라와 프로그램, 그리고 파이 앱 자체의 혁신은 개발자가 구축하는 측면도 있지만, 파이오니어들이 이를 어떻게 활용하는지도 중요하다.

칭띠아오 판 박사는 "우리는 실제 시스템, 실제 사람들과 함께 실제 생태계를 구축하고 장기적으로 실제 유틸리티를 강조하기 위해 여기에 있습니다. 실제 시스템, 실제 사람들과 함께 실제 생태계를 구축하고 장기적으로 실제 유틸리티를 강조하기 위해 여기에 있습니다."라고 언급했다.

그러므로 인공지능 시대에 로봇이나 불손한 참입자들로부터 파이 네트워크를 보호하며 메인넷이라는 목표를 달성해야 한다. KYC, 마이그레이션, 생태계 구축 등 몇 가지 중요한 기능이 개척자들의 손에 달려 있는 것이다. 지금 파이오니어들은 이 목표를 함께 이루기 위해 다음과 같은 일을 해야 할 것이다.

• 파이오니어들은 전체 사용자 수를 늘려 생태계를 넓게 하기 위해 신규 회원을 많이 초대해야 한다.

- 부라우저에 있는 KYC인증에 동참한다. 이 책의 대표저자인 안 박사님은 KYC 인증성공 1,034명을 했고, 지금도 시간 나는 대로 KYC 인증을 해 준다고 한다.

- 테스트 메인넷에 있는 지갑 운영, 채팅방에 참여, Fireside 포럼에 참여한다.

- 연구개발 분야 참여자들은 Brainstorm, Blockchain, Develop 등에 참여한다. 이러한 기능에 기여하여 개발한 앱들이 파이와 통합되어 파이의 유기적 수요를 창출할 수 있도록 한다.

3. 적용 분야와 기대효과

AI 기술의 결합은 파이 네트워크의 효율성, 안전성, 사용자 경험을 그게 향상시킬 수 있으며, 궁극적으로는 더 신뢰할 수 있고 혁신적인 블록체인 생태계를 구축하는 데 기여할 것이다.

1) 네트워크 최적화 : AI 기술을 활용하여 파이 네트워크의 성능을 지속적으로 모니터링하고 최적화할 수 있습니다. 이는 네트워크의 효율성과 안정성을 향상시키는 데 도움이 될 것입니다.

2) 보안 강화 : AI 기반의 보안 시스템을 구축하여 네트워크의 보안을 강화하고, 잠재적인 위협을 사전에 감지하고 대응할 수 있습니다.

3) 스마트 컨트랙트 최적화 : AI를 활용하여 스마트 컨트랙트의 성능을 개선하고, 버그를 감지하며, 더 효율적인 코드를 생성할 수 있습니다.

4) 데이터 분석 및 예측 : 파이 네트워크에서 생성되는 방대한 양의 데이터를 AI로 분석하여 유용한 인사이트를 도출하고, 미래 트렌드를 예측할 수 있습니다.

5) 개인화된 서비스 : AI를 활용하여 사용자의 행동 패턴을 분석하고, 이를 바탕으로 개인화된 서비스와 추천을 제공할 수 있습니다.

6) 자동화된 거래 및 자산 관리 : AI 알고리즘을 활용하여 자동화된 거래 시스템을 구축하고, 효율적인 자산 관리 전략을 수립할 수 있습니다.

7) 사기 탐지 : AI 기술을 이용하여 비정상적인 거래 패턴을 감지하고, 잠재적인 사기 행위를 예방할 수 있습니다.

8) 고객 서비스 : AI 챗봇을 활용하여 24시간/7일 고객 지원 서비스를

제공하고, 사용자 문의에 신속하게 대응할 수 있습니다.

9) 생태계 관리 : AI를 활용하여 파이 네트워크 생태계의 전반적인 건강 상태를 모니터링하고, 필요한 조치를 자동으로 취할 수 있습니다.

10) 리스크 관리 : AI 모델을 사용하여 시장 변동성과 리스크를 분석하고, 적절한 대응 전략을 수립할 수 있습니다.

마무리하자면, 물론 아직 인공지능 기술에서 어떤 제한적 활용이라는 말을 하지는 않았다. 그러나 인공지능이 무엇인가? 지성의 극대화 아닌가? 이미 시대는 지성에서 영성의 시대로 본격 옮겨 왔다. 많은 사람들이 아직은 모르고 있지만 이미 굼벵이가 나비가 되듯이 그렇게 단계를 밟지 않고 세상이 바뀌고 사회적 성공기준이 바뀌는 것, 돈 버는 법, 돈 만드는 법, 돈 준비하는 법을 이미 알아차리고 그 준비와 대응을 해나가는 회사가 있다면 나는 머뭇거림 없이 '파이 네트워크'를 꼽을 것이다. 이들의 기술은 인간의 완전한 인간성 회복과 제도와 관습에서의 해방과 자유를 추구하기 때문임을 나는 간파하였기 때문이다.

4. 향후 코인의 기준 ISO 20022 준수

아래 내용은 파이코인을 채굴하고 있는 파이오니어들에게 대단히 중요한 미래 전망의 방향타이다. ISO 20022 준수는 위 코인과 블록체인 기술들이 더 큰 금융 인프라에 통합하려는 노력을 보여주는 것으로, 이는 사용자들에게 거래의 안전성과 유효성에 대한 신뢰를 줄 수 있다. 다음은 인공지능 perplexity.ai가 내놓은 답변이다.

XRP, Quant, Algorand, Stellar, Hedera HashGraph, IOTA, XDC Network, Pi Network 등은 ISO 20022 표준을 준수하는 소수의 암호화폐 프로젝트들이다. 일부 주장에 따르면, Pi Network는 현재 및 향후 Stellar에 동기화될 모든 블록체인의 크로스 연결을 위한 핵심 기술로 여겨지고 있다. ISO 20022 표준 준수는 Pi Network가 전통적인 금융 세계와 암호화폐 혁신을 연결하려는 노력의 일환으로 볼 수 있다. 그러나 이러한 노력이 실제로 어떤 결과를 가져올지는 시간을 두고 결과를 지켜봐야 한다.

회사경영은 사람의 이기심 셈법으로는 성공할 수 없기 때문에 하늘의 이타심 셈법으로 경영한 다는 이미지. Copilot Designer AI를 사용하여 생성함.

5장. 실생활 경제 플랫폼 〈다 함께 품〉

정금진

1절. 프로슈머 비즈모델의 완성

엘빈 토플러(Alvin Toffler)는 그의 저서 《제3의 물결》(The Third Wave)에서 "프로슈머(prosumer)"라는 개념을 소개했다. "프로슈머"는 생산자(producer)와 소비자(consumer)의 합성어로, 소비자가 단순히 제품이나 서비스를 소비하는 역할에서 벗어나 직접 생산에 참여하거나 영향을 미치는 것을 의미한다. 프로슈머 경제는 기술 발전과 함께 소비자의 역할이 단순한 소비에서 생산 참여로 확장되는 경제 모델을 의미한다. 이를 실현하기 위해서는 기술 인프라, 교육 및 훈련, 법적 지원, 커뮤니티 형성, 그리고 문화적 변화가 필요하다. 이 모든 요소들이 상호작용하면서 프로슈머 경제를 완성해 나갈 수 있다. 프로슈머 경제의 원리를 살펴보면 다음과 같다.

1. 소비자의 역할 변화

전통적인 경제 모델에서는 소비자는 생산자가 제공하는 제품과 서비스를 구매하는 역할에 국한되었다. 그러나 프로슈머 경제에서는 소비자가 제품과 서비스의 생산 과정에 적극적으로 참여하게 된다. 예를 들어, 공동으로 소비자들의 구매력을 모으면 그 자체가 존재 가치를 인정받게 됨으로써 마케팅 파워로 성장하게 되는 것이다. 그러나 미개발 인적자원을 모아 자원화하는 것은 소비자들의 심성에 감동을 주어야만 가능하므로 간단치가 않다. 상대방의 마음을 사야 하는 것이다. 이것이 사업성공의 핵심이다. 회사가 전략적으로 활용할 수 있는 생성 콘텐츠(User Generated Content, UGC)는 소비자들이 감동받을 수 있는 심리자산이라 할 수 있다.

2. 기술의 발전

디지털 기술과 인터넷의 발전은 소비자가 생산 과정에 참여할 수 있는 환경을 제공하였다. 예를 들면 소셜 미디어, 블로그, 유튜브 등의 플랫폼을 통해 소비자는 콘텐츠를 생성하고 공유할 수 있다. 또한 온라인 쇼핑몰을 통해 생산과 구매, 소비활동이 일어나는 것도 활성화의 요인이다.

3. 맞춤형 생산과 소비

프로슈머 경제에서는 소비자가 자신의 필요와 요구에 맞춘 제품과 서비스를 생산하거나 소비에서 커스터마이즈(customize)할 수 있다. 예를 들어, 자가소비를 맞춤형으로 하거나 3D 프린팅 기술을 통해 개인 맞춤형 제품을 제작할 수 있다. 소비자와 생산자가 협력하여 제품과 서비스를 공동으로 개발하거나 공동으로 소비할 수 있다. 오픈 소스 소프트웨어 개발이 대표적인 예이다.

4. 경제 민주화

프로슈머 경제는 경제 활동의 민주화를 촉진한다. 누구나 생산과 소비에 참여할 수 있는 기회를 가지게 된다. 또 자본을 모을 필요가 있는 경우에 크라우드 펀딩 플랫폼은 소비자가 새로운 아이디어와 제품을 실현할 수 있도록 자금을 모으는 데 도움을 준다.

〈다 함께 품〉은 소비자의 소비로 발생하는 마진 즉 유통 이득을 온전히 돌려준다.

2절. 〈다 함께 품〉의 사업 성공 전략

1. 회사 경영 철학과 목표

인지천산 불여 천지일산(人之千算 不如 天之一算)이라는 말이 있다. 이 어구는 '사람이 천 번 계산해도 하늘이 한 번 계산함만 못하다'는 말로 사람이 천 번 계산하는 것 보다 하늘이 한 번 계산하는 것이 낫다는 뜻이다. 필자는 이 어구를 경영의 기본 자세로 삼고 있다.

소득 분배 원칙에서 기존 방식의 경우를 A회사라고 하자. A회사의 플랫폼에서 생태계를 만들고 그 규모 따른 이익금이 발생하면 A회사는 그 이익금을 모아 놓고 결산을 한 다음에 주식배분하는 방식으로 공로에 따라 차등 배분하게 된다. 그러므로 이 잉여금을 둘러싸고 횡령이나 사기 등 여러가지 문제가 생기게 된다.

필자는 위 방식의 문제점을 알기 때문에 다음의 B 방식으로 한다. B 방식에서는 소비의 구성원 자체가 플랫폼 회사의 구성원이므로 소비하는 소비 주체인 동시에 소득을 갖는 주체가 된다. 이 점은 A의 방식과 같다. 그리고 배분상식도 A와 다르다. 즉 이익금이 발생하면 이와 동시에 배분을 한다. 그러므로 축적된 이익금이 없거나 미미하기 때문에 금전 사고를 일으킬 여지를 사전에 차단할 수 있게 되는 것이다.

사람의 생각은 결국 이기주의로 가기 때문에 나 자신을 관리하는 틀로 삼고 있는 것이다. 다시 말하면 사람의 셈법으로는 성공할 수 없기 때문에 하늘의 셈법으로 경영하고자 하는 것이다. 이것을 실천하는 경영목표는 다음과 같다.

- 소비자의 소비로 발생하는 마진 이득을 온전히 돌려준다.

- 현재의 국내 서민 소비자들이 가정 소비에 따른 유통마진을 착취당하고 있다고 표현해도 지나치지 않다. 가정경제를 위해 B회사는 공개된 유통 마진의 100%를 투명하게 소비자에게 되돌려준다.

- 경제 영향을 받지 않는 절대 필수 소비로 피해자가 없고 꾸준히 수익을 낼 수 있다는 장점이 있다. 그러므로 사업참여자들은 빠르게 수입을 창출할 수 있다.

- 국내외 결식아동 문제와 노인 빈곤 문제를 해결하기 위해 최대의 경제지원을 한다. 이를 통해 홍익인간 정신이 기본이 되는 사회를 구현한다.

- 대한민국이 ESG 경영을 실천하는 세계 리더 국가로 갈 수 있도록 한다. 이를 위해 우리회사가 ESG경영을 주관하고 선도한다.

- 아날로그 종이돈 경제에서 착취되는 서민금융을 블록체인 기반의 토큰경제로 안착시켜 글로벌차원의 서민경제평화를 구현한다.

- 글로벌 차원에서 시민경제의 기본 소득을 조성하게 함으로써 국경이나 이념에 따른 갈등을 해소될 수 있도록 한다. 서민들의 생활은 가정 소비 경제의 기반으로 소득 창출이 충분하다. 예를 들면 실생활을 위한 쇼핑 여행 등 가정 소비 경제가 모두 해당된다.

2. 소비자에게 배분되는 이익금의 종류

- 가입비 15만 원은 기본 체제를 구성하고 배분원칙에 따라 배분한다.
- 쇼핑시 발생하는 유통마진의 100퍼센트를 소비자에게 배분한다.

- 가맹비 역시 배분 원칙에 따라 소비자에게 배분한다. 회원전용 쇼핑몰을 활용하기 위한 가입비를 비교해 보자. 쿠0은 회원이 1천만 명 정도인데 매년 6만 원을 납부해야 한다. 코스트0는 전 세계의 1억 명의 회원이 매년 4만 5천원을 납부하고, 아마0 프라임은 세계 2억 명 회원이 매년 99달러를 납부해야 한다. 이에 비해 〈다 함께 품〉 플랫폼은 평생회원 가입비로 15만 원만 1번 납부하면 끝이다. 문턱이 낮아 유리하다.

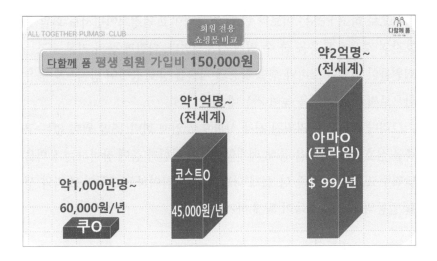

- 회사의 금융 소득도 회사 소비자 군단에게 배분한다.

- 즉 회사는 소비자들의 몫을 손대지 않고 온전하게 돌려줌으로써 소비자를 영업의 대상으로 삼지 않는다는 것이 기본철학이고 이것이 회사의 경쟁력이라 할 수 있다.

3. 품앗이 뱅크 시스템 운영

1) 품앗이 뱅크 시스템 개요

〈다함께 품〉은 품앗이 뱅크 시스템(PBS)을 운영한다. 이는 방글라데시의 경제학 박사이신 유누스 박사가 최초 시작한 서민경제 지원 프로로램인 그라민 은행의 대출 시스템이 700만 방글라데시 국민의 개인경제를 자립시키는데 혁혁한 기여하였던 시스템이다. 다함께 품은 위 시스템을 기본으로 하고 PBS는 이보다 좀 더 효율적이고 안정적이면서도 회원 상호간의 경제에 도움을 줄 수 있게 설계되었다. 다함께 품의 기본 구조는 회원들이 했었던 소비와 생활 활동의 지출을 상호 품앗이 방식으로 공유함으로써 회원 이익을 높여 가는데 있다.

그러나 지금의 어려워진 경제 상황으로 인해 회비 15만 원이 없는 고충을 상호 지원 방식을 통해 해결함으로써 다함께 품에 참여하는 장벽을 낮춰주고 회원들이 좀 더 쉽게 다함께 품에 참여하고 그동안 소비와 생활 활동의 지출이 소득이 되게 하기 위함이다.

앞서서 이야기했듯이 다함께 품은 참여 회원들의 소비 및 생활 지출을 환원하여 소득으로 만들어 주고 전 세계 회원들이 소득을 가져감으로 각 회원들이 많은 소득을 얻게 되고 얻게 된 이익이 많아지면 10%의 기부를 통해 절대 기아 인구 8억명을 종식시키겠다는 의지를 가지고 운영되고 있다.

그렇기 때문에 회원 가입의 문턱이 낮아진다면 더 많은 회원들이 참여하게 되고 많은 회원들이 소득이 많아진다면 빠른 시간에 기아 종식을 앞당길 수 있기에 품앗이 뱅크 시스템(PBS)를 도입하여 운영하는 것이다.

2) 품앗이 뱅크 시스템의 특징

품앗이 뱅크 시스템(PBS)은 이러한 특징들로 인해 다함께 품은 쇼핑 및 생활 플랫폼의 지출이었던 것을 소득으로 연결하고 다음과 같은 특징으로 회원 증가를 통한 수익 증대와 기부를 통한 절대 기아 종식을 향해 지속적으로 나아갈 것이다.

- 상호 지원 : 품앗이 뱅크 시스템(PBS)은 먼저 가입한 회원들이 작은 금액을 모아 신규로 다함께 품에 가입하고 싶은 회원이 회비가 없을 때 도와주는 구조이다.

- 회비 지원 : 품앗이 뱅크 시스템(PBS)은 신용이나 담보 등은 보지 않고 오직 다함께 품 플렛폼안에서 쇼핑하고 플렛폼을 활용하고자 하는 회원의 회비를 도와준다.

- 이자 및 상환 조건 : 이자는 0% 이고 상환 또한 다함께 품 쇼핑과 플렛폼을 활용하여 발생된 이익이 있었을 때 그 이익으로 상환된다. 그러므로 도움받은 회비에 대한 아무런 부담이 없고 쇼핑 활동이 활발할 때 상환되기 때문에 이로 인해 회원 활동을 활발하게 할 수 있는 선기능이 큰 효과를 가져올 수 있다.

- 회사조직의 결속력 강화 : 회원간에 품앗이를 통해 상호 도움을 주고 이로 인해 이익을 함께 공유하기 때문에 이익 공동체적인 결속력을 기대할 수 있다.

- 순환 경제 : 다함께 품안에서 상호 도움을 주고받는 시스템을 구축함으로써 선순환을 기대하고 이로 인해 활발한 쇼핑 및 생활 플렛폼 활동을 이룰 수 있다.

4. 단계별 발전 전략

- 1단계: 유통 플랫폼 런칭 단계(23.4. 15)

- 2단계: 토큰 기반 금융경제 체계로 확대 단계(25.4.15)

- 3단계: 글로벌 확산 단계(26.4.15)

- 4단계: 세계 정상 수준의 소비자 플랫폼 달성(28.4.15)

5. 결론

앞서서 이야기했던 소비경제 주체인 컨슈머(소비생산자)가 이익을 가져가는 구조를 한국의 훌륭한 문화 유산인 품앗이에서 답을 찾았다. 내가 한가할 때 일손이 바쁜 이웃을 도와주고 내가 일손이 바쁠 때 도와줬던 이웃이 나를 도와준다면 서로 주고받은 노동력으로 아무도 손해가 없이 이익만 있을 뿐이다.

마찬가지로 소비 경제의 주역인 컨슈머가 소비를 했을 뿐인데 각자가 소비 지출을 통한 이익을 상호 공유와 분배하게 하는 시스템이 바로 〈다 함께 품〉의 기본 골격이다.

이로 인해 멤버쉽을 확충하고 안정적인 소비 지출의 규모를 확장하여 형성된 생태계를 활용하여 코인을 통한 부의 무한 증대를 실현해 나가려 한다.

인공지능과 AI로 대변되는 21세기에는 서민의 노동력의 감소와 일자리 감축은 불 보듯 뻔하다.

ESG경영을 기본으로 한 〈다 함께 품〉 플랫폼은 서민 경제와 8억 명 이상의 절대 기아에 처한 사람들에게 희망을 주고 그들을 구제 할 수 있다고 확신한다.

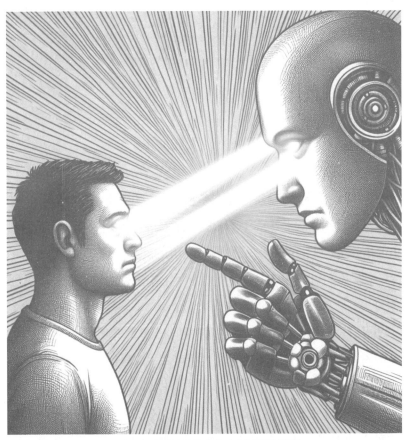

인간과 AI 로봇의 자존심 대결, 언제까지 갈까?
Copilot Designer AI를 사용하여 생성함.

6장. AI 기반 상생형 모델을 선점하자

정원훈·강봉준

1절. AI의 개요

1. AI의 개념

인공지능(AI)은 인간의 학습, 추론, 의사결정과 같은 인지 능력을 모방하는 컴퓨터 프로그램을 만드는 분야를 의미한다. 'Artificial Intelligence'라는 용어를 구성하는 'Artificial'은 '인공', 'Intelligence'는 '지능'을 의미하며, 지능이란 학습, 추론, 결정 등 다양한 기능을 포함한다.

인공지능은 이러한 기능들을 자동화된 방식으로 수행한다. 다시 말해, 인공지능은 인간의 지능적 행동을 컴퓨터 프로그램을 통해 재현하는 것을 목표로 하는 것이다.

인공지능의 주요 목표는 인간의 인지 능력을 모방하여 효율적이고 신속한 문제 해결을 가능하게 하는 것이다. 예를 들어, 학습 기능은 데이터를 분석하여 패턴을 인식하고, 그 결과를 바탕으로 새로운 데이터를 처리하는 능력을 의미한다. 추론 기능은 이미 알고 있는 정보를 바탕으로 새로운 결론을 도출하는 과정이며, 의사결정 기능은 다양한 선택지 중 가장 적합한 결정을 내리는 과정을 포함한다. 이러한 기능들은 머신 러닝, 딥 러닝, 자연어 처리 등의 기술을 통해 구현된다.

　인공지능의 발전은 다양한 산업 분야에서 혁신을 이끌어내고 있다. 의료 분야에서는 질병 진단과 치료 계획 수립에 AI를 활용하여 정확성과 효율성을 높이고 있으며, 금융 분야에서는 투자 분석과 리스크 관리에 AI 기술을 적용하여 보다 신뢰성 있는 결정을 내리고 있다. 또한, 자율주행차, 스마트홈, 로봇 공학 등 여러 영역에서도 인공지능 기술이 접목되어 새로운 가치를 창출하고 있다.

2. 인공지능의 구분

　인공지능의 구현을 사용되는 머신러닝, 딥러닝과 최근이러한 인공지능 중 최근 광풍이라 불릴 정도로 변혁의 중심인 ChatGPT는 OpenAI에 의해 개발된 사용자와 주고받는 대화에서 질문에 답하도록 설계된 생성형 AI라 할 수 있다.

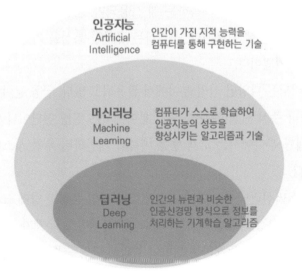

출처 : https://journal.kgeography.or.kr/articles/xml/LLyg/

1) 머신 러닝(Machine Learning)

머신러닝은 데이터를 분석하고 패턴을 학습하여 예측이나 결정을 할 수 있는 알고리즘의 집합을 의미한다. 이는 인공지능의 핵심 기술 중 하나로, 컴퓨터가 명시적인 프로그래밍 없이도 데이터로부터 학습할 수 있게 하는 방법론이다.

머신러닝의 주요 특징은 데이터를 기반으로 패턴을 학습하고 예측한다는 점이다. 이는 전통적인 프로그래밍 방식과는 다르게, 규칙을 직접 코딩하는 대신 데이터를 통해 규칙을 발견하고 학습하는 방식을 취한다.

머신러닝은 학습 방법에 따라 크게 지도 학습, 비지도 학습, 강화 학습으로 나눌 수 있다. 지도 학습은 레이블이 있는 데이터를 사용하여 입력과 출력 사이의 관계를 학습한다. 비지도 학습은 레이블이 없는 데이터에서 패턴을 찾아내는 방식이다. 강화 학습은 환경과의 상호작용을 통해 보상을 최대화하는 방향으로 학습한다.

머신러닝의 대표적인 예로는 회귀 분석, 분류, 군집화 등이 있다. 회귀 분석은 연속적인 값을 예측하는 데 사용되며, 분류는 데이터를 특정 범주로 구분하는 데 활용된다. 군집화는 유사한 특성을 가진 데이터를 그룹화하는 기법이다.

머신러닝은 다양한 산업 분야에서 활용되고 있다. 금융 분야에서는 신용 평가나 주식 시장 예측에, 의료 분야에서는 질병 진단이나 약물 개발에, 마케팅 분야에서는 고객 행동 예측과 개인화된 추천 시스템 구축에 사용된다.

그러나 머신러닝에도 한계가 있다. 데이터의 품질과 양에 크게 의존하며, 모델의 결정 과정을 해석하기 어려운 '블랙박스' 문제가 존재한다. 또한, 학습 데이터에 존재하는 편향이 결과에 반영될 수 있어, 윤리적 문제를 야기할 수 있다.

결론적으로, 머신러닝은 데이터를 통해 학습하고 예측하는 강력한 도구로, 인공지능 기술의 핵심을 이루고 있다. 향후 더욱 발전된 알고리즘과 풍부한 데이터를 바탕으로, 머신러닝의 활용 범위는 계속해서 확대될 것으로 예상된다.

2) 딥 러닝(Deep Learning)

딥러닝은 인공 신경망을 기반으로 한 머신러닝의 한 분야로, 데이터를 다층 구조의 신경망을 통해 학습하고 패턴을 인식하는 기술이다. 이는 인간의 뇌 구조를 모방한 알고리즘으로, 복잡한 비선형 관계를 모델링할 수 있는 강력한 도구이다.

딥러닝의 주요 특징은 많은 양의 데이터와 컴퓨팅 파워가 필요하다는 점이다. 이는 대규모 데이터셋을 처리하고 복잡한 모델을 학습시키는 데 상당한 계산 자원이 요구되기 때문이다. 그러나 이러한 요구사항은 딥러닝이 비선형 문제 해결에 강점을 갖게 하는 원동력이 된다.

딥러닝은 다양한 분야에서 활용되고 있다. 이미지 인식 분야에서는 물체 감지, 얼굴 인식 등에 사용되며, 자연어 처리 분야에서는 기계 번역, 감성 분석 등에 적용된다. 음성 인식 분야에서도 딥러닝 기술이 널리 사용되어 음성 명령 시스템이나 음성-텍스트 변환 등에 활용된다.

딥러닝의 대표적인 모델로는 CNN(Convolutional Neural Network), RNN(Recurrent Neural Network), GAN(Generative Adversarial Network) 등이 있다. CNN은 주로 이미지 처리에 사용되며, 이미지의 특징을 효과적으로 추출할 수 있다. RNN은 시계열 데이터나 자연어 처리에 적합하며, 이전 정보를 기억하고 활용할 수 있다. GAN은 두 개의 신경망이 서로 경쟁하며 학습하는 구조로, 현실적인 이미지나 텍스트 생성에 사용된다.

딥러닝은 그 성능과 잠재력으로 인해 많은 주목을 받고 있지만, 몇 가지 과제도 안고 있다. 모델의 내부 작동 원리를 해석하기 어려운 '블랙박스' 문제가 있으며, 대량의 레이블된 데이터가 필요하다는 점, 과적합(overfitting)의 위험성 등이 있다.

정리하면, 딥러닝은 인공지능 기술의 최전선에 있는 강력한 도구로, 복잡한 패턴을 인식하고 학습하는 데 탁월한 성능을 보인다. 향후 알고리즘의 개선과 하드웨어의 발전에 따라 딥러닝의 적용 범위는 더욱 확대될 것으로 전망된다.

3) 생성형 AI(Generative AI)

생성형 AI는 데이터를 기반으로 자동으로 콘텐츠를 생성하거나 예측하는 인공지능의 한 형태이다. 이는 기존의 데이터를 학습하여 새로운, 그러나 원본과 유사한 데이터를 생성할 수 있는 능력을 가진 AI 모델을 의미한다.

생성형 AI의 대표적인 특징은 대화형 AI 모델이라는 점이다. 이는 사용자와의 상호작용을 통해 문맥을 이해하고 그에 맞는 자연스러운 텍스트를 생성할 수 있다. 또한, 기존 데이터를 학습하여 새로운 데이터를 생성하는 능력을 가지고 있어, 창의적인 작업에도 활용될 수 있다.

생성형 AI는 주로 자연어 처리와 관련이 있으며, 다양한 언어 작업에 활용된다. 예를 들어, 글 작성, 요약, 번역, 대화 생성 등의 작업을 수행할 수 있다. 이는 단순히 미리 정의된 응답을 제공하는 것이 아니라, 주어진 맥락에 따라 적절하고 창의적인 텍스트를 생성할 수 있다는 점에서 큰 의미를 가진다.

GPT-3(Generative Pre-trained Transformer 3)는 생성형 AI의 대표적인 예시이다. 이 모델은 방대한 양의 텍스트 데이터를 학습하여, 다양한 언어 작업을 수행할 수 있는 능력을 갖추고 있다. GPT-3는 문장 완성, 질문 답변, 번역, 심지어 간단한 프로그래밍 코드 작성까지 다양한 작업을 수행할 수 있다.

생성형 AI는 다양한 산업 분야에서 활용되고 있다. 콘텐츠 제작 분야에서는 자동 기사 작성이나 광고 문구 생성에 사용되며, 고객 서비스 분야에서는 챗봇으로 활용된다. 교육 분야에서는 개인화된 학습 자료 생성에, 창작 분야에서는 아이디어 발상이나 스토리 구상에 도움을 줄 수 있다.

그러나 생성형 AI에도 몇 가지 과제가 있다. 생성된 콘텐츠의 정확성과 신뢰성을 보장하기 어려우며, 저작권 문제나 윤리적 문제가 제기될 수 있다. 또한, 이 기술이 허위 정보 생성이나 악용될 가능성에 대한 우려도 존재한다.

요약하자면, 생성형 AI는 인공지능 기술의 새로운 지평을 열고 있으며, 인간의 창의적 작업을 보조하고 확장하는 강력한 도구로 자리잡고 있다. 향후 이 기술의 발전과 함께, 그 활용 범위는 더욱 확대될 것으로 예상되며, 동시에 윤리적, 법적 논의도 활발히 이루어질 것으로 전망된다.

3. 인공지능의 역사

1) BOOM으로 구분해본 AI 발전 과정

1차 AI BOOM은 인공지능 연구의 초기 시점으로, 1950년대에서

1970년대 초반까지 이어졌다. 이 시기에는 1956년 다트머스 회의를 중심으로 인공지능이라는 개념이 정의되었고, 튜링 테스트와 같은 개념이 제안되었다.

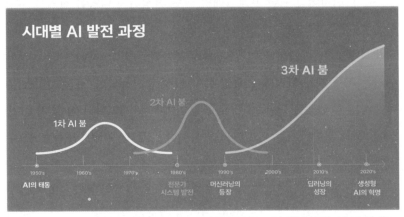

출처 : AI의 시작과 발전 과정, 미래 전망, SK 경영경제연구소 김지현 부사장, 2014.03.15.
https://news.skhynix.co.kr/post/all-around-ai-1

초기에는 인공 신경망과 전문가 시스템 등 다양한 접근 방식이 시도되었으나 하드웨어의 한계와 알고리즘의 복잡성 등으로 인해 한계가 드러났다. 이 시기는 낙관주의와 함께 인공지능이 모든 문제를 해결할 수 있다는 기대로 가득 찼다.

2차 AI BOOM은 1980년대부터 1990년대 중반까지 이어진 기간을 말한다. 이 시기에는 전문가 시스템의 발전과 함께 AI 기술이 다양한 산업 분야에 적용되기 시작했다. 특히, 자연어 처리와 음성 인식 분야에서 초기 기술들이 발전하였으나, 일반화 문제와 한정된 상황에서의 적용에 한계가 있었다. 이 시기는 인공지능 연구가 상업적으로도 활발히 이루어지는 시기였다.

3차 AI BOOM은 2000년대 후반에서 2010년대 중반까지의 시기로,

빅데이터와 컴퓨팅 파워의 급격한 발전이 주된 원동력이었다. 이 시기에는 머신러닝과 딥러닝 기술이 주목받아 이미지 인식, 자연어 처리, 음성 인식 등 다양한 분야에서 인간 수준을 넘어선 성능을 보였다. 특히, 딥러닝의 발전으로 인해 심층 신경망을 통한 구조적 학습이 가능해졌고, 이는 다양한 산업 분야에서의 혁신을 이끌었다. 구글의 알파고와 같은 사례가 대표적이다.

4차 AI BOOM은 현재에서 미래를 내포하는 시기로, GPT(Genera- tive Pre-trained Transformer)와 같은 대규모 언어 모델의 등장과 인공지능의 다양한 분야로의 확장이 진행되고 있다. 이 시기에는 자율 주행차, 의료 진단, 금융 예측 등 많은 분야에서 인공지능 기술이 상용화되고 있다. 또한, AI 윤리와 안전성 등에 대한 새로운 고민과 연구도 함께 진행되고 있다.

2) 생성형 AI로 구분한 인공지능의 역사

인공지능의 역사는 이제는 두 개의 시기로 구분할 수 있을 것이다. 즉 2017년 "Attention is all you need"라는 생성형 AI의 근간이 되는 논문이 나오기 전과 나온 후로 말이다.

① 인공지능 전반기(1950~2016)

먼저 그 전반부는 인공지능의 탄생부터 시작해보자. 인공지능의 역사는 1950년으로 거슬러 올라가지만, 그 이전에도 주목할 만한 발전들이 있었다. 이전 생성형 AI 1943년, 월터 피츠와 워런 맥컬릭은 인간 뇌의 뉴런을 모방한 신경망 모델을 제안하면서 인공지능 연구의 기초를 다졌다.

1950년, 앨런 튜링이 등장하며 인공지능 연구에 중요한 전환점을 맞이한다. 앨런튜링은 영국의 천재 수학자로, 제2차 세계대전 당시 독일군의 암호체계 '에니그마'를 풀어내는 데 결정적인 역할을 한 '봄베'라는 암호해독기를 개발했다. 이 업적으로 전쟁 승리에 크게 기여를 했으며, 컴퓨터 과학의 아버지로 불린다. 그러나 그는 동성애 혐의로 사회적 격리와 고통을 겪었다.

튜링은 '계산기계와 지능(Computing Machinery and Intel- ligence, Mind 49: 433~460)'이라는 논문을 통해 인공지능 개념을 제시하고, 1936년 튜링 머신이라는 개념을 통해 현대 컴퓨터의 기초를 확립하였다. 또한, 기계가 지능을 가질 수 있는지 평가하는 튜링 테스트를 제안하였는데, 기계가 인간과의 대화에서 구별되지 않을 경우, 그 기계를 지능을 가진 것으로 간주하는 방법으로, 인공지능 개념의 초석이 되었다.

전반부의 마지막은 바둑으로 마무리된다. 2016년 이세돌에게 유일하게 한 판을 지고 4승 1패로 승리한 알파고이다. 이후 2017년 이세돌에게 승리한 알파고(AlphaGo)를 더욱 발전 시킨 알파고제로는 이전 버전인 알파고(AlphaGo)와 달리, 인간의 기보를 학습하지 않고 자가 대국을 통해 실력을 향상시켰다. 학습속도를 보면, 3시간 만에 인간초보자 수준에 도달하였고, 19시간 후에 높은 수준의 바둑 전략에 대한 기본을 이해하였다. 70시간만에 인간을 능가하는 수준에 이르게 되었고, 이세돌을 이긴 알파고 버전에 100% 승률을 기록하게 된다. 이전 버전과의 차이점은 수십만 건의 기보 등 데이터가 필요없이 프로세서 등 하드웨퍼 자원을 덜 소모하였으며, 인간자식에 의존하지 않아도 되었다. 이후 신약개발에 사용되는 신소재 개발, 전력수급 조정, 난치병 진단 등에 활용되기 시작했다.

알파고 제로는 인간의 데이터 없이도 인공지능이 복잡한 게임에서 최고 수준에 도달할 수 있음을 보여주며, 자가 학습을 통한 인공지능 발전 가능성을 입증했다.

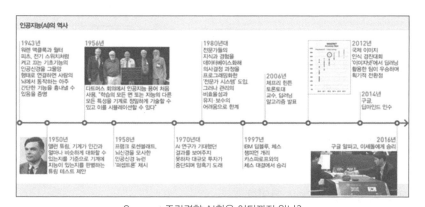

Source : 주간경향 AI활용 어디까지 왔나?
https://weekly.khan.co.kr/khnm.html?mode=view&code=114&art_
id=201904221341581

② 인공지능 후반기(2017~)

2017년 이후 인공지능 기술은 비약적인 발전을 이루었다. 이 시기로, AI의 능력이 인간의 수준에 근접하거나 때로는 뛰어넘는 사례들이 등장하였다.

2017년 6월, Google Brain 팀이 발표한 "Attention Is All You Need" 논문은 자연어 처리 분야에 혁명적인 변화를 가져왔다. 이 논문은 Transformer 모델을 소개하며, 오직 어텐션 메커니즘만을 사용하여 입력 데이터의 관계성을 파악하는 새로운 접근 방식을 제시하였다. Transformer의 주요 특징으로는 자기주의(Self-Attention) 메커니즘, 병렬처리 능력, 위치 인코딩, 멀티헤드 어텐션, 그리고 인코더-디코더 구조가 있다. 이러한 특징들은 기존 모델들의 한계를 뛰어넘는 놀라운 성능을 가능케 하였다.

이 논문의 영향력은 실로 지대하여, Transformer 구조는 BERT, GPT 시리즈, T5 등 현대의 많은 대규모 언어 모델의 기반이 되었다. 자연어 처리를 넘어 컴퓨터 비전, 음성 인식 등 다양한 분야로 그 활용이 확장되었으며, AI 연구의 새로운 패러다임을 제시했다고 평가받는다. 그러나 동시에 대규모 데이터와 컴퓨팅 파워의 필요성, 모델 해석의 어려움, 윤리적 문제 등 새로운 도전 과제들도 제기되었다. 즉, 이 논문은 AI 역사에서 중요한 이정표로 여겨지며, 앞으로도 AI 기술의 발전 방향을 크게 좌우할 것으로 전망된다.

같은 해, NVIDIA는 Progressive GAN을 발표하여 고해상도 이미지 생성 기술의 새 지평을 열었다.

2018년은 자연어 처리 분야에서 큰 진전이 있었던 해이다. Google이 BERT(Bidirectional Encoder Representations from Transformers)를 공개하여 문맥을 이해하는 AI의 능력을 한 단계 끌어올렸다. OpenAI의 GPT(Generative Pre-trained Transformer) 또한 이 해에 발표되어 텍스트 생성 능력의 혁신을 가져왔다.

2019년, OpenAI는 GPT-2를 공개하였다. 이 모델은 그 뛰어난 텍스트 생성 능력으로 인해 윤리적 논란을 불러일으키기도 하였다. Google은 ALBERT(A Lite BERT)를 발표하여 더욱 효율적인 자연어 처리를 가능케 하였다.

2020년은 AI 역사에 큰 획을 그은 해로 기억될 것이다. OpenAI의 GPT-3가 출시되어 생성형 AI의 새로운 시대를 열었다. 175억 개의 매개변수를 가진 이 모델은 이전의 어떤 언어 모델보다도 뛰어난 성능을 보여주었다. 같은 해, DeepMind의 AlphaFold는 단백질 구조 예측 문제를 해결하여 생물학 분야에 혁명적인 기여를 하였다.

2021년에는 AI의 창의성이 한층 더 빛을 발하였다. OpenAI의 DALL-E가 공개되어 텍스트 설명만으로 이미지를 생성할 수 있게 되었다. 또한, GitHub와 OpenAI의 협업으로 탄생한 Copilot이 출시되어 AI를 활용한 코드 자동 생성이 현실화되었다.

2022년은 대화형 AI의 해라고 불릴 만하다. OpenAI의 ChatGPT가 출시되어 전 세계적으로 큰 반향을 일으켰다. 이 모델은 인간과 거의 구분하기 어려운 수준의 대화 능력을 보여주었다. Google의 PaLM(Pathways Language Model)도 이 해에 발표되어 다국어 및 다중 작업 처리 능력의 새로운 기준을 제시하였다.

2023년에 들어서면서 AI의 발전은 더욱 가속화되었다. GPT-4의 출시로 AI의 언어 이해 및 생성 능력이 한층 더 향상되었다. Google의 Bard, Anthropic의 Claude 등 다양한 대화형 AI 모델들이 경쟁적으로 공개되었다. 이러한 생성형 AI의 급속한 발전은 동시에 AI 규제에 대한 논의를 활발하게 만들었다.

이 기간 동안 AI는 단순한 기술적 호기심의 대상에서 벗어나 실생활에 직접적인 영향을 미치는 존재로 자리잡았다. 자연어 처리, 이미지 생성, 과학 연구 등 다양한 분야에서 AI는 인간의 능력을 보완하고 때로는 뛰어넘는 성과를 보여주었다.

그러나 이러한 발전은 동시에 여러 가지 도전 과제를 제기하였다. AI의 판단 과정의 불투명성, 데이터 편향성 문제, 일자리 대체에 대한 우려, 개인정보 보호 문제 등이 주요한 논점으로 떠올랐다. 또한 AI가 생성한 콘텐츠의 저작권 문제, 딥페이크와 같은 기술의 악용 가능성 등 새로운 윤리적, 법적 문제들도 제기되었다.

결론적으로, 2017년 이후의 AI 역사는 기술의 비약적 발전과 그에 따른 사회적 영향력의 확대, 그리고 이에 대한 인류의 대응이 동시에 진행된 시기였다고 할 수 있다. AI는 이제 단순한 기술을 넘어 인류의 미래를 좌우할 핵심 요소로 자리잡았으며, 앞으로도 그 발전과 영향력은 계속될 것으로 전망된다.

4. 거대 언어 모델(LLM)

LLM(Large Language Model, 거대 언어 모델)은 최근 몇 년간 인공지능 연구의 중심에 있던 기술 중 하나로, 자연어 처리 분야에 혁명적인 변화를 가져왔다. 이 모델은 매우 큰 규모의 데이터를 사용하여 자연어 이해와 생성을 수행하며, 그 성능과 활용 범위로 인해 학계와 산업계의 주목을 받고 있다.

LLM은 대화형 AI의 일종으로, 수억 개 이상의 텍스트 데이터를 학습하여 다양한 언어 관련 작업을 수행할 수 있다. 이 모델의 특징은 학습하는 데이터의 양이 많을수록 성능이 향상된다는 점이다. LLM은 단순한 단어나 문장의 처리를 넘어, 문맥을 이해하고 복잡한 언어 패턴을 파악할 수 있는 능력을 갖추고 있다.

LLM은 주로 '트랜스포머(Transformer)'라는 구조를 사용한다. 트랜스포머는 2017년 구글에서 발표한 "Attention Is All You Need" 논문에서 소개된 구조로, 문장의 의미를 깊이 이해하고 다양한 언어 작업을 효과적으로 수행할 수 있다. LLM의 주요 구성 요소는 인코더와 디코더이다.

인코더는 입력된 문장을 이해하고 숫자로 변환하는 부분이다. 인코더는 단어의 의미뿐만 아니라 문장 내에서의 위치와 다른 단어들과의 관계를 파악한다. 디코더는 인코더가 이해한 내용을 바탕으로 새로운 문장을 만들어내는 부분이다. 디코더는 인코더의 출력을 받아 상황에 맞는 적절한 응답이나 텍스트를 생성한다.

LLM의 동작 원리는 크게 입력 처리, 인코딩, 디코딩, 출력 생성의 단계로 이루어진다. 이 과정을 통해 LLM은 주어진 텍스트를 이해하고, 적절한 응답이나 다음 단어를 예측할 수 있게 된다.

LLM은 다양한 분야에서 활용되고 있으며, 그 적용 범위는 계속해서 확대되고 있다. 질의 응답 시스템, 문서 요약, 대화형 챗봇, 문서 생성, 기계 번역 등이 대표적인 활용 사례이다. 이러한 기능들은 고객 서비스, 교육, 의료, 콘텐츠 제작, 국제 비즈니스 등 다양한 산업 분야에서 중요하게 사용되고 있다.

GPT는 OpenAI에서 개발한 LLM의 대표적인 예이다. 특히 최신 버전인 GPT-3는 1,750억 개의 매개변수를 가지고 있어 매우 복잡한 언어 패턴을 이해할 수 있다. GPT-3는 다양한 언어로 글쓰기, 프로그래밍 코드 작성, 창의적인 텍스트 생성 등 폭넓은 작업을 수행할 수 있어 많은 주목을 받고 있다.

LLM은 뛰어난 성능에도 불구하고 몇 가지 중요한 한계와 도전 과제를 안고 있다. 많은 컴퓨터 자원을 필요로 하는 점, 새로운 상황에 대한 일반화 문제, 학습 데이터에 내재된 편견을 그대로 학습할 수 있는 위험성, 윤리적 문제, 그리고 모델의 결정 과정을 해석하기 어려운 점 등이 주요한 과제로 꼽힌다.

이러한 한계에도 불구하고, LLM은 계속해서 발전하고 있으며 우리의 일상생활과 다양한 산업 분야에 큰 변화를 가져올 것으로 기대된다. 연구자들은 이러한 문제점들을 해결하기 위해 노력하고 있으며, 더욱 안전하고 효율적인 LLM의 개발을 위한 연구가 활발히 진행되고 있다. 향후 LLM은 더욱 정교해지고 다양한 분야에 적용되어, 우리의 삶과 일하는 방식을 크게 변화시킬 것으로 전망된다.

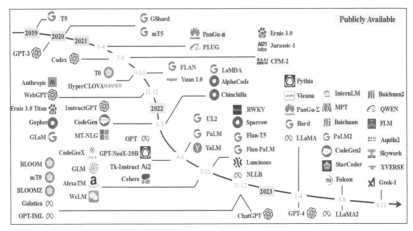

최근 수년간 LLM의 발달 궤적, A Survey of Large Language Models
DOI:10.48550/arXiv.2303.18223

https://www.semanticscholar.org/paper/A-Survey-of-Large-Language-Models-
Zhao-Zhou/c61d54644e9aedcfc756e5d6fe4cc8b78c87755d

2절. 대화형 인공지능 변혁의 중심 ChatGPT

1. OpenAI의 대화형 인공지능 모델 ChatGPT

GPT(Generative Pre-trained Transformer)는 OpenAI에서 개발한 강력한 언어 모델이다. 이 모델은 Transformer 아키텍처를 기반으로 하며, 대규모 텍스트 데이터에서 사전 학습된 모델이다. GPT는 자연어 처리 작업에서 뛰어난 성능을 보이며, 텍스트 생성과 이해에 널리 사용된다.

GPT의 구조는 여러 층의 Transformer 블록으로 이루어져 있다. 이 구조는 입력 문장을 토큰화하고 각 토큰에 대한 임베딩을 생성한 후, Self-Attention 메커니즘을 통해 문맥을 이해하고 다음 단어를 예측한다. 이러한 구조를 통해 GPT는 복잡한 언어 패턴을 학습하고 자연스러운 텍스트를 생성할 수 있다.

GPT의 활용 범위는 매우 넓다. 정보 제공, 질문 응답, 문제 해결, 창의적인 아이디어 제안 등 다양한 자연어 처리 작업에 활용될 수 있다. 사용자의 질문에 대한 정보를 제공하거나 특정 주제에 대한 설명을 생성하는 것부터, 복잡한 문제 해결을 돕거나 새로운 아이디어를 제안하는 등 광범위한 기능을 수행할 수 있다.

2. ChatGPT 4.0 : 삼위일체

ChatGPT 4.0은 OpenAI에서 개발한 최신 대화형 인공지능 모델로, 이전 버전인 GPT-3.5보다 더욱 발전된 기능과 성능을 제공한다.

출처 : 오픈에이아이 홈페이지(https://openai.com/chatgpt/)

　이 모델은 다양한 언어 이해와 생성적 작업을 수행하는 데 중점을 두
고 있으며, 최신 인공지능 기술의 진보를 적용하여 다양한 산업 분야에
서 혁신적인 솔루션을 제공할 수 있는 강력한 도구이다.

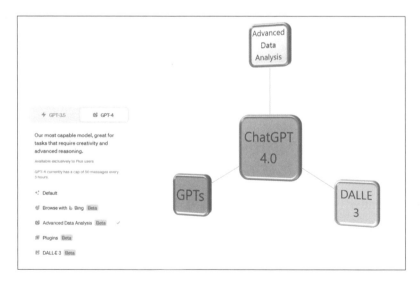

ChatGPT 4.0의 주요 특징으로는 강화된 언어 이해와 생성 능력, 다양한 응용 가능성, 업데이트된 모델 아키텍처, 실시간 대화 지원 등이 있다. 이 모델은 더 많은 데이터와 향상된 알고리즘을 기반으로 학습되어 이전 버전보다 자연스러운 대화를 제공하며, 문맥을 정확히 이해하고 사용자의 질문이나 대화에 맞춰 적절한 답변을 생성한다.

ChatGPT 4.0은 자연어 처리, 번역, 요약, 질문 응답 시스템 등 다양한 언어 관련 작업에 활용될 수 있으며, 엔터프라이즈 환경에서의 자동화된 고객 서비스, 텍스트 기반의 지능형 도구 개발 등에 적용될 수 있다. 더 큰 규모의 모델과 더 많은 매개변수, 계산 능력을 활용하여 높은 성능을 보여주며, 실시간 대화 환경에서도 빠른 응답 속도와 연속적인 대화 흐름을 유지할 수 있다.

3. ChatGPT를 위협하는 새로운 강자 Claude 3

1) Claude 3의 소개

앤트로픽(Anthropic)은 2021년에 설립된 인공지능 스타트업으로, OpenAI 출신들이 주축이 되어 창업한 회사이다. 특히 GPT-3를 개발한 재러드 카플란과 다리오 아모데이, 다니엘라 아모데이 남매가 주요 창업 멤버로 참여했다. 앤트로픽은 인공지능의 중요한 과제 중 하나인 도덕성 문제에 도전하고 있으며, '헌법 AI'라는 규범을 적용하여 인공지능의 유해성을 개선하려는 노력을 하고 있다.

헌법 AI는 인공지능이 도덕적이고 윤리적인 방식으로 작동하도록 규칙을 설정하는 접근 방식이다. 이를 통해 앤트로픽은 AI가 더 안전하고 유익하게 작동할 수 있도록 하는 모델을 개발하고 있다. 이러한 노력으로 앤트로픽은 인공지능 분야에서 중요한 주목을 받고 있다.

2) Claude 3 모델유형

Claude 3는 세 가지 주요 모델 유형으로 제공된다. Haiku 모델은 속도가 가장 빠르지만 성능 면에서는 가장 낮다. 이 모델은 경량화와 속도 최적화가 중요한 응용 분야에 적합하다.

Sonnet 모델은 Haiku보다 성능이 뛰어나며, 균형 잡힌 성능과 적당한 속도를 제공한다. 다양한 응용 분야에서 사용할 수 있는 범용성을 갖추고 있다.

Opus 모델은 세 모델 중 가장 성능이 뛰어난 유료 모델이다. 최고 수준의 정확도와 성능을 제공하며, 복잡한 작업이나 고도의 정확성이 요구되는 분야에 적합하다.

3) Claude 3의 주요특징 및 기술적 혁신

Claude 3는 이전 모델에 비해 더욱 정교한 자연어 처리 능력을 갖추고 있어, 사용자와의 대화에서 더욱 자연스럽고 유창한 언어 생성이 가능하다. 또한 Anthropic의 철학을 반영하여 윤리적이고 안전한 답변을 제공하는 데 중점을 두고 있다.

Claude 3는 초대형 언어 모델로, 수십억 개의 매개변수를 사용하여 학습되었다. 이는 복잡한 문맥 이해와 정교한 응답 생성을 가능하게 한다. 대규모 데이터와 강화 학습 기법을 활용하여 다양한 주제와 상황에서 높은 수준의 이해력과 응답 능력을 보여준다.

Anthropic은 Claude 3의 사용자 인터페이스를 개선하여, 사용자들이 더 쉽게 AI와 상호작용할 수 있도록 했다. 이는 사용자 친화적인 접근성을 제공한다.

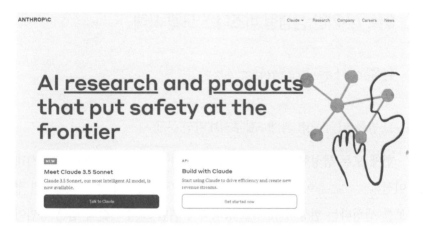

출처 : 엔트로픽 홈페이지(https://www.anthropic.com/)

4) ChatGPT와의 비교

ChatGPT와 Claude 3는 각기 다른 강점을 가지고 있다. 두 모델 모두 뛰어난 언어 생성 능력을 갖추고 있으나, Claude 3는 더 자연스럽고 인간적인 응답을 제공하는 데 초점을 맞추고 있다. 안전성과 윤리성 면에서 Claude 3는 이에 중점을 두고 설계된 반면, ChatGPT는 사용자의 다양한 요구를 만족시키기 위한 범용성을 강조한다.

데이터와 학습 방법 측면에서, Claude 3는 최신 데이터와 강화 학습 기법을 사용하여 학습되었으며, 이는 최신 정보를 제공하는 데 유리하다. 반면에 ChatGPT는 광범위한 인터넷 데이터를 기반으로 학습되어 더 광범위한 주제를 다룰 수 있다.

이러한 특성들로 인해 Claude 3는 안전하고 윤리적인 AI 솔루션이 필요한 분야에서 특히 유용할 것으로 보이며, 앞으로의 발전이 기대된다.

3절. AI 기반 상생형 비즈니스 모델 사례

1. Seoul Law Bot Project (법률 봇)

1) 법률 AI의 도전 과제 : 할루시네이션 문제

현재 모든 생성형 AI가 직면하고 있는 가장 큰 문제는 바로 '할루시네이션(hallucination)'이다. 할루시네이션은 AI가 존재하지 않거나 잘못된 정보를 생성하는 현상이다. 이를 방지하기 위한 여러 기술적 접근 방법이 이미 존재한다.

2) 할루시네이션 방지 기술

할루시네이션을 막기 위해 다양한 기법들이 개발되고 있다. 그중 하나는 RAG(Retrieval-Augmented Generation) 방식이다. RAG는 AI가 대답할 때 정확한 정보를 참조하도록 하는 방법이다.

여기서 우리가 주목할 것은 '파인튜닝(fine-tuning)'이다. 파인튜닝은 AI 모델을 특정 도메인에 맞춰 미세하게 조정하는 과정이다. 서울 로봇은 이 파인튜닝을 중심으로 할루시네이션을 막는 방법에 집중하고 있다.

3) 법률 AI 모델 개발 :

서울 로봇은 법률 AI 모델을 개발하는 과정에서 몇 가지 중요한 원칙을 따랐다. 첫 번째, AI가 참조할 데이터를 신뢰할 수 있는 소스로 제한한다. 법률 AI의 경우, 소송 판례와 같은 신뢰할 수 있는 법적 문서들로 학습시킨다.

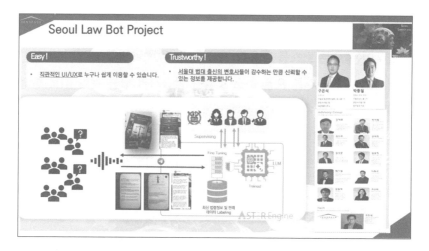

두 번째, 학습된 모델에 대해 법률 전문가들의 검토와 감수를 거친다. 서울대 법대 출신의 현직변호사들이 주주로 참여하여서 서울로봇이라는 회사를 설립하고 ㈜텐스페이스와 연구개발을 통해 이 학습 데이터를 검토하고 수정하는 과정을 통해 모델의 정확성을 높이고 있다.

4) 법률 AI의 서비스 구조

법률 AI 서비스는 두 가지 주요 서비스를 제공한다.

첫 번째 서비스는 '프리 AI'이다. 무료로 법률 자문을 제공하는 서비스로, 초기에 GPT-4 API를 사용하지만 점차 자체 개발한 AI 모델로 전환할 계획이다. 자체 모델을 사용하면 API 사용 비용을 절감할 수 있다.

두 번째 서비스는 '프리로'이다. 법률 시장에 진입하기 전, 간단한 법률 문의를 해결할 수 있는 서비스이다. 이를 통해 법률 서비스의 접근성을 높이고, 법률 시장에 대한 수요를 창출하는 것이 목표이다.

5) 자체 AI 모델 개발 계획

향후에는 오픈 소스를 활용한 자체 AI 모델을 개발할 예정이다. 예를 들어, KoGPT나 다른 오픈 소스 모델을 학습시켜 법률 특화 AI로 발전시키는 것이 목표이다. 이를 통해 비용을 절감하고, 보다 전문적이고 정확한 법률 자문 서비스를 제공할 수 있게 될 것이다.

또한, 변호사들의 감수를 강화하여 모델의 신뢰성을 더욱 높일 계획이다. 변호사들이 검토하고 수정한 데이터를 기반으로 AI를 학습시키면, 더욱 정확하고 신뢰할 수 있는 법률 서비스를 제공할 수 있다. 할루시네이션 문제를 해결하기 위한 파인튜닝 기법, 법률 전문가들의 감수를 통한 모델의 정확성 향상, 그리고 자체 AI 모델 개발 계획 등 다양한 전략을 통해 법률 서비스의 접근성과 신뢰성을 높이는 것이 목표이다.

2. 의료봇 Doctor Bot Project

1) 의료 AI봇의 도전 과제 : 할루시네이션 문제

의료 부문에서도 "할부 시네이션을 어떻게 줄일 것인가"라는 문제가 제기되고 있다. 이는 의료 용어와 관련된 정보를 더욱 접근 가능하고 이해하기 쉽도록 만드는 것을 목표로 한다. 특히, 국내 의료계에서는 이러한 용어들이 너무나 낯설기 때문에, 서울대 의대 출신 의사들이 주주로 참여하여 닥터봇이라는 AI 회사를 만들고 (주)텐스페이스와 이 문제를 해결하기 위해 노력하고 있다. 여기서 중요한 점은 각 의사들이 각자의 시각으로 문제를 바라보고 있어서, 이러한 다양한 관점을 어떻게 통합할 수 있을지 고민하고 있다.

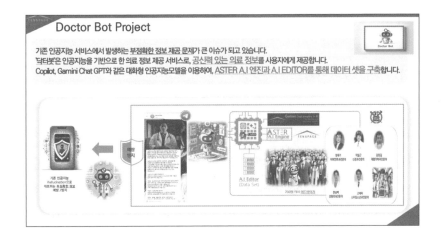

2) 우리병원의 마스코트 닥터봇

닥터봇의 특징은 각 병원의 홈페이지를 인공지능 의사 '닥터 봇'이 운영한다는 점이다. 이는 간호사나 직원의 역할을 대체하여 홈페이지 방문자에게 진료 및 수술 등의 정보를 제공하는 역할을 한다. 이렇게 되면 기존의 정적인 홈페이지에서 인터랙티브하게 대화할 수 있는 영업 채널로 변화하게 되어, 홈페이지의 기능이 한층 활성화되는 것이다. 이 과정에서 인공지능 기술이 새로운 역할을 맡게 되면서, 의료 정보 접근성과 이해도가 크게 향상될 것으로 기대된다.

3. BLOCK ESG (기부를 위한 A.I blockchain)

1) 마이크로파이낸스

금융 소외자들에게 소액 대출을 제공하여 자립을 도울 수 있는 방법이다. 이는 단순한 기부와는 달리, 돈을 빌려주고 그 돈을 이용해 경제적 활동을 지원하는 방식이다. 마이크로파이낸스의 중요한 요소 중 하나는 ESG인데, ESG는 Environmental, Social, Governance의 약자로, 환경, 사회적 책임, 지배 구조 등을 지속 가능하게 관리하고자 하는 개념이다. 이는 금융 활동이 사회적 가치와 지속 가능성을 고려하여 이루어져야 한다.

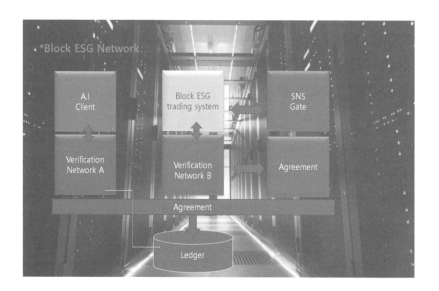

Donation
We apply the blockchain system to donate to donation organizations that help neighbors in need.
Block ESG Token is a token that helps neighbors in need around the world.

A fairer financial system
Today, billions of people are unable to open bank accounts, and others are blocked from making payments.
Block ESG uses social data to create credit for the 70% of users around the world who do not have credit.

Digital assets
Block ESG is not a short-term project, but aims to build a sustainable ecosystem that helps neighbors around
the world. The microfinance we operate is the basis for creating a sustainable ecosystem.

2) 운영 주체

이 프로젝트는 (주) 블록이에스지와 서울대학교 ESG사회혁신센터를 중심으로 운영되고 있다. 기술개발과, 업무진행은 (주) 텐스페이스와 (주) 티에스네트를 중심으로 ESG(환경, 사회, 지배구조) 분야 중 서비스 부분에 사회적 혁신을 주도하며, 블록 ESG 기부 프로젝트의 성공적인 운영을 지원하고 있다.

3) 기부를 위한 블록체인 기술

블록체인 기술이 마이크로파이낸스에 적용되고 있다. 블록체인은 탈중앙화된 분산 데이터베이스 기술로, 금융 거래의 투명성과 보안을 강화할 수 있다. 예를 들어, USDT와 같은 토큰을 사용하여 소외된 사람들이 더 빠르게 대출을 받고 자금을 융통할 수 있도록 도와준다.

4) 블록이에스지 프로젝트 진행사례

(1) 기부

첫 번째로, 블록 ESG는 7월 5일 캄보디아의 딩까오 그린밸커뮤니티 스쿨에 장학금을 기부할 예정이다. 이는 교육의 기회를 확대하고, 지역 사회의 발전을 지원하는 중요한 활동이다.

(2) 기부 사회적 소액 대출

두 번째로, 8월에는 캄보디아 딩까오 지역에서 500~600%에 달하는 고금리 사채를 20%의 이자로 대환대출하는 사회적 소액대출 프로그램을 운영한다. 이를 통해 고금리 사채의 악순환에서 벗어나 더 나은 금융 환경을 제공하고자 한다.

(3) 블록 ESG의 기부 네트워크

블록ESG는 블록체인 기술을 활용하여 기부 네트워크를 구축하고 있다. 향후 3년 동안 동남아시아를 비록 아프리카 제3 세계국가에 100개의 기부 네트워크를 구축하는 것을 목표로 하고 있다. 이 네트워크는 지역 사회에 직접적인 혜택을 제공할 뿐만 아니라, 투명하고 신뢰할 수 있는 기부 시스템을 제공한다. 또한, 블록ESG코인은 100% 기부에 사용되며, 기부의 투명성을 높이고 효율성을 극대화한다.

4. AI BEAT(AI 음악 플랫폼)

1) AI 음악 시장

AI 음악 시장은 인공지능 기술을 활용하여 음악의 작곡, 생성, 편집, 분석 등 다양한 과정에서의 응용을 포함한다. 주요 기술로는 기계 학습, 신경망, 자연어 처리 등이 있으며, 이러한 기술들은 음악 창작 과정을 자동화하거나 창의적인 작업을 지원하는 데 사용된다.

Introduction to artificial intelligence music service A.I BEAT
A.I BEAT is a music service that aims to dominate famous charts around the world by producing various genres of music using artificial intelligence technology.

Key features of A.I BEAT:

O AI-based music production: Automatically composes and arranges music of various genres and styles using deep learning technology.

O High-quality music production: Artificial intelligence has expert-level music production capabilities, producing high-quality music that is difficult to distinguish from human-made music.

O Customized music production: You can create custom music that suits your tastes and situations.

O Fast music production: It is suitable for users who need music quickly as it can produce music quickly using artificial intelligence technology.

O A.I BEAT can be used to create game and movie OSTs. Advertising music: A.I BEAT can be used to create advertising music.

2) 주요 적용 분야

① 음악 작곡 및 생성

AI는 사용자의 입력 데이터나 학습된 패턴을 기반으로 새로운 음악을 작곡하거나 생성할 수 있다. 이는 다양한 음악 장르와 스타일을 포함한다.

② 음악 편집 및 혼합

음악 제작에서 AI는 음악의 편집 및 혼합 과정을 자동화하거나 보조한다. 예를 들어, 보컬 라인을 자동으로 편집하거나 악기 소리를 조정하는 데 사용될 수 있다.

③ 음악 분석 및 예측

AI는 음악 데이터를 분석하여 트렌드를 예측하거나 음악 작품의 성과를 평가하는 데 도움을 준다. 예를 들어, 음악 스트리밍 플랫폼에서는 AI를 사용하여 사용자의 취향을 분석하고 추천 알고리즘을 개선한다.

④ 음악 인터랙션 및 퍼포먼스

AI는 실시간 음악 퍼포먼스나 인터랙션에서도 사용될 수 있다. 예를 들어, AI 음악 생성기를 사용하여 콘서트나 공연에서 신속하게 반응하는 음악을 제작할 수 있다.

3) AI 음원 플랫폼

AI 음원 플랫폼은 AI 기술을 활용하여 음악 제작, 관리, 유통 등의 프로세스를 지원하는 온라인 플랫폼을 말한다. 이러한 플랫폼들은 다양한 음악 작가, 프로듀서, 음악 라이센스 관리자, 음악 판매자 등에게 서비스를 제공한다.

(주) 티에스네트와 (주) 텐스페이스가 10만곡의 AI음악을 제작중이며 현재 A.I BEAT 유튜브 공식채널에서 생성된 음악을 장르별로 AI 음원을 선보이고 있다. 이와 관련된 블록체인기술과 코인도 개발중에 있다.

4절. 인공지능과 블록체인의 융합모델

1. A.I와 Block Chain의 도전과제

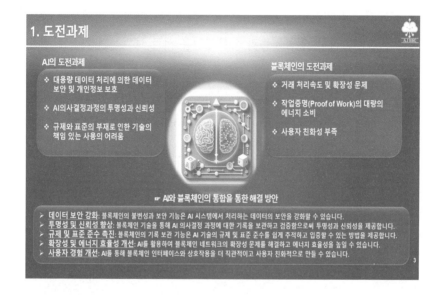

1) 도전과제

인공지능(AI)은 데이터 처리와 의사결정에 있어서 특히 보안과 개인정보 보호의 문제, 그리고 의사결정의 투명성과 신뢰성 부족이라는 문제점을 가지고 있다.

블록체인은 데이터 처리에서는 많은 양의 데이터를 효율적으로 처리하고, 동시에 개인정보를 안전하게 보호하는 것이 중요한 과제이다. 또한, AI가 내린 의사결정의 이유와 과정이 투명하지 않고, 신뢰성 있는 결정을 보장하기 어렵다는 점도 큰 문제점이다.

2) 해결방안

블록체인은 분산 저장소와 암호화 기술을 기반으로 하여 데이터의 무결성과 보안을 강화할 수 있다. 또한, 블록체인은 트랜잭션의 모든 이력을 공개적으로 기록하여 투명성을 제공하고, 각 단계의 신뢰성을 증명할 수 있다. 따라서, 인공지능과 블록체인은 서로 보완적인 기술로 작용할 수 있다. AI의 데이터 처리 능력과 의사결정 기능을 활용하면서, 블록체인의 안전한 데이터 관리와 투명성을 결합함으로써 신뢰할 수 있는 AI 시스템을 구축할 수 있다. 이러한 관점에서 보면, AI 도전과제를 해결하기 위해 블록체인의 장점을 살려야 한다는 접근이 필요하다는 것을 알 수 있다.

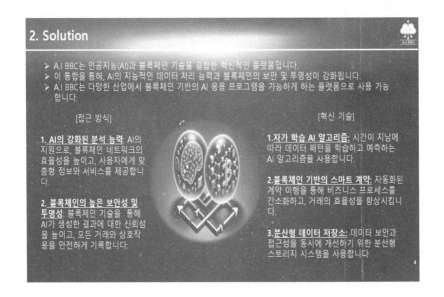

2. Solution

1) 접근 방식

① AI의 강화된 분석 능력

AI 지원으로 블록체인 네트워크의 효율성을 크게 높이고 있다. 이는 블록체인 기술이 갖고 있는 거래의 안전성과 투명성을 기반으로 가능하다. 예를 들어, AI는 블록체인에서 생성된 데이터를 신속하게 분석하여 맞춤형 정보와 서비스를 사용자에게 제공할 수 있다. 이는 사용자 경험을 개선하고, 효율적인 서비스 제공을 가능하게 한다.

② 블록체인 보안성 및 투명성

데이터가 블록에 체인 형태로 연결되어 있어 모든 거래와 상호작용이 안전하게 기록되고 관리될 수 있음을 의미한다. AI가 이러한 블록체인 데이터를 기반으로 생성한 결과는 더욱 신뢰할 수 있다. AI는 블록체인의 이러한 특성을 활용하여 보다 정확하고 안전한 결과를 도출할 수 있으며, 이는 다양한 분야에서 중요한 응용 가능성을 제공한다.

2) 혁신적인 플랫폼

① 자가 학습 AI 알고리즘

이 기술은 데이터를 기반으로 시간이 지남에 따라 스스로 학습하고 예측하는 인공지능 알고리즘을 의미한다. 예를 들어, 대규모의 데이터를 입력하면 이 알고리즘이 데이터 패턴을 자동으로 학습하여 향후 예측을 더욱 정확하게 할 수 있다. 이는 예를 들어 금융 시장에서 주가 예측이나 의료 분야에서 질병 예측 등 다양한 분야에서 활용될 수 있다.

② 블록체인 기반의 스마트 계약

블록체인은 탈중앙화된 분산 데이터베이스로, 이를 기반으로 한 스마트 계약은 코드로 작성된 계약서로써 자동화된 계약 이행을 가능하게 한다. 이는 계약 조건이 충족될 때 자동으로 실행되어 거래를 간소화하고, 중개자 없이 신속하게 거래를 처리할 수 있는 장점을 제공한다. 예를 들어, 금융 거래나 부동산 계약에서 유용하게 활용될 수 있다.

③ 분산형 데이터 저장소

데이터를 여러 위치에 분산하여 저장하고, 이를 통해 데이터의 보안성과 접근성을 동시에 개선하는 시스템을 의미한다. 중앙 집중형 데이터베이스의 단점을 보완하며, 데이터의 안전성을 높이고 복구성을 개선할 수 있다. 예를 들어, 금융기관이나 의료 기관에서 민감한 개인 정보를 안전하게 저장하고 관리하는 데 사용될 수 있다.

3. A.I BBC Token과 Algorithm

1) 토큰 유틸리티

① 거래수단

유틸리티 토큰은 다양한 목적으로 사용될 수 있는 디지털 자산이다. 주로 서비스 이용료 결제, 상품 구매, 또는 다른 사용자와의 거래에서 사용된다. 이는 기술적으로 블록체인과 연결되어 있어서, 특정 플랫폼이나 서비스 내에서 통용될 수 있다.

② 네트워크 인센티브

사용자들이 네트워크에 기여하는 활동을 할 때 보상으로 토큰을 받을 수 있다. 예를 들어, 데이터를 공유하거나 네트워크의 유지보수 활동을 수행하는 경우가 그 예이다. 이러한 활동은 네트워크의 건강과 성장에 중요한 역할을 하며, 이를 격려하기 위해 토큰으로 보상을 받는 것이다.

따라서 토큰 유틸리티는 단순한 디지털 화폐의 개념을 넘어서, 특정 서비스나 플랫폼에서의 사용 가치와 네트워크 활동을 촉진하는 보상 수단으로서 중요한 역할을 한다.

2) 기본 알고리즘

① 보안 및 합의 메커니즘

블록체인 네트워크에서는 다양한 보안 및 합의 알고리즘이 사용된다. 대표적으로는 PoW(Proof of Work), PoS(Proof of Stake), DPoS(Delegated Proof of Stake) 등이 있다. 이 알고리즘들은 블록을 생성하고 체인에 추가하는 과정에서 네트워크의 보안을 유지하고 합의를 도출하는 역할을 한다.

- PoW는 작업 증명 방식으로, 컴퓨팅 리소스를 사용해 블록을 생성하는 방식이다. 비트코인에서 사용되며, 해시 함수를 통해 블록을 생성하는 과정에서 네트워크의 안전성을 보장한다.

- PoS는 지분 증명 방식으로, 네트워크에 보유한 코인의 양에 따라 블록 생성에 참여할 수 있는 권한을 부여하는 방식이다. 코인의 보유량에 따라 네트워크 보안을 유지하고 합의를 도출한다.

- DPoS는 위임된 지분 증명 방식으로, 대표자들이 네트워크를 대신하여 블록을 생성하고 검증하는 방식이다. 대표자들은 선택된 투표를 통해 선출되며, 네트워크의 속도와 효율성을 높이는 데 기여한다.

② 스마트 계약

스마트 계약은 블록체인 네트워크에서 자동화된 계약 실행을 가능하게 하는 프로그램이다. 이 계약은 코드로 작성되어 네트워크에 배포되며, 특정 조건이 충족될 때 자동으로 실행된다. 예를 들어, 특정 조건에 따라 자동으로 토큰을 발행하거나 관리할 수 있으며, 이는 투명성과 효율성을 높이는 데 기여한다.

스마트 계약은 중앙 집중식 시스템에서의 중개자 없이 직접적인 거래를 가능하게 하며, 거래의 신뢰성과 안전성을 제공하는 중요한 기능을 한다.

4. Business Model : A.I Amanda

AI Amanda는 기술적인 혁신을 통해 전통적인 데이팅 앱과는 다른 독특한 경험을 제공한다. 이 앱은 사용자들에게 AI와의 상호작용을 통해 몰입감 있고 자연스러운 데이팅 환경을 제공한다.

1) 맞춤형 데이팅 추천

Amanda는 사용자의 프로필과 취향을 학습하여 맞춤형 데이팅 추천을 제공한다. 이는 사용자가 좋아하는 유형의 사람들을 보다 정교하게 찾을 수 있도록 도와준다. 또한, AI는 상호작용을 통해 사용자의 선호도와 특성을 더 잘 이해하고 반영할 수 있다.

2) 사용자와 자연스러운 대화

AI Amanda는 자연어 처리 기술을 활용하여 사용자와 자연스럽게 대화할 수 있는 능력을 갖추고 있다. 이는 단순한 질의응답을 넘어서, 실제 사람과 대화하는 듯한 경험을 제공하여 사용자가 편안하게 소통할 수 있게 해 준다.

3) 글로벌 서비스로의 확장성

AI Amanda는 이미 미국, 캐나다, 남미, 일본, 중국 등에서 출시되어 다양한 지역에서 사용되고 있다. 더불어 앞으로 추가적인 지역 확장을 계획하고 있어, 사용자들이 전 세계 어디에서나 AI Amanda를 경험할 수 있을 것이다.

이러한 기술적 혁신과 글로벌 확장 계획을 통해 AI Amanda는 데이팅 앱 시장에서 독특한 위치를 차지하고 있다. 사용자들은 AI와의 새로운 데이팅 경험을 통해 보다 효율적이고 맞춤형의 데이팅 서비스를 이용할 수 있다.

민중에 대한 코인경제 교육이 필요하는 이미지
(https://copilot.microsoft.com/images/create 활용하여 창작)

7장. 토큰경제의 국민교육 필요하다

7장. 토큰경제의 국민교육 필요하다

이 서 령

1절. 토큰경제의 개념과 현황

1. 토큰경제의 개념

토큰경제는 쉽게 말해서 특정한 생태계 내에서 교환 수단으로 토큰을 사용하는 것을 의미한다. 나아가 토큰이 특정 생태계 내에서 교환 매체로 사용되는 시스템을 일컫는다. 토큰은 일반적으로 블록체인에서 생성되므로 교환 과정의 투명성과 보안이 가능해진다. 토큰경제 역시 다른 경제원리와 마찬가지로 수요와 공급의 원칙을 기반으로 하며, 토큰의 가치도 역시 시장에 의해 결정된다.

토큰이 생성되면 생태계 내 참가자들에게 배포된다. 이러한 토큰은 생태계 내에서 작업을 수행하거나 서비스를 제공하는 등 다양한 수단을 통해 얻을 수 있게 된다. 참가자는 이 토큰을 사용하여 생태계 내에서 상품과 서비스를 구매할 수 있다.

그렇다면 기존 경제체제와 다른 점이 무엇인가? 바로 특정 생태계내에서 보다 효율적인 교환 수단을 제공할 수 있다는 점에 있다. 또한 참가자가 생태계에 기여하도록 인센티브를 제공하기도 하고, 참가자의 이익을 조정할 수도 있다. 구체적으로 동기 부여 및 참여 증가, 향상된 학습

결과, 강화된 협업 및 팀워크, 고객 충성도 증가 등의 모습으로 구현된다. 하지만 무엇보다도 가장 큰 차별점은 위에서도 언급했듯이 모든 거래가 블록체인에 기록되므로, 교환 과정에서 투명성과 보안을 확보할 수 있다는 점에 있다.

우리가 논의를 전개해 나가는 과정에서 토큰경제의 핵심적인 과제는 두 가지로 나누어 볼 수 있다. 하나는 토큰의 가치를 결정하는 것이다. 토큰의 가치는 시장에 의해 결정되는데, 그 과정에서 수요와 공급, 경쟁, 규제 변화 등 다양한 요인에 의해 영향을 받을 수 있다는 점을 주시해야 한다. 또 다른 과제는 토큰이 생태계 내에서 널리 수용되도록 보장하는 것이며, 이를 위해 마케팅과 홍보 노력이 필요하다는 것이다.

좀 더 구체적으로 토큰경제의 작동 방식과 이를 사용할 수 있는 다양한 방법을 찾아보면 다음과 같다.

토큰경제를 만드는 첫 번째 단계는 토큰 자체를 만드는 것이다. 이를 수행하는 방법에는 여러 가지가 있지만 가장 일반적인 방법은 ICO라는 프로세스를 이용하는 것이다. ICO를 진행하는 동안 회사나 프로젝트는 암호화폐나 전통 통화와 교환하여 대중에게 특정 수의 토큰을 발행한다. 이러한 토큰은 다양한 거래소에서 거래될 수 있으며, 그 가치는 수요와 공급에 따라 오르내리게 된다. 다음으로 토큰이 생성되면 토큰경제 참여자에게 배포되어야 한다. 이는 에어드랍, 포상금, 보상 프로그램 등 다양한 방법을 통해 이루어질 수 있다. 세 번째 단계는 시장에 의해서 형성된다고 한 토큰의 가치가 구체적으로 어떻게 결정되는가이다. 토큰의 가치는 토큰경제 내에서의 유용성에 따라 결정된다. 토큰은 상품이나 서비스 구매, 독점 콘텐츠 액세스, 거버넌스 결정 참여 등 다양한 목적으로 사용될 수 있다. 토큰이 더 유용할수록 그 가치는 더 높아지고 그에 대한 수

요도 더 많아지게 된다. 일부 토큰경제에는 공급량이 고정되어 있는 반면, 다른 토큰경제에는 인플레이션 모델이 있을 수 있으므로 유틸리티 (utility)에 따른 전략을 잘 구사해야 한다. 다음 단계에서는 시스템이 원활하고 공정하게 운영되도록 보장하는 거버넌스 구조를 설계하는 것이다. 이는 분산형 자율 조직(DAO) 또는 토큰경제를 감독하는 중앙 집중식 형태를 취할 수 있다. 조직은 보다 긍정적인 환경을 조성하고 더 큰 성공을 거둘 수 있도록 촉진제의 역할을 할 것이다.

지금까지 전반적으로 토큰경제의 개념에 대하여 포괄적으로 살펴보았다. 다음은 토큰경제를 구성하고 있는 핵심 개념인 토큰 그 자체에 대해서 파악해 보도록 한다.

토큰은 토큰경제의 필수적인 부분이며 다양한 맥락에서 가치를 표현하는 데 사용된다. 디지털 자산, 유틸리티 또는 회사의 지분을 나타내는 데 사용될 수 있고, 특정 생태계 내에서 지불이나 보상 수단으로 사용될 수도 있다. 보다 구체적으로 살펴보자.

우선 증권형 토큰이 있을 수 있다. 회사나 자산의 소유권을 나타내는 토큰이다. 이는 증권법에 의해 규제되며 전통적인 증권의 모든 요구 사항을 따른다. 이 토큰은 회사의 지분, 부채 또는 기타 유형의 자산을 나타내는 데 사용될 수 있다. 증권형 토큰의 장점은 투자자에게 브로커나 은행과 같은 중개자 없이 회사나 자산에 투자할 수 있는 기회를 제공한다는 것이다. 그러나 증권형 토큰의 단점도 무시할 수 없다. 즉 규제 요구 사항이 적용되며 다른 유형의 토큰보다 거래가 더 어려울 수 있다는 점이다.

다음으로는 유틸리티 토큰이다. 이는 제품이나 서비스에 대한 액세스를 제공하는 유형이다. 이는 투자 목적으로 사용되지 않는 대신 특정 제품이나 서비스에 대한 액세스를 제공하는 데 사용된다. 유틸리티 토큰의 장점은 사용자에게 중개자 없이 제품이나 서비스에 대한 액세스를 제공한다는 것이나, 단점은 고유한 가치가 없으며 거래가 어려워질 수도 있다는 것이다.

셋째로는 결제 토큰이다. 이는 글자 그대로 결제수단으로 사용할 수 있는 토큰이다. 결제 토큰은 상품 및 서비스 비용을 지불하거나 사용자 간 가치를 이전하는 데 사용될 수 있다. 이 토큰의 장점은 중개자 없이 빠르고 안전한 결제 수단을 제공한다는 점에 있으나, 널리 받아들여지지 않고 사용 사례가 제한적일 수 있다는 단점이 내재하고 있다.

마지막으로 보상 토큰이 있다. 이는 사용자가 특정 작업을 수행하도록 장려하는 데 사용할 수 있는 토큰 유형이다. 사용자가 콘텐츠의 생성, 피드백 제공, 생태계에 도움이 되는 기타 작업을 수행하도록 장려하는 데 사용될 수 있다. 보상 토큰의 장점은 사용자에게 기여에 대한 실질적인 보상을 제공한다는 것에 있으나, 고유한 가치가 없으며 거래가 어려워질 수도 있는 단점이 있다.

그러면 이러한 토큰 이코노미를 탄생시킨 기술적 배경인 블록체인 기술과는 어떻게 연동되는지 살펴보자.

블록체인 기술은 안전하고 투명한 방식으로 거래를 기록하는 분산형 원장이라고 정의를 내린다. 암호화 기술을 사용하여 데이터의 무결성과 신뢰성을 보장하며 변조 및 해킹을 방지한다. 블록체인 기술은 비트코인, 이더리움 등 널리 알려져 있는 암호화폐와도 관련이 있지만, 공급망 관리, 신원 확인 등 다른 많은 응용 프로그램과도 관련이 있다.

토큰경제는 여러 가지 방법으로 블록체인 기술의 이점을 누릴 수 있다.

첫째, 블록체인 기술은 토큰경제에 필수적인 거래를 기록하는 안전하고 투명한 방법을 제공한다.

둘째, 블록체인 기술을 사용하면 특정 조건이 충족될 때 자동으로 실행되도록 프로그래밍할 수 있는 자체 실행 계약인 스마트 계약을 생성할 수 있다. 스마트 계약을 사용하여 토큰, 보상 및 인센티브 배포를 자동화할 수 있다.

셋째, 블록체인 기술을 사용하면 블록체인에서 실행되고 스마트 계약과 상호 작용할 수 있는 애플리케이션인 분산형 애플리케이션(DApp)을 만들 수 있다. DApp을 사용하여 토큰으로 구동되는 새로운 서비스와 제품을 만들 수 있는 것이다.

이렇게 훌륭한 시스템을 구축하고 있는 토큰경제와 블록체인 기술도 해결해야 할 과제들이 산적해 있다.

첫째, 토큰경제 공간에는 표준화와 제도화가 부족하여 기업과 소비자에게 혼란과 불확실성을 초래할 수 있다. 토큰은 아직 규제 당국에서 완전히 인정되지 않았기 때문에 기업이 법적 환경을 탐색하는 것이 어려울 수 있다. 한편으로는 소비자가 토큰을 쉽게 사용하고 이해할 수 있도록 사용자 친화적인 인터페이스를 고도화해야 하고 사용자 경험을 축적해 나가야 한다. 또한, 다양한 플랫폼과 생태계의 토큰은 서로 호환되지 않을 수 있으며, 이로 인해 유용성과 채택이 제한될 수 있다. 이러한 위험을 완화하기 위해 기업은 토큰을 다양한 플랫폼에서 전송하고 사용할 수 있도록 하는 상호 운용 가능한 표준과 프로토콜을 개발하기 위해 노력해야 한다.

둘째, 블록체인 기술에는 확장성 문제가 있어 대규모 애플리케이션의 채택이 제한될 수 있다.

셋째, 블록체인 기술도 공격과 해킹으로부터 자유롭지 않기 때문에 개인정보 보호 및 보안에 대한 우려가 있는 것이다. 토큰은 디지털 지갑에 저장되기 때문에 해킹이나 사이버 공격에 취약하고, 이로 인해 토큰과 민감한 데이터가 손실될 수 있다. 이러한 위험을 완화하려면 기업은 다단계 인증, 정기 보안 감사 등 강력한 보안 조치에 투자해야 한다.

넷째, 토큰은 시장 변동성에 영향을 받아 가격 변동과 불확실성을 초래할 수 있다. 이로 인해 회사가 제품과 서비스의 가격을 책정하기 어려워지고 토큰 가치에도 영향을 미칠 수 있게 된다. 이러한 위험을 완화하기 위해 기업은 법정 화폐나 기타 자산으로 뒷받침되는 스테이블 코인이나 고정 토큰 사용 등을 고려할 필요가 있게 될 수도 있다.

마지막으로 토큰경제가 성공하려면 광범위한 채택이 필요하다. 그러나 인식, 신뢰 및 인프라가 부족하여 채택이 느려질 수 있다. 이러한 위험을 완화하기 위해 기업은 사용자와의 신뢰 구축, 토큰경제의 이점에 대한 교육, 지갑, 거래소 및 지불 게이트웨이와 같은 인프라에 투자하는 데 집중해야 한다.[8]

2. 토큰경제의 현황

우선 전 세계 토큰경제시장을 통계치로 확인해 보기로 한다.

글로벌 암호화폐 시장은 2021년 9억 1,030만 달러에서 2028년 19억 250만 달러로 예측 기간(2021~2028년) 동안 연평균 성장률(CAGR) 11.1% 성장할 것으로 예상된다.[9]

한국의 금융당국은 디지털 자산을 경제적 실질에 따라 증권형 디지털 자산(토큰증권)과 비 증권형 디지털 자산(가상자산)으로 구분한다. 토큰증권은 위에서도 언급하였지만 자본시장법상 증권을 디지털 자산의 형태로 발행한 것으로 권리내용, 권리자 등 증권에 관한 정보를 분산원장(블록체인)에 기재한다. 수익증권, 투자계약증권 등과 같은 비정형적 증권뿐만 아니라 주식, 채권, ELS 등 정형적인 증권 모두 토큰증권으로 발행하는 것이 가능하다. 토큰증권은 기존의 실물증권이나 전자증권과 발행 형태는 다르지만 본질적으로 증권이기 때문에 자본시장법상 증권으로서 규제된다.

2023년 3월 미국 씨티은행은 글로벌 토큰증권 시장이 오는 2030년 4조~5조 달러(약 5,300조~6,600조원) 규모로 성장한다는 보고서를 발간했다. 해당 보고서는 현재 토큰증권의 시장 점유율은 0.1% 미만에 불과하지만 2030년까지 80배 이상 증가할 것으로 내다봤다. 보스턴컨설팅그룹(BCG)은 더욱 낙관적인 시각으로 토큰증권 시장을 바라봤다. BCG는 글로벌 토큰증권 시장 규모가 2030년 최소 16조 달러(약 2경 1200억 원)에서 최대 68조 달러(약 9경 160억 원)에 도달할 것으로 예측했다. 현재 토큰증권 시장 규모가 약 24억 달러(약 3조 1600억 원) 수준인 점을 고려하면 앞으로 폭발적인 성장이 이루어질 것으로 예상된다. 한국의 토큰 시장 규모만 해도 2030년에 370조 원대 시장으로의 성장이 예측되고 있다.[10]

이상과 같이 암호화폐 시장이 토큰증권 시장으로 그 중심축이 이동해 나갈 것으로 예상되지만, 이 모두를 포괄하는 범 토큰경제 차원에서는 그 규모와 성장속도를 무시할 수 없는 상황으로 치달을 것으로 전망된다. 다음에는 이러한 경제규모를 형성해 나가고 있는 대표적인 실행 프로그램들을 살펴보기로 한다.

첫재, 로열티 프로그램이다. 기업이 토큰경제를 사용하여 고객에게 인센티브를 제공하는 가장 인기 있는 방법 중 하나이다. 이러한 맥락에서 토큰은 흔히 포인트로 대체되기도 한다. 고객은 구매나 기타 활동을 통해 포인트를 적립하고, 이 포인트를 할인, 무료 제품, 독점 체험 등의 보상으로 교환할 수 있다. 로열티 프로그램은 기업과 고객 모두에게 윈윈(win-win)하는 상황을 제공한다. 기업은 고객 유지 및 충성도를 높일 수 있으며 고객은 충성도에 대해 보상을 받을 수 있다. 성공적인 로열티 프로그램의 한 사례로 1,900만 명 이상의 활성 회원을 보유하고 있는 스타벅스 리워드 프로그램을 들 수 있다.

두 번째 프로그램은 직원 인센티브이다. 직원들은 성과 목표를 달성하거나 초과하는 것에 대해 인센티브를 받으며, 이러한 인센티브는 보너스, 추가 휴가 또는 기타 혜택과 같은 보상으로 상환될 수 있다. 직원 인센티브 프로그램은 직원들이 최선을 다해 성과를 낼 수 있도록 동기를 부여하고 생산성을 높이는 데 도움이 될 수 있다. 성공적인 직원 인센티브 프로그램의 사례로 미국의 많은 회사에서 사용하는 우리사주제도(ESOP)를 제시할 수 있다.

세 번째는 크라우드 펀딩 캠페인이다. 투자자는 프로젝트나 사업에 자금을 조달하는 대가로 토큰이나 코인을 구매할 수 있다. 이러한 토큰이나 코인은 프로젝트나 비즈니스가 시작된 후 제품이나 서비스에 액세스하는 데 사용될 수 있다.

네 번째는 탈중앙화 금융이다. 탈중앙화 금융(DeFi)은 토큰경제를 사용하여 탈중앙화 금융 시스템을 구축하는 것이다. DeFi 시스템을 통해 사용자는 기존 금융기관 없이도 금융 서비스에 액세스할 수 있게 된다. 사용자는 DeFi 플랫폼을 사용하여 이자를 받고, 돈을 빌리거나 암호화폐를 거래할 수 있게 된다. 이는 잠재적으로 전통적인 금융기관의 서비스를 충분히 받지 못하는 개인의 금융 포용성과 접근성을 향상시킬 수 있을 뿐만 아니라 나아가 전반적인 유동성 공급 확장으로 이어질 수 있다. 공급 성공적인 DeFi 플랫폼의 한 예로 사용자가 암호화폐 보유에 대한 이자를 얻을 수 있도록 하는 컴파운드(Compound)를 들 수 있다.

다섯째는 게임분야이다. 게임 내에서 화폐는 게임 플레이를 통해 획득하거나 실제 돈으로 구매할 수 있으며, 게임 내에서 아이템을 구매하거나 업그레이드하는 데 사용할 수 있다. 게임 내 화폐는 플레이어의 업적이나 이벤트 참여에 대한 보상으로 사용될 수도 있다. 게임 내 통화를 사용하는 Fortnite 및 League of Legends와 같은 것이 대표적이다.

여섯째는 자산의 토큰화(STO-RWA)이다. 토큰경제의 미래에 대한 한 가지 관점은 자산의 토큰화이다. 여기에는 부동산이나 주식과 같은 실제 자산을 블록체인의 디지털 토큰으로 표현하는 것이 포함된다. 이를 통해 이러한 자산의 부분 소유권과 양도가 가능해지며 유동성과 접근성이 향상된다. 따라서 이전에는 많은 개인이 접근할 수 없었던 투자 및 자산에 대한 접근을 민주화할 수 있게 된다.

일곱 번째는 대체 불가능한 토큰(NFT)이다. 미래에 큰 잠재력을 지닌 토큰경제의 또 다른 영역이다. NFT는 블록체인에 저장되는 고유한 디지털 자산으로, 예술 작품부터 가상 부동산까지 무엇이든 나타낼 수 있다. NFT를 사용하면 물리적 자산처럼 구매, 판매 및 거래할 수 있는 고유한 디지털 자산의 생성 및 소유권을 허용할 수 있게 된다. 이는 창작자와 수집가에게 새로운 기회를 열어주고 잠재적으로 완전히 새로운 시장 창출로 이어질 수 있다.

여덟 번째로는 중앙은행 디지털 통화(CBDC)이다. 이는 중앙은행이 발행하고 지원하는 법정 화폐의 디지털 버전이다. CBDC는 잠재적으로 물리적 현금을 대체하고 보다 효율적이고 안전한 거래 수행수단을 제공할 수 있게 된다. CBDC는 잠재적으로 마이너스 금리와 같은 새로운 통화정책 도구를 활성화할 수도 있다. 그러나 CBDC는 중앙에서 통제되고 모니터링되기 때문에 개인정보 보호 및 감시에 대한 우려가 있는 것도 사실이다.

아홉 번째, 크로스 체인 상호 운용성이다. 블록체인 기술이 계속 발전함에 따라 서로 다른 체인 간의 상호 운용성이 점점 더 중요해질 것이다. 토큰경제는 이러한 현실에 적응하여 여러 블록체인에 걸쳐 원활한 가치 이전을 가능하게 해야 한다. Polkadot 및 Cosmos와 같은 프로젝트는 이미 이 목표를 달성하기 위해 노력하고 있으며, 토큰이 다른 체인과 생태계 간에 이동할 수 있도록 한다. 이러한 상호 운용성은 토큰 보유자에게 새로운 기회를 열어주고 토큰의 전반적인 유동성과 유용성을 향상시켜 나갈 것이다.

열 번째, 토큰경제학은 지속가능성 문제를 해결해야 한다. 프로젝트에서는 지분 증명(PoS) 또는 권한 증명(PoA)과 같이 에너지를 덜 소비하는 대체 합의 메커니즘을 탐색할 수 있다. 또한, 토큰 거래 수수료의 일부를 환경 이니셔티브 자금으로 사용하는 탄소 상쇄 프로그램의 출현도 기대할 수 있다. 이로서 블록체인 기반 생태계의 장기적인 생존 가능성과 수용을 기대할 수 있을 것이다.

마지막으로 인공 지능(AI)을 토큰경제학에 통합하는 것은 엄청난 잠재력을 확보할 것이다. AI 알고리즘은 방대한 양의 데이터를 분석하고 최적의 토큰 배포, 가격 책정 메커니즘 및 사용자 행동을 포함한 토큰경제에 대한 귀중한 통찰력을 제공할 것이다.

2절. 토큰경제 국민교육의 필요성

우리는 토큰경제에 있어서 국민교육에 대한 필요성을 두 가지 차원에서 검토해 볼 수 있다. 하나는 토큰경제도 디지털 금융의 일환이라는 측면에서 접근할 필요가 있고, 다른 측면에서는 암호화폐 생성과 거래에 있어서의 메카니즘 차원에서의 접근이다.

우선 디지털 금융의 측면이다. 사실상 디지털 차원에서의 이해도를 제고하기 위해서는 갈 길이 아직도 멀다는 것이다.

물론, 스마트폰 대중화, 4차 산업혁명 추세에 더해 코로나 19의 장기화 등으로 금융의 비대면·디지털화(Digital Transformation)가 가속화되었다. 금융회사는 대면 서비스를 축소하면서(은행점포축소·폐쇄), 오픈뱅킹·마이데이터 등 온라인 서비스 영역 확대에 집중하였고, 금융소비자의 온라인 거래 확대 등에 따라 전반적으로는 금융 접근성이 제고되고, 소비자 후생이 증대되는 긍정적 측면을 시현하였다. 은행의 입출금·이체 업무 처리에서 인터넷·모바일뱅킹 비중은 70.9%('21.상반기, 한국은행)에 이른다는 통계가 이를 단적으로 뒷받침하고 있다. 그러나, 디지털화에 대응하는 소비자의 금융역량 강화 없이는 디지털 양극화(Digital Devide) 문제가 심화되고, 자산형성·노후대비도 곤란할 수밖에 없음은 필연적이다. 비대면·디지털 영업 확대로 인해 디지털 활용능력이 부족한 고령 소비자 등의 금융 서비스 활용이 어려워진다는 지적이 있으며, 청년층을 중심으로 "영끌", "빚투" 등에 의한 주식·가상자산 등의 투자가 이루어지고, 이에 가계부채 문제까지도 심화시키고 있는 것이다. 금융은 열심히 일하여 번 돈을 저축하고 자식들과 노후생활을 위해 투자하며, 자기신용을 관리해 나가는 국민을 위한 것이다. 개인의 삶에 필수적인 자산형성을 위해,

청년층부터 고령층까지 디지털 금융역량 강화를 위한 금융교육이 긴요한 상황인 것이다.(금융위원회, 2021.12. "디지털전환 등 금융환경 변화에 대응하는 금융교육 강화방안")

2022년 금융이해력 조사에 따르면 우리나라 성인의 금융 이해력점수는 금융지식 75.5점, 금융행동 65.8점, 금융태도 52.4점으로 특히 금융 태도 점수가 미흡한 것으로 조사됐다. 같은 해에 조사한 우리나라 성인의 디지털 금융 이해력 점수는 42.9점으로 전반적으로 낮은 수준으로 입증되었다. 특히 70대 고령층(36.0점), 저소득층(39.4점) 및 고졸미만(35.9점)의 디지털 금융 이해도가 낮은 것으로 파악되어 디지털 디바이드가 심각함을 증명하고 있다. 또한, 청소년 대상 조사결과 금융교육 분량이 부족하다는 응답이 많았다. 학교금융교육은 교과수업, 교과 외 창의적 체험 활동, 방과 후 활동 등이나, 입시 위주의 학교환경으로 일반 금융교육실시 여력조차 부족한 것으로 나타나(김소연·김민정, 국내 금융교육 현황 및 시사점, (사)한국금융소비자학회·보험연구원 공동동계학술대회, 2024) 암호화폐와 관련된 제도권 교육은 꿈도 꾸지 못하고 있는 실정이라고 할 수 있다.

다음으로 토큰 생태계의 각각의 단계에서 경제적 생존 가능성을 평가할 수 있는 지식을 얻을 수 있는 교육이 필요하다.

첫째, 생태계 내에서 토큰의 유용성을 판단하는 것이다. 일부는 교환매체로 사용될 수 있어 사용자가 네트워크 내에서 거래를 할 수 있다. 또 다른 부분은 보유자에게 투표권을 부여하여 블록체인 프로젝트의 거버넌스 및 의사 결정 프로세스에 참여할 수 있도록 할 수도 있다. 또 다른 측면에서는 플랫폼의 특정 자산, 서비스 또는 기능에 대한 소유권이나 액세스를 나타낼 수도 있다. 이렇듯 광범위한 유틸리티 옵션이 어떻게 제공되어 토큰의 가치와 수요가 유지되는가를 잘 판단해야 한다.

둘째, 토큰 배포이다. 공정하고 투명한 배포 모델을 사용하여 광범위한 참여를 보장하고 소수의 손에 토큰이 집중되는 것을 방지하고 있는지 확인이 필요하다. 자금 대가로 투자자에게 토큰을 판매하는 ICO(초기 코인 제공)나 IEO(초기 거래소 제공)를 선택하기도 하고, 토큰을 특정 개인이나 커뮤니티 구성원에게 무료로 배포하는 에어드롭을 선택할 수도 있다. 또한, 토큰 배포는 채굴, 스테이킹 또는 네트워크 참여에 대한 보상을 통해 발생할 수도 있다. 따라서 이렇게 다양한 방식의 배포가 균형성을 유지하고 있는지 파악할 필요가 있는 것이다.

셋째, 유통되는 토큰의 총 공급량이다. 이는 경제적 생존 가능성에 영향을 미치는 또 다른 요소이다. 이더리움은 최대한도가 없는 동적 토큰 공급량을 가지고 있다. 이 접근 방식은 유연성과 확장성을 허용하지만 잠재적인 인플레이션에 대한 우려도 제기된다. 한편, 바이낸스 거래소의 기본 토큰인 바이낸스 코인(BNB)은 2억 개의 토큰의 고정 공급량을 보유하고 있다. 제한된 토큰 공급은 희소성을 야기하고 수요를 증가시켜 잠재적으로 시간이 지남에 따라 토큰의 가치를 증가시킬 수 있다. 그러나 어느 방법이 정답이라고 할 수 없기 때문에 그야말로 전략적인 계산과 판단이 작동되어야 한다.

넷째, 토큰 소각은 유통에서 토큰을 의도적으로 제거하여 총 공급량을 줄이는 것을 의미한다. 거래 수수료를 통하거나 프로젝트 수익의 일부를 토큰 구매 및 소각에 할당하는 등 다양한 방법으로 달성할 수 있다. 이 전략도 희소성을 창출하여 토큰 가치를 높이는 데 사용될 수 있다.

다섯째, 토큰의 인플레이션 비율을 관리하는 것도 토큰의 장기적인 가치를 유지하는 데 필수적이다. 거래 수수료의 일부가 소각되어 시간이 지남에 따라 총공급량이 감소하는 디플레이션 모델을 사용하는지 등의 사항을 체크 할 필요가 있다. 이 메커니즘은 희소성을 창출하고 토큰 가치를 높인다. 또한, 신중하게 설계된 인플레이션율은 생태계의 증가하는 수요를 충족시키기 위해 토큰의 꾸준한 공급을 보장하여 희소성과 접근성 사이의 균형을 유지할 필요성이 있는 것이다.

여섯째, 제대로 된 생태계 내의 토큰경제학에는 분산형 거버넌스를 위한 메커니즘도 포함되어 있다. 따라서 토큰 보유자에게 플랫폼 업그레이드, 새로운 기능 구현 또는 생태계 규칙 변경과 같은 주요 결정에 대해 투표할 수 있는 권한이 부여되어 있는지 파악해야 한다. 민주적 접근 방식을 통해 커뮤니티가 플랫폼의 미래를 형성하는 데 개인의 발언권을 갖도록 보장되어 있어야 하기 때문이다.

일곱째, 사용자는 토큰을 스테이킹 하여 거래 수수료 공유 또는 유동성 풀 참여와 같은 추가 보상을 얻을 수 있어야 한다. 이는 사용자가 토큰을 보유하고 스테이킹 하도록 장려함으로서 생태계의 전반적인 안정성과 유동성에 기여하기 때문이다.

마지막으로 많은 프로젝트의 초기 투자자나 팀원에게 토큰을 시장에 투매하는 것을 방지하기 위해 많은 베스팅 및 잠금 기간을 구현한다. 이러한 제한은 토큰의 즉각적인 가용성을 제한하고 프로젝트에 대한 장기적인 헌신을 강요하는 것이므로 기간 설정에 대한 신중한 판단이 필요하다.

종합해 볼 때 희소성과 유용성 사이의 균형을 유지하는 동시에 지속 가능한 생태계를 보장하고 있는지 여부를 잘 판단할 수 있는 지식을 보유하는 교육이 필요한 것이다.

한편, coinlive 2024.2.3.일자 JinseFinance 찰스 센, (Sissi@TEDAO 편집)의 "토큰경제에 대한 더 깊은 이해"에서 찰스 센이 주장하는 세 가지 사업모델을 기초로 판단해 볼 수 있는 방법도 모색해 볼 수 있다. 그가 세 가지 모델을 구현한 것은 암호화폐-제품의 적합성 판단과 제품-시장의 적합성 판단 등 두 가지 축으로 구성되어 있다.

우선 암호화폐-상품 적합성을 바라보는 관점은 암호화폐와 다양한 경제 부문 간의 관계를 분석하는 것이다. 암호화폐 상품은 암호화폐 경제를 구축하는 데 필요한 거래를 용이하게 할 뿐만 아니라, 동시에 실물 경제, 금융 경제, 실물 또는 가상 경제와 같은 기존 경제 영역과 암호화폐가 통합된 결과물이기 때문이다. 실물 경제와 금융 경제는 모두 암호화폐와 통합될 수 있다. 이 과정의 결과로 실물 자산과 금융 자산이 혼합되어 물리적 세계와 가상 세계에 모두 존재하는 하이브리드 형태의 경제, 즉 메타 유니버스 경제가 탄생하게 된다.

암호화폐-상품 적합성은 암호화폐 상품이 성공하기 위한 필요 조건 중 하나이지만 충분 조건은 아니라는 점에 주목할 필요가 있다. 또 다른 핵심 테스트는 상품-시장 적합성을 달성할 수 있는지 여부이다. 상품-시장 적합성은 상품에 대한 수요와 공급이 건강하고 일관되게 균형을 이루며 지속 가능한 경제적 가치 창출로 이어지는지 여부를 판단해야 한다.

상품-시장 적합성 부족의 일반적인 신호는 제품에 대한 수요에서 도출할 수 있다. 헬리움은 최고 수준의 벤처 캐피털이 지원하는 높은 평가를 받는 암호화폐 프로젝트이다. 이 프로젝트는 토큰 인센티브를 기반으로 피어 투 피어 사물 인터넷(IoT) 무선 네트워크 서비스를 구축하고 있다. 그러나 네트워크에 대한 수요가 약해지면서 이 프로젝트가 완벽한 암호화폐 실물경제 사용 사례인지, 기존 통신 인프라보다 더 빠르고 자본 효율성이 높은지, 아니면 단순히 암호화폐 경제학이 작동하지 않는 것인지에 대한 열띤 논쟁이 벌어지고 있다. 이에 따라 동 프로젝트 팀은 T-Mobile과 제휴하여 5G 서비스를 추가로 제공하고, 새로운 토큰을 출시하며, 시장에 적합한 제품을 계속 찾고 있다. 또 다른 유명한 실물 경제 활용 사례로는 공급망 산업을 간소화하기 위해 블록체인 기반 거래 플랫폼을 구축하기 위해 IBM이 머스크와 파트너십을 맺은 것이다. 그러나 이 프로젝트는 업계 내에서 충분한 지지를 얻지 못해 중단되었다.

암호화폐에 대한 수요가 많더라도 이를 충족하기 위해 마련된 비즈니스 모델이 지속 가능하지 않을 수 있다. 암호화폐 경제에서 얻을 수 있는 한 가지 교훈은 테라 UST 스테이블 코인 프로젝트다. 이 프로젝트는 업계에서 가장 잘 알려진 암호화폐 프로젝트 중 하나로, 업계를 선도하는 많은 벤처캐피털의 지원을 받았으며, 전성기에는 시가총액이 300억 달러에 달할 정도로 시장 수요 측면에서는 큰 성과를 거두었으나, 비즈니스 모델의 근본적인 결함으로 인해 결국 실패로 돌아갔다.

프로젝트가 상품-시장 적합성을 달성했는지 여부를 입증하거나 평가하는 것은 쉽지 않다. 이러한 방향을 모색하는 데 도움이 되는 한 가지 방법은 프로젝트의 비용, 매출, 수익성 등의 재무 정보를 검토하는 것이다.

암호화폐 프로젝트가 성장기에 마이너스 수익률을 기록하는 경우가 많다는 점에 유의하는 것은 매우 중요하다. 커브, 컨벡스, 디와이디엑스와 같은 선도적인 디파이 프로토콜은 모두 토큰 발행 인센티브로 인해 손실을 보고 운영되고 있다. 그러나 이들은 모두 가장 높은 수수료나 수익을 창출하는 프로토콜에 속한다. 따라서 이들은 보조금을 지급하여 사용자를 유치하려고 한다. 비암호화 스타트업에서도 비슷한 전략을 종종 볼 수 있다. 아마존이나 테슬라와 같은 기업들은 초기 성장 단계에서 수년간 손해를 본 후 수익을 내기 시작했다. 궁극적으로 비즈니스 모델의 근본적인 견고성 및/또는 적절한 시기에 적응할 수 있는 프로젝트 팀의 능력이 프로젝트의 장기적인 성공을 결정할 것이다.

그러면 지금부터는 암호화폐-상품적합성과 상품-시장적합성의 조합을 구현하는 방안을 학습할 필요가 있다. 암호화폐시장을 가장 정확하게 이해할 수 있는 세가지 유형을 도출해 보자.

타입 A : 자체 토큰을 생성할 필요 없이 외부 암호화폐 자산(이미 존재하는 토큰)을 처리하는 방식이다. 대부분 암호화폐 거래소는 이 범주에 속하며, 대표적으로 자체 토큰이 필요하지 않은 중앙화된 암호화폐 거래소인 코인베이스를 들 수 있다.

타입 B : 다양한 유형의 자산을 토큰화하여 새로운 토큰을 생성하고 전 세계에 분산된 원장을 통해 토큰화를 가능하게 하는 방식이다. 효율적인 거래(예: 전송, 거래, 유효성 검사 등)를 위한 자산이다. 이러한 자산에는 금융, 물리적, 무형 자산이 포함된다. 금융 자산의 경우, $USDC는 토큰화된 미국 달러의 예이며, 암호화폐 세계와 암호화폐가 아닌 많은 곳에서 사용할 수 있는 안정적인 암호화폐를 생성한다. 실물 자산 측면에서는 일부 기업이 부동산, 농산물, 희귀 와인 등 실물 자산을 토큰화하여 해당 산업의 효율성을 개선하기 위해 노력하고 있다. 무형 자산의 경우, 클럽 입장권과 같은 고유한 소셜 클럽에 입장할 수 있는 티켓을 보유자에게 제공하는 토큰의 대표적인 예로 BAYC(Bored Ape Yacht Club)와 NFT가 있다. 마찬가지로, POAP(참석 증명 프로토콜) NFT는 사람들이 특정 이벤트에 참석했다는 사실을 기록하는 데 사용되며, 개인의 평판을 구축하기 위한 도구로도 활용된다.

타입 C : 토큰을 생성하고 활용하여 대규모 탈중앙화 자율 협업을 가능하게 하는 방식이다. 이 카테고리에 속하는 토큰은 일반적으로 유틸리티 기능 및/또는 거버넌스 권한을 가진다. 이러한 토큰은 종종 생태계의 공동 목표를 향해 가치의 흐름을 유도하기 위한 인센티브로 사용된다. 이 범주에는 인프라, 앱, 대인 서비스 등 몇 가지 일반적인 제품 카테고리가 있다. 비트코인 네트워크는 인프라 상품의 한 예이다. 여기에서는 네트워크에서 생성된 가치를 탈중앙화된 채굴자 커뮤니티에 전달하기 위해 $BTC를 사용한다. 이러한 방식은 채굴자들이 비트코인 시스템 운영에 필수적인 네트워크의 보안을 유지하기 위해 해시 비율을 제공하도록 인센티브를 부여한다. 다른 인프라의 예로는 $ETH를 사용하여 이더 블록체인을 보호하기 위해 탈중앙화 담보 제공자를 조정하는 이더를 들 수 있다. 많은 디파이 프로토콜이 앱 제품 범주에 속한다. 예를 들어 AAVE는 대출 프로토콜로, 적자 발생 시 플랫폼 보안에 도움을 준 AAVE 토큰 보유자에게 보상을 제공하는 보안 모듈이다. 사람 중심 서비스의 예로는 다양한 유형의 DAO가 있다. BitDAO는 수십억 개의 자산을 보유한 투자 DAO로, BIT 토큰 보유자가 탈중앙화 경제 구축자에게 투표하여 투자한다. developerDAO는 웹3 개발자로 구성된 커뮤니티로 구성된 소셜DAO이다.

이상과 같이 사업적 측면과 기술적 측면, 경제이론적 측면에서의 토큰경제를 학습해야 하는 필요성을 논의하였다. 물론 전문가적인 식견에서부터 아주 기초적인 학습까지 그 범위와 분포도가 다양하다는 점을 전제로 한 주장이라는 점을 이해하고 숙독할 것을 독자들에게 권유한다.

3절. 토큰경제 국민교육 방안

무엇이 국민교육방안으로 적절한지에 대한 논쟁은 여러 가지 차원에서 전개될 수 있다. 그러나 어떠한 방법이라도 절대적인 교육방법은 없다. 단지 상황에 적절하게 맞아떨어지는 방식을 찾아야 할 것이다. 2021년 9월에 비트코인 법정 화폐로 지정한 엘살바도르의 사례를 주시해 보고자 한다.

엘살바도르를 중심으로 비트코인 교육 프로그램을 운영하는 비영리 재단인 마이 퍼스트 비트코인(My First Bitcoin)의 교육내용을 벤치마킹할 필요가 있기 때문이다.("비트코인 교육이 세상을 바꾼다"-블록미디어, 2023년 5월 29일 Digital Asset, 이슈)

이들이 구성한 프로그램은 '화폐란 무엇인가', '비트코인의 원리' 화폐경제학' 등 비트코인의 가치를 이해하기 위해 필요한 교육과정으로 구성되어 있다. 이와같이 마이 퍼스트 비트코인은 비트코인 교육이 세상을 바꿀 것이라고 믿고, 커뮤니티가 독립적이고 중립적인 교육 구조를 만들어 가는 것이 중요하다는 것을 역설하였다. 역시 우리가 참고할 만한 중요한 포인트 중 하나이다.

문제는 이런 방식의 교육이 글로벌경제 시스템이 비트코인으로 전환되는 과정에 기여할 수 있는 것인가이다. 따라서 기존의 천편일률적인 교육과정에서 벗어날 필요가 있을 것이다. 그 핵심은 바로 오픈 소스로 제공하는 것이다. 원하는 사람 누구든 그 내용을 다운로드하고 사용할 수 있도록 한다. 우리가 원하는 미래는 커뮤니티가 스스로를 강화하고 주변인들을 가르치는 모습인 것이다. 커뮤니티 수료생들은 일정한 요건을 거쳐 선생님이 될 수도 있다.

교육과정은 정규과정에서부터 단기과정까지 여러 가지 코스를 개설할 수 있을 것이다. 정규과정은 초·중·고·대학과정 등 제도권 학습 과정에서 각 루트의 수준에 걸맞는 교과과정을 편성해서 진행하면 될 것이다. 단기과정은 암호화폐 여름 캠프, 겨울 캠프 등으로 나누어 2주 또는 6주간에 걸쳐 프로그램을 개설하여 진행하는 방식을 고려해 볼 수 있을 것이다. 전반적으로 학습자에게 비트코인과 기타 암호화폐의 출처, 활동, 구매 이유, 관련된 위험 등에 대한 학습내용으로 구성하면 될 것이다. 교육방식도 슬라이드, 사진 및 인포그래픽 등을 사용하여 입체화할 필요가 있다.

기간별 학습프로그램 예시를 제시한다. 우선 2주 10강으로 구성된 커리큘럼이다.

제1주
    제1강 암호화폐란 무엇인가?
    제2강 비트코인 vs 기타 모든 암호화폐(Altcoins)
    제3강 왜 사람들은 암호화폐를 구입하려고 하는가?
    제4강 암호화폐의 구매방법 또는 투자방법
    제5강 비트코인이 실제로 활용되는지 여부
제2주
    제6강 무엇이 비트코인 가격을 변동시키는가?
    제7강 가격의 움직임
    제8강 정부 당국의 비트코인 채택과 규제
    제9강 기술적 분석
    제10강 종합정리

다음으로 중급 수준의 6주 커리큘럼의 예시를 들면 다음과 같다.

이 수업은 비트코인과 알트코인 및 블록체인 기술을 포함한 암호화폐의 세계에 대한 이해를 제공하도록 설계한다. 본 강좌에서는 화폐의 역사, 현재와 미래, 투자, 일상생활에서 블록체인과 암호화폐를 활용하는 방법 등 다양한 주제를 다룬다. 수업은 학생들에게 빠르게 변화하는 분야를 탐색하는 데 필요한 지식과 기술을 제공하는 강의, 토론 및 실습 활동으로 결합되어 있다.

목표는 학생들에게 화폐, 암호화폐, 블록체인의 역사, 현재 상태, 미래의 모습에 대하여 소개하고, 암호화폐에 투자하고 사용하는 방법에 대한 이해를 제공한다. 또한, 다양한 유형의 알트코인, 그 특성 및 잠재적 사용 사례에 대해 공부하고, 블록체인의 기본 기술과 원리를 이해하도록 돕는다. 나아가 암호화폐와 관련된 법적, 윤리적 고려사항에 대한 지식을 제공하고, 블록체인 기술의 잠재적 미래 응용 프로그램을 식별하도록 도와줌으로써, 개인 금융 및 투자 전문가로서 발돋움할 수 있도록 지원한다.

- 스텝1 : 돈이란 무엇이며 화폐는 어떻게 작동하는가, 화폐와 비트코인의 역사, 필요한 것과 원하는 것의 차이
- 스텝2 : 은행과 금융기관의 작동 방식과 비트코인이 다른 이유, 신용카드 및 직불카드, 신용등급, 모기지, 임대료, 은행 대출 등에 대하여
- 스텝3 : 수입과 지출 목록 만들기 예산을 관리하는 방법, 손익은 무엇인가
- 스텝4 : 암호화폐 거래

- 스텝5 : 알트코인 및 암호화폐 생태계

- 스텝6 : 위험 vs 보상, 그리고 신중한 투자 방법

시청각교재를 활용하여 관련 비디오를 시청하고 숙제를 완료하게 되면 학생들은 성공적인 재정 관리 프로세스를 만드는 방법에 대한 피드백과 구체적인 다음 단계를 제공받게 된다.

Bitcoin, Dogecoin, Ether, Ripple, ADA, Solana 및 전체 암호화폐 시장의 가격은 2021년에 사상 최고치를 기록했으나, 2023년 초까지 암호화폐 시장은 위기에 처해 있었다. 그러나 2023년 중반 이후 시장은 다시 살아나고 있다. 이러한 교육과정을 통하여 학생들은 암호화폐가 무엇인지, 폭락 시기의 원인은 무엇이었는지, 그리고 미래 전망은 무엇인지 등을 배우게 된다. 학생들은 시뮬레이션 게임을 사용하여 암호화폐 거래 시 수익을 창출하고 비용이 많이 드는 실수를 피하는 방법도 배우게 된다. 이것이 바로 생활 기술이자 개인 금융 과정인 것이다. 실제로 암호화폐 시장에서 수익을 창출할수 있는 기회는 엄청나며, 실제로 기술 혁신의 최첨단에서 성장하는 글로벌 커뮤니티에 합류하게 될 것이다. 또한, Coinbase와 같은 블록체인, 채굴 및 암호화폐 관련 비즈니스와 관련된 회사에도 투자할수 있는 기회가 생길 것이다.

이 정도의 소양을 확보한 국민층을 대상으로는 다음과 같은 고급과정을 개설할 수 있을 것이다.

- 클래스1 : 암호화폐 및 블록체인 개요, 고수익/고위험을 제공하는 대체 투자로서의 암호화폐, 시뮬레이션 게임 활용

- 클래스2 : 암호화폐 가격을 변화시키는 요인 - 경제 및 기업 뉴스, 시뮬레이션에서의 손익 분석
- 클래스3 : 암호화폐가 글로벌 통화 및/또는 투기 투자로 사용될 수 있는 방법, 미래의 암호화폐가 통화로 사용될 수 있는 방법
- 클래스4 : 주식시장 시뮬레이션을 통한 새로운 거래 전략 : ETF, 공매도, 암호화폐, 뮤추얼 펀드. $100K 모의투자전략 등
- 클래스5 : 관련 법률적, 제도적 사항 학습. 특히, 가상자산 이용자 보호를 위한 법률, STO 관련 법률적 사항 등

이상과 같은 고급과정은 가치 투자, 기본 주식 분석, 심지어 데이 트레이딩까지 경험할 수 있는 재미있고, 위험을 회피할 수 있는 방법을 습득할 수 있도록 할 것이다. 가상 환경에서 실시간으로 실제 주식을 거래하고 매일 손익을 확인할 수 있게 된다. 특히 강의 중심이 아닌 대화식으로 진행함으로써 학생들은 토론하고, 거래 경험을 공유하고, 질문을 통하여 학습할수 있는 기회를 갖게 될 것이다. 교수는 현재 발생하는 사건들이 주가에 어떤 영향을 미치는지 발견하여 학생들이 주변 세계에 더 많은 관심을 갖도록 도울 것이다. 비디오 클립, Tesla, Meta, Game Stop, Activision Blizzard, Amazon과 같은 실제 회사의 사례, 매력적인 자료들을 활용함으로써 주식시장 지식을 빠르게 향상시켜 나갈 수 있게 될 것이다.

암호화폐 관련 법과 제도가 조속 확립기를 소망하는 이미지
(https://copilot.microsoft.com/images/create? 활용하여 창작)

8장. 암호화폐 관련 법·제도와 이용자 보호

1절. 가상자산이용자보호법 제정과 이용자 보호

2024. 7. 19. 「가상자산 이용자 보호 등에 관한 법률」(이하 "가상자산이용
자보호법")이 시행되었다. 가상자산·암호화폐·토큰을 규율하는 최초의 업
권법이라는 의미를 갖는다.

가상자산 가격이 상승하고 거래가 활발해지면서 가상자산을 규율하
는 입법이 논의되었지만 규제 공백이 이어지다가, 2021년 「특정 금융거
래정보의 보고 및 이용 등에 관한 법률」(이하 "특정금융정보법")이 개정되어 가
상자산사업자 신고 등이 도입되었다. 그러나 특정금융정보법은 자금세
탁방지행위 방지 등을 목적으로 하는 법률이라 가상자산시장에서의 이
용자 보호와 불공정거래행위 규제에는 한계가 있었다.

이에 따라 가상자산시장을 규율하는 별도 법률의 필요성이 제기되었
지만 입법 절차는 지지부진하였는데, 테라·루나의 대폭락, FTX 파산
등 국내외에서 큰 사건들이 발생하면서 이용자 보호와 불공정거래행위
금지를 우선적으로 도입해야 한다는 목소리가 높아져, 2023. 7. 18. 가
상자산이용자보호법이 제정되었고, 2024. 7. 19. 시행되었다.

가상자산이용자보호법은 이용자 자산 보호를 위하여 가상자산사업자에게 여러 의무를 부과하고 있다. 가상자산사업자는 이용자의 예치금을 은행 등 공신력 있는 관리기관에 예치 또는 신탁하여 관리해야 하며, 이에 따라 이용자는 설령 거래소가 파산하더라도 은행으로부터 예치금을 받을 수 있다. 그리고 가상자산사업자는 이용자 가상자산의 80% 이상을 콜드월렛(Cold Wallet)[11]에 보관해야 하므로 이용자의 가상자산이 비교적 안전하게 보관된다고 할 수 있다.

아울러 가상자산시장의 불공정거래행위를 규제하고 있다. 가상자산에 관한 미공개중요정보 이용행위, 시세조종행위, 사기적 부정거래행위 등이 금지되며, 가상자산사업자의 자기발행 코인의 거래도 금지된다. 이를 위반한 경우 과징금 또는 형사처벌이 부과된다. 가상자산이용자보호법 시행 이전에는 코인과 관련된 범죄에 대하여 사기, 횡령·배임, 유사수신행위법위반, 사전자기록위작 및 동행사, 방문판매법위반 등으로 규율하였으나 가상자산 시세조종 등 새로운 유형의 범죄에 적용이 쉽지 않았는데, 가상자산이용자보호법 시행으로 코인범죄 규율이 보다 용이해질 것으로 전망된다.

또한 가상자산거래소에 대해 가상자산 가격이나 거래량이 비정상적으로 변동하는 이상거래를 상시 감시하도록 하였고, 전산장애 등 정당한 사유 없이는 가상자산사업자가 임의로 이용자의 가상자산에 관한 입금 또는 출금을 임의로 차단하지 않도록 하였다.

2절. 가상자산시장에서의 이용자(투자자) 주의사항

1. 정보비대칭

가상자산시장은 증권시장과 유사하게 정보비대칭성이 문제되며, 주로 가상자산의 발행인과 이용자(투자자, 이하 "이용자"와 "투자자" 용어를 혼용해서 사용) 사이에서 발생한다. 가상자산 발행인에 대한 정보가 충분히 공개되지 않을 경우 투자자들이 올바른 투자의사결정을 내리기 어려우므로, 증권시장에서는 공시규제를 통해 유가증권의 가치평가에 영향을 주는 정보를 제공하도록 한다.

가상자산시장에서는 증권시장보다도 정보가 부족하여, 투자자들은 발행인이나 중개인의 설명에만 의지하는 경향이 있으므로, 정보비대칭성 문제 해결이 시급하다. 그러나 이번에 시행된 가상자산이용자보호법에는 공시 규제가 포함되어 있지 않아, 가상자산시장의 정보비대칭성을 해소되지 않은 상황이다. 추후 가상자산이용자보호법의 2차 입법에서는 발행공시 및 유통공시의 내용규제가 포함되고 통합시세 및 정보공시 제도가 도입될 것으로 전망된다.

이용자는 이런 점에 유의하여, 투자하고자 하는 가상자산의 백서(White Paper)를 면밀히 분석하고 여러 경로로 교차 검증한 후 해당 가상자산에 대한 투자를 결정해야 한다.

2. NFT(Non-Fungible Token) 규제

NFT는 통상 고유한 정보를 갖고 있어 다른 것으로 대체가 불가능한 토큰을 의미한다. 특정금융정보법은 NFT에 관하여 규정하고 있지 않으며, 법적 성격이 명확하지 않았다.

가상자산이용자보호법 시행령 및 감독규정은 가상자산의 범위에서 제외되는 NFT 정의에 대하여 "수집을 주된 목적으로 하는 전자적 증표, 거래 당사자 간의 거래 확인만을 목적으로 하는 전자적 증표 등 단일하게 존재하여 다른 전자적 증표로 대체할 수 없는 전자적 증표"라고 하였고, 다만 특정 재화나 서비스의 지급수단으로 사용될 수 있는 전자적 증표는 제외하였다.

그러나 NFT의 형식을 취하고 있지만 실질은 가상자산에 해당하는 경우에는 가상자산이용자보호법 등이 적용될 수 있어 주의가 필요하다. 이에 금융위원회는 2024. 6. 10. NFT가 가상자산에 해당하는지 판단할 수 있는 가이드라인을 마련하였다.[12]

위 가이드라인은 고유성(단일하게 존재) 및 대체불가능성이 훼손되어 가상자산에 해당될 가능성이 높은 경우로서 ① 대량 또는 대규모 시리즈로 발행되어 대체 가능성이 큰 경우, ② 분할이 가능하여 고유성이 크게 약화된 경우, ③ 특정 재화나 서비스의 직·간접적인 지급수단으로 사용이 가능한 경우, ④ 불특정인 간에 가상자산으로 교환이 가능하거나, 다른 가상자산과 연계하여 재화 또는 서비스의 지급이 가능한 경우를 제시하고 있다.

반면, 가상자산이 아닌 NFT에 해당될 가능성이 높은 경우로서 ❶ 경제적 가치가 아닌 다른 가치·효용을 목적으로 하는 경우, ❷ 사용처 및 용두 측면에서 경제적 기능이 미미한 경우, ❸ 거래 또는 이전이 가능한 전자적 증표로 보기 어려운 경우를 제시하고 있다.

NFT가 가상자산에 해당되는 경우에는 가상자산이용자보호법 및 특정금융정보법 등 가상자산 관련 법령 등을 준수해야 한다. 다만, 「게임산업진흥에 관한 법률」("게임산업법")상 게임머니·게임아이템, 「전자금융거래법」상 선불전자지급수단·전자화폐·전자채권, 「주식·사채 등의 전자등록에 관한 법률」("전자증권법")상 전자등록주식등, 「전자어음의 발행 및 유통에 관한 법률」("전자어음법")상 전자어음, 「상법」상 전자선하증권, 모바일 상품권에 해당되는 경우에는 가상자산에 관한 규제는 적용받지 않지만 해당 법률에서 정하는 규율을 준수하여야 한다.

한편, 투자자가 취득하는 권리의 내용이 「자본시장과 금융투자업에 관한 법률」(이하 "자본시장법")상 증권에 해당한다면, 형태나 기술에 관계없이 자본시장법상 증권규제가 적용된다.

이처럼, NFT를 유통·취급하거나 투자할 경우 다양한 규제가 적용될 수 있으므로 관련 법령을 상세히 살펴봐야 한다.

3. 가상자산 과세

2025. 1. 1.부터 가상자산에 대한 과세가 이루어질 예정이다. 가상자산 과세는 2020년 12월 도입되어 당초 2021년부터 시행될 예정이었지만 두 차례 유예되었다.

개정 「소득세법」에 따르면 과세대상 소득은 가상자산을 양도하거나 대여함으로써 발생하는 소득이며, 기본공제 250만원을 제외하고 20%의 세율이 적용된다.[13]

그런데 가상자산에 대한 소득세법상 과세를 시행하기 전에 가상자산과 관련된 다양한 행위, 즉 채굴, 하드포크, 에어드랍, 디파이(DeFi), 지분증명(PoS) 검증 등에 대한 과세 기준이 명확하지 않아 주의가 필요하다.

한편, 가상자산 과세가 또다시 유예되거나 완화될 수 있다는 전망도 있어, 과세당국의 정책 변화 여부를 주시해야 한다.

4. DAO(Decentralized Autonomous Organization) 관련

블록체인 기술의 발전과 가상자산시장의 성장으로 전통적인 기업구조를 대신하는 탈중앙화 자율조직, 즉 DAO가 주목을 받고 있다. DAO는 자체 토큰을 발행하여 구성원들에게 의결권을 배부하고 블록체인 기술을 기반으로 투표를 통해 의사결정이 이루어진다. 이에 따라 수평적인 조직구조, 익명성, 투명성의 특징을 갖고 있다.

그런데 국내법상 DAO의 법적 지위는 명확하지 않다. 「민법」상 조합에 해당한다는 견해부터 「상법」상 합자조합, 익명조합, 유한책임회사에 해당하는 견해까지 다양한 견해가 존재한다. 미국 일부 주(州)에서는 DAO에 대하여 유한책임회사와 유사한 지위를 인정한 바 있다.

DAO의 법적 지위가 명확하지 않는 상황에서, DAO의 구성원 간 분쟁이 발생하거나 DAO가 제3자와 거래 시 분쟁이 발생하는 경우 그 해결방법이 명확하지 않다. DAO의 구성원이 되거나 DAO와 거래한다면, 입법적으로 명확해지기 전까지 기술적 특성과 스마트 계약 내용을 고려하여 그 권리와 의무를 확인할 필요가 있다.

3절. 향후 전망

국내외적으로 가상자산시장을 안정화하고 이용자 또는 투자자를 보호하는 방향으로 입법과 정책이 추진되고 있다고 평가할 수 있다. 그러나 여전히 입법 공백과 규제 불확실성이 존재하는 상황이다. 현행 법령상 사업자 영업행위 규제, 공시규제는 포함되어 있지 않으며, 가상자산 발행이나 스테이블 코인에 대한 규율체계도 미비하다. 그 외에도 가상자산이용자보호법 2차 입법 추진과정에서 논의되어야 할 쟁점이 다수이다.

가상자산과 토큰은 Web3 환경을 구성하며 장기적으로 사회체계를 변화시키는 잠재력을 갖고 있다는 견해가 있다. 가상자산시장의 건전성과 이용자 보호체계를 확보하면서, 관련 산업이 성장하고 궁극적으로 사회에 새로운 변화를 견인할 수 있는 법·제도가 형성되기를 기대한다.

현행 법·제도는 이용자 보호에 미흡한 측면이 있으므로, 이용자 또는 투자자는 기술과 산업에 대한 배경지식을 바탕으로 특정 가상자산·코인을 충분히 이해한 후에 투자를 해야 한다. 블록체인·가상자산이라는 신기술의 외피를 쓴 범죄에 피해자가 되지 않도록 주의가 필요하다.

코인 소득을 저울에 달아서 형평성있게 과세한다는 이미지로 작성
(https://copilot.microsoft.com/images/create? 활용하여 창작)

9장. 암호화폐 관련 세금 제도 현황과 활용 방법

진 솔

1절. 암호화폐 과세의 전환점

암호화폐와 세금의 관계는 최근 몇 년 동안 많은 관심을 받아오고 있다. 암호화폐가 점점 더 널리 사용되면서, 각국 정부는 이를 과세 대상으로 포함시키기 위한 법적, 제도적 장치를 마련하고 있다. 여기서는 암호화폐와 세금의 만남이 어떤 방식으로 이루어지고 있는지, 그리고 그로 인해 발생하는 주요 세금 이슈들을 살펴보려고 한다.

암호화폐 과세의 전환점은 전 세계적으로 다양한 사건과 정책 변화에 의해 형성되었다. 이러한 전환점들은 암호화폐 시장의 성장을 촉진하고, 정부가 이를 규제하고 과세하는 방법을 재정립하도록 하고 있다.

대한민국의 암호화폐 세금 제도는 암호화폐의 급속한 발전과 함께 변화하고 있지만, 몇 가지 미비점과 개선이 필요한 부분이 있다.

1. 명확한 법적 기준 부족

암호화폐 거래에 대한 명확한 세금 부과 기준이 부족하며 거래 유형에 따른 세금 부과 기준이 명확하지 않아 납세자들이 혼란을 겪고 있다.

또한 암호화폐의 정의와 분류가 명확하지 않아, 이를 어떻게 세법에 적용할지에 대한 기준이 모호한 실정이다. 암호화폐를 자산으로 볼지, 통화로 볼지에 따라 세금 부과 방식이 달라지므로 더 명확한 가이드 라인이 필요하다.

암호화폐의 다양한 거래 유형(예: 매매, 교환, 지불, 채굴 등)에 따라 각각 다른 세금 부과 기준이 필요하다. 이러한 복잡한 거래 유형을 모두 다루는 세금 제도가 마련되지 않아 납세자들이 혼란스러워할 수 있다.

여러 거래소를 이용하는 사용자의 경우, 거래 내역을 종합하여 세금 신고하는 과정이 복잡하고 어렵게 느껴질 것이다. 암호화폐 거래소가 사용자 거래 내역을 세무 당국에 보고할 의무가 명확히 규정되어 있지 않거나 제대로 이행되지 않을 수 있다. 이는 세무 당국이 거래 내역을 파악하는 데 어려움을 줌과 동시에 사용자들이 스스로 거래 내역을 신고해야 하는 경우가 많아, 거래 내역을 기록하고 보관하는 데 어려움을 겪을 수 있다.

2. 국제 거래의 문제점

해외 거래소를 통해 이루어지는 거래나 해외에서 발생하는 수익에 대한 세금 부과 기준 또한 명확하지 않다. 이는 국제적인 암호화폐 거래를 관리하고 과세하는 데 어려움을 초래한다. 암호화폐의 익명성과 탈중앙화 특성 때문에 국제적인 탈세 문제를 방지하기 위한 제도적 장치가 부족하다.

3. 법적 집행과 감시의 한계

암호화폐 거래의 특성상 추적이 어렵고, 불법 거래나 탈세를 방지하기 위한 감시와 집행이 어려운 상황이다. 규제의 불확실성과 잦은 변경으로 인해 납세자들이 규제에 적응하기 어려운 경우가 많기 때문에 세무 당국의 집행력을 저해하며 세수의 일실을 초래할 가능성이 크다.

4. 암호화폐 거래와 세금 신고 방법

암호화폐 세금 신고에 대해서 설명하기 이전에 해외금융계좌 신고 대상에 대하여 알아야 한다. 거주자 및 내국법인 중에 해당 연도의 매월 말일 중 하루라도 해외 금융계좌의 잔액이 5억원을 초과하는 경우에는 다음 해 6월에 자진 신고를 해야 한다. 가상자산 또한 2022년 1월 1일 이후에 신고 의무가 발생하였기 때문에 2023년 6월부터 최초로 신고를 하게 되었다. 전 세계 과세당국이 가상자산 거래 내용 등의 정보 교환 보고 규정인 CARF에 따라 정보 교환을 준비 중이기 때문에 가상자산 계좌의 파악이 용이해져 해외 가상자산계좌를 미신고한 자에 대한 과태료 부과, 형사 고발, 명단 공개 및 관련 세금 추징 등의 불이익을 받을 수 있다.

우리나라의 소득세법은 열거된 소득만 과세할 수 있는 열거주의를 채택하고 있다. 현재 가상자산에 대한 소득에 대해서는 과세 대상으로 열거되어 있지 않아서 과세를 하지 못하고 있다. 하지만 최근 몇 년 전부터 가상자산에 대한 투자가 활기를 띠며 2023년도에 가상자산의 양도 및 대여에 따른 소득에 대해 과세하는 소득세법 개정안을 발표했다. 여러 논의를 통해 유예되어 오다가 2025년부터 「특정 금융거래정보의 보고 및 이용 등에 관한 법률」(이하 특금법) 제2조제3호에 따른 가상자산을 양도하거나 대여함으로써 발생하는 소득에 대해서 기타소득으로 과세하는 것으로 개정이 되었다. 가상자산의 양도 또는 대여에 따른 소득은 해당 가상자산 소득금액에서 기본공제 250만원을 차감한 금액에 20%(지방소득세 2% 별도)의 세율을 적용하여 분리과세로 과세된다. 이때 가상자산의 소득금액은 가상자산의 양도 및 대여로 인한 대가에서 그 양도되는 가상자산의 실제 취득가액과 부대비용을 차감하여 계산한다.

또한, 가상자산을 양도함으로써 발생하는 소득에 대한 기타소득금액을 산출하는 경우에는 가상자산 주소별로 이동평균법 또는 선입선출법에 따라 취득가액을 산출한다. 다만, 2025년 1월 1일 전에 이미 보유하고 있던 가상자산의 취득가액은 2024년 12월 31일 당시의 시가*와 그 가상자산의 취득가액 중에서 큰 금액으로 한다. 현재 국세청과 가상자산 거래소들 간에 가상자산의 취득가액을 총평균법으로 산정하자는 논의가 진행되고 있어 귀추가 주목되고 있다.

5. 2024년 12월 31일 당시의 시가란?

시가 고시 가상자산사업자가 취급하는 가상자산은 각 시가 고시 가상자산 사업자의 사업장에서 2025년 1월 1일 0시 현재 가상자산별로 공시한 가상자산 가격의 평균이다.

그 외의 가상자산은 시가고시 가상자산사업자 외의 가상자산사업자(이에 준하는 사업자를 포함)의 사업장에서 2025년 1월 1일 0시 가상자산별로 공시한 가상자산 가격이다. 교환거래로 인한 소득금액은 가산자산 간의 교환으로 발생하는 기축가상자산의 가액에 교환거래의 대상인 가상자산과 기축가상자산 간의 교환비율을 적용하여 계산한다.

6. 기축가상자산의 산정방법

기축가상자산이란 교환거래를 할 때 교환가치의 기준이 되는 가상자산(예 : BTC 마켓의 비트코인, ETH 마켓의 이더리움, USDT 마켓의 테더)을 말하는데 그 산정방법은 다음과 같다.

- 시가 고시 가상자산사업자를 통해 거래되는 기축가상자산 : 교환거래 시점과 동일한 시점에 기축가상자산이 금전으로 교환된 가액

- 외국통화에 연동되는 기축가상자산 : 외국환거래법에 따른 기준환율 또는 재정환율로 환산한 가액

2절. 기업의 암호화폐 활용과 세금

1. 세금 신고 및 납부 절차

암호화폐 소득은 연간 소득 신고 기간에 신고해야 하며, 일반적으로 전년도 소득에 대해 다음 해 5월에 분리과세로 신고한다.

국내 암호화폐 거래소는 사용자의 거래 내역을 국세청에 보고할 의무가 있다. 거래소는 고객의 거래 내역을 기록하고, 연말정산 시 이를 국세청에 제출 하여야 한다. 사용자는 거래소에서 제공하는 거래 내역서를 참고하여 소득을 자진 신고해야 하며 해외 거래소를 이용한 경우, 해당 거래 내역도 포함하여 신고해야 한다.

대한민국에서 기업회계와 암호화폐는 상대적으로 새로운 영역이지만, 점점 더 많은 기업들이 암호화폐를 활용함에 따라 이에 대한 회계 처리와 규제가 중요해지고 있다. 암호화폐에 대한 기업회계 기준은 기업이 암호화폐를 어떻게 인식하고 평가하며 보고할지를 규정한다. 암호화폐의 회계 처리는 암호화폐를 보유하는 목적과 방식에 따라 달라진다. 기본적으로 암호화폐는 다음 두 가지 방법 중 하나로 회계 처리한다.

암호화폐가 일반적인 거래(판매) 목적으로 보유될 때, 예를 들어 중개업자나 거래소가 거래를 목적으로 암호화폐를 보유하는 경우, 재고자산으로 처리할 수 있다. 재고자산으로 분류된 암호화폐는 원가법 또는 순실현가능가치 중 낮은 금액으로 평가하며, 기업의 재무상태표에 재고자산으로 보고된다.

암호화폐가 장기적인 투자 목적으로 보유될 때, 무형자산으로 분류할 수 있다. 무형자산으로 분류된 암호화폐는 취득 원가로 인식하고, 손상차손이 발생할 경우 이를 감액한다. 이후 재평가를 통해 공정가치로 평가할 수도 있다. 기업의 재무상태표에 무형자산으로 보고되며, 손상차손이 발생할 경우 손익계산서에 반영된다.

암호화폐를 매입한 금액을 취득가액으로 인식하며 매입과 관련된 거래 수수료도 취득가액에 포함될 수 있다. 암호화폐를 매도한 금액을 매도가액으로 인식하며 매도가액에서 해당 암호화폐의 취득가액을 차감하여 매매차익 또는 매매차손을 계산한다.

암호화폐 채굴은 기업의 채굴 활동을 통해 얻어진 암호화폐를 어떻게 인식하고 평가할지에 대한 문제이다. 채굴로 획득한 암호화폐는 채굴 완료 시점에 인식하고, 암호화폐의 시가를 기준으로 평가하여 자산으로 인식한다. 채굴 활동에 소요된 비용(전기료, 장비 비용 등)은 필요경비로 처리한다.

현행 부가가치세법에서는 가상자산거래에 대하여 구체적 규정을 두고 있지 않기 때문에 가상자산의 공급은 부가가치세 과세거래에 해당하지 않는 것으로 해석하고 있다.

법인세법은 특정 항목의 소득을 열거하여 과세하는 것이 아니라 순자산증가설에 근거하여 익금불산입 사항이 아닌 모든 소득에 대하여 과세를 하는 것이므로 재고자산 또는 무형자산으로 분류되는 가상자산의 공급으로 매매차익의 소득금액이 발생한다면 법인세가 과세 된다. 양도차손이 발생하는 경우에도 소득금액의 감소를 인정한다.

2. 세금 절감 방법 및 국가별 과세방법 차이점

암호화폐 관련 소득에 대한 세금 부담을 합법적으로 줄이기 위해 고려할 수 있는 여러 전략이 있다.

- 암호화폐를 공익 목적으로 인정된 단체에 기부하면, 기부금 공제를 받을 수 있으며 법정 기부금 한도 내에서 기부금에 대한 세액 공제를 받을 수 있다.

- 채굴이나 거래와 관련된 비용을 사업 경비로 처리하여 과세 소득을 줄일 수 있다. 예를 들어 채굴 활동에 소요된 전기료와 장비 비용과 운영에 사용되는 인터넷 비용, 사무실 임대료, 유지 보수 비용 등도 사업 경비로 처리할 수 있다.

- 해외 거래소를 이용하여 암호화폐를 거래하면, 일부 세금 혜택을 받을 수 있다. 하지만, 대한민국 거주자는 전 세계 소득에 대해 과세되므로 신고 의무를 다 해야함을 간과해서는 안되며 해외 거래소 이용 시 국제 조세조약을 준수하여야 함에 주의해야 한다.

암호화폐 과세는 국가마다 다르게 적용되며, 각국의 과세 정책은 암호화폐의 법적 지위와 경제적 중요성에 따라 달라진다. 여러 국가의 암호화폐 과세 사례를 분석하여 비교하면, 암호화폐 과세의 다양한 접근 방식을 이해할 수 있다.

1) 미국

미국의 국세청(IRS)은 암호화폐를 자산으로 간주하며, 이에 대한 명확한 과세 지침을 제공하고 있다. 암호화폐를 매도할 때 발생하는 이익은 자본 이득으로 간주되며 보유 기간에 따라 단기(1년 이하)와 장기(1년 이상) 자본 이득세가 달리 적용된다. 채굴 소득은 기타 소득으로 간주되어, 채굴 시점의 시가로 과세된다.

2) 일본

일본 국세청(NTA)은 암호화폐를 '기타 소득'으로 분류하며, 다양한 과세 정책을 운영하고 있다. 암호화폐 거래, 채굴, 지급받은 암호화폐는 모두 기타 소득으로 간주되어 종합소득세율이 적용되며 암호화폐를 비즈니스 목적으로 사용하는 경우, 비즈니스 소득세가 적용된다.

3) 독일

독일은 암호화폐에 대해 상대적으로 우호적인 세제 정책을 운영하고 있다. 1년 이상 보유한 암호화폐를 매도할 경우, 이익에 대해 비과세 혜택을 받습니다. 1년 미만 보유 시, 600유로 이하의 이익은 비과세되며, 초과 이익은 소득세가 부과된다.

4) 캐나다

캐나다는 암호화폐를 상품으로 간주하며, 거래와 관련된 소득에 대해 다양한 세제 정책을 적용한다. 미국과 마찬가지로 암호화폐 거래에서 발생한 이익은 자본 이득으로 간주되며, 50%의 과세 대상이 된다. 암호화폐 채굴 및 거래소 운영 등의 활동은 비즈니스 소득으로 간주된다.

5) 호주

호주 국세청(ATO)은 암호화폐를 자산으로 간주하며, 명확한 과세 지침을 제공하고 있다. 암호화폐 매도 시 발생하는 이익은 자본 이득세가 적용되며 채굴 소득 및 암호화폐로 인한 소득은 개인 소득세가 적용된다.

3. 암호화폐 세금 관련 법적 이유와 분쟁 해결

대한민국에서 암호화폐와 관련된 세무 조사는 최근 들어 그 중요성이 더욱 강조되고 있다. 암호화폐 거래와 보유가 증가함에 따라, 국세청은 이에 대한 과세와 세무 조사 활동을 강화하고 있기 때문이다. 암호화폐는 익명성과 글로벌 특성 때문에 탈세와 자금 세탁에 악용될 가능성이 높다. 따라서 국세청은 암호화폐 거래를 철저히 조사하여 세수 확보와 금융 투명성을 높이는 데 총력을 다하고 있다.

세무 조사는 대규모 암호화폐 거래를 수행하는 개인과 법인, 암호화폐 채굴 활동을 통해 수익을 창출하는 사업자, 암호화폐 거래소 운영자 및 관련 서비스 제공업체, 암호화폐를 통해 소득을 숨기거나 탈세를 시도한 의심이 있는 자 등의 경우에 집중될 가능성이 높다. 국세청은 국내외 거래소로부터 거래 데이터를 수집하여 개인과 법인의 거래 내역을 분석한다. 블록체인 탐색기와 분석 도구를 활용하여 거래 흐름을 추적하고, 의심스러운 거래를 식별한다. 암호화폐 거래나 채굴 소득을 신고하지 않은 경우, 이를 추적하여 과세하며 신고된 소득과 실제 거래 내역을 비교하여 누락 된 소득이 있는지 확인한다. 은행 계좌와 암호화폐 지갑의 입출금 내역을 조사하여 자금의 출처와 사용처를 확인하고, 자금 세탁 방지 규정을 위반한 거래를 식별하고 조사한다.

암호화폐와 관련된 세무 조사가 발생했을 때 효과적으로 대응하는 방법은 세무 조사가 발생하기 전에 사전에 준비하는 것이 중요하다. 모든 암호화폐 거래 내역을 정확하게 기록하고 보관해야 하는데 이때 거래소에서 발급받은 거래 내역, 전자 지갑의 입출금 기록 등을 모두 포함해야 한다. 채굴 소득이나 거래로 발생한 모든 수익과 비용을 장부에 정확히 기록해야 한다. 이는 세무 조사 과정에서 쟁점으로 삼을 만큼 중요한 정보가 된다. 조사 대응 전문 세무사나 회계사와 상담하여 세금 신고와 관련된 모든 문서가 정확하고 완벽하게 작성되었는지 확인하는 것이 좋다.

세무 조사가 시작되면 다음과 같은 절차에 따라 대응해야 한다. 국세청으로부터의 사전 통지를 꼼꼼히 읽고 이해하고 조사 범위와 기간, 제출해야 할 자료 등에 대한 명확한 이해가 필요하다. 요청된 모든 자료를 정확하게 준비하여 제출해야 한다. 이 과정에서 세무사나 회계사의 도움을 받는 것이 중요하다. 국세청 직원이 현장 방문하여 추가적인 자료 수집이나 인터뷰를 요구할 수 있다. 이 때는 협조하여 필요한 정보를 제공하는 것이 좋다.

세무 조사 과정에서는 법적인 도움이 필요할 것이다. 필요한 경우 법률 전문가의 조언을 받아 자신의 권리와 의무를 이해하고 적절히 대응할 수 있다. 미신고나 오류가 발견된 경우, 세무청에 자발적으로 신고함으로써 추가적인 과태료를 피할 수 있다.

세무 조사에 대응할 때 다음과 같은 전략적 접근이 도움이 될 수 있다. 국세청 직원과의 모든 의사소통은 세법과 규정을 준수하며, 필요한 법적 자문을 받은 후에 진행되어야 한다. 국세청과의 협상에서는 신속하고 적절한 조치를 취하고, 보다 유리한 조건을 위해 노력해야 한다.

4. 암호화폐와 세금의 진화 전망

암호화폐에 대한 잠재적인 법 개정이 있을 경우 그 영향은 여러 측면에서 다양하게 나타날 수 있다. 법적 규제가 강화될 경우, 암호화폐 시장의 투자자 보호가 강화될 수 있다. 보다 투명하고 안전한 거래 환경이 조성될 수 있으며, 이는 긍정적인 영향을 미칠 수 있다. 규제가 명확하게 정립되면, 시장의 불확실성이 감소하고 안정성이 증가할 것이며 이는 글로벌 투자자들에게 더 큰 신뢰를 줄 수 있다.

암호화폐 거래와 채굴에 대한 세금 제도가 개선된다면, 투자자들이 세금을 더 효율적으로 관리하고 계획하게 될 것이다. 이는 암호화폐 시장의 건강한 성장에 긍정적인 영향을 미칠 수 있다. 법적 안정성이 확보되면, 기업들이 보다 안정적으로 암호화폐와 관련된 서비스를 제공할 수 있다. 기술 발전과 혁신을 촉진하며, 암호화폐 산업 전반의 성장을 견인할 수 있을 것으로 전망된다. 법적 환경이 개선되면 새로운 암호화폐 기업들이 설립되어 일자리 창출 등 경제에 긍정적인 영양을 미칠 가능성이 높아질 것이다.

법적 투명성과 규제 준수는 국제적으로 기업들이 경쟁력을 확보하는데 중요한 요소이기 때문에 대한민국이 규제를 선도적으로 개선한다면, 글로벌 암호화폐 시장에서의 입지가 강화될 수 있다. 법적 규제가 사용자의 개인정보 보호 및 거래 안전성을 강화할 수 있으며 사용자들이 암호화폐를 보다 안전하게 사용할 수 있게 도와줄 것이다.

한국은 암호화폐 시장에서 규제를 적극적으로 준수하는 방향으로 나아가고 있다. 특히 금융당국은 안정성과 투자자 보호를 목표로 하여 규제를 강화하고 있다. 글로벌 암호화폐 시장에서의 경쟁력을 강화하기 위해 국제적 협력을 강조하고 있으며 다양한 국제기구나 협회와의 협력을 통해 글로벌 표준을 채택하고 최고 수준의 서비스 제공을 목표로 하고 있다. 투자자 권익을 보호하기 위해 투자 상품의 투명성을 높이고, 부정행위를 방지하는 데 중점을 두고 있다. 이는 금융 시장의 건강한 발전을 지원할 것이다.

현 코인경제 대 변혁론

검은 금융세력 Deep State에 맞서, "Q"라는 비밀 결사 단체가 운영하는 White Hat 군단의
대결 이미지. Copilot Designer AI를 사용하여 생성함.

10장. 현 코인경제 대 변혁론

안동수

1절. 세계 금융의 중심 미국의 현주소

1. 트럼프 암살 시도의 배경과 파장

최근 우리가 보는 미국의 상황이 매우 혼란스럽다. 대통령 후보에 출마한 트럼프가 유세 중에 피격을 당하고, 현직 대통령인 바이든은 선거를 불과 100여 일 앞두고, 후보직에서 갑자기 사퇴했다. 결코 이해할 수 없는 일들이 일어나고 있다. 야당 후보인 트럼프는 유세도중 피격을 당하고, 현직 대통령 바이든은 후보 사퇴했다.

우리는 지금 미국의 실상에 대해 얼마나 잘 알고 있을까? 우리는 그동안 겉모습의 미국만 보고, 미국이 '세계 최고의 민주주의 국가'로 인식하고 있었다. 그런데 제대로 된 미국의 실상을 알고 나면, 미국이 우리가 알고 있었던 '그런 미국'이 결코 아님을 알게 될 것이다. 미국을 우리가 정확히 알아야 하는 것은. 미국은 우리 대한민국의 최대 우방이자 동맹국이고, 미국이 국제 정세의 나침판이기 때문이다.

미국이 이렇게 혼란한 상황을 맞게 된 이유가 무엇일까? 우선 그 이유를 알기 위해서는, 현재 미국이 처한 정확한 실상을 아는 것이 중요하다. 미국 대선과 후보들의 이러한 행보는 지금 미국이 놓인 경제와 정치적 지형도를 알아야 이해할 수 있다. 미국의 보이지 않은 이면의 실상들이 깔려 있기 때문이다.

필자는 〈미국의 정확한 실상은 무엇일까?〉라는 제목과 〈팩트로 드러난 미국의 실상과 그 의미〉라는 제목으로 빠삐용이란 분이 2024년 7월 9일과 7월 25일 블로그에 올린 글에 주목하였다. 물론 이러한 내용이 꾸민이야기 또는 음모설이라고 치부할 수도 있다. 그러나 이 이야기가 우리 코인경제와 밀접하게 연관되어 있기 때문에 묵살하고 지나갈 수 없는 주제이기 때문이다. 특히 이러한 흐름은 앞으로 전개될 새로운 국제금융 표준인 ISO 20022와도 같은 맥락이라서 우리가 다가오는 코인경제를 전망하는데 중요하다. 아래 그 내용을 인용한다.[14) 15)]

지금 미국에서는 빛과 어둠이란, 마지막 '아마겟돈 영적 전쟁'이 수면 아래서 치열하게 벌어지고 있다. 어둠의 세력이요, 세계적 거악의 집단인 '딥스테이트'(Deep State, 딥스, 그림자 정부)에 맞서, "Q"라는 비밀 결사 단체가 운영하는 '화이트햇(White Hat)군단'이 세계적 군사 동맹을 조직, 죽기살기식 치킨 전쟁을 벌이고 있는 것이다.

딥스의 목표는 흔히 '신세계질서'(New World Order)라 일컬어지는, '세계 단일정부'를 만들어 지구 인류를 자신들의 노예로 부릴 5억 명만 유지하고, 나머지는 다 죽여서, 이 지구를 '동물농장'(15분 도시)으로 만드는 것이다.

반면 화이트햇은, 이 지구 인류를 말살하려는, 악당 딥스테이트를 전 세계 계엄령을 발동, 전부 청소한 다음, 금본위제도를 근간으로 하는 천년왕국의 관문, '네사라/게사라'라는 새로운 시대를 여는 것이 목표다. 네사라/게사라는 전세계 계엄령과 EBS라는 과정을 꼭 거쳐야 한다. 말하자면, 동물농장이 되느냐, 천년왕국으로 가느냐의 갈림길이다. 이것이 영적 전쟁이다.

이 영적 전쟁의 막바지에서 매우 중요한 변수 하나가 터졌다.
빛의 군단 총사령관인 트럼프 대통령이, 지난 2024년 7월 13일 펜실베니아 랠리 도중, 괴한의 총격을 받았으나 구사일생으로 살아났다.

방탄조끼에 총탄을 맞고 오른쪽 귀에 관통상을 입은 트럼프 대통령이 주먹을 불끈쥐고 포효하고 있다. 역사에 길이 남을 명장면이다.

괴한이 쏜 다섯 발의 총탄 중에서, 한발은 가슴에 정통으로 꽂혔으나 방탄조끼 덕분에 살았고, 또 한 발은 오른쪽 귀를 관통했지만, 생명에는 지장이 없었다.
이 사건은 다음과 같은 정확한 실상 몇가지 틀에서 전개될 것이다.

첫째, 미국은 1871년에 거악의 집단 '딥스테이트'(로스차일드를 비롯한 유대인들)에게 접수되어 식민국가로 전락되었다.

둘째, 지금 미국은 독립을 쟁취하려는 화이트햇(일명: Q)군단과, 이를 지키려는 거악의 집단인 딥스테이트(일명: 블랙햇)간의 영적 전쟁이 수면하에서 치열하게 전개되고 있다. 딥스에 저항하는 "Q"라는 비밀 결사단체는 1963년 JFK 암살 사건으로 본격화되었다.

(중략)

일곱째, 2024년 11월 5일 대선은 화이트햇 군단이 딥스를 섬멸하기 위한 '군사작전의 일환'이다. 이것은 국민 대각성과 피아식별, 그리고 금본위제 실시(RV/GCR)에 따른 시간 벌기이다.

여덟째, QFS(양자금융시스템)와 새로운 국제금융표준(ISO 20022)의 실행확산이다. 이것은 딥스가 1973년에 구축한 'SWIFT'체제를 대체하게 된다. 이 새로운 표준에서는 자산(금/은 등)이 백업된 통화(디지털 통화 포함)만이 QFS에 올릴 수 있다.

네사라/게사라가 모든 나라에서 선포되면, 모든 나라가 '전쟁 방지 협약'과 함께 '핵무기 폐기 협정'에 사인하게 된다. 만약 추후 어떤 나라가 다른 나라를 불법 침략하는 경우에는, 새로운 국제 금융표준으로 자리잡은 QFS에서 탈퇴시키는 엄청난 제재를 받게 될 것이다.

2. 흰 모자와 그림자정부 간의 음모와 전쟁

지금 미국이 처한 정확한 실상은, 다음 두 가지로 요약할 수 있다.

첫째, 미국은 1871년부터 딥스에 의해, 100% 점령된 것이 역사적 팩트다. 미국은 1776년 7월 4일 독립됐지만, 1871년 영국 왕실과 바티칸을 중심으로 하는, 거악의 세력 딥스테이트에게 다시 점령된 것이 팩트다. 소위 그때부터 '주식회사 미국'(US Inc.)이란 신탁법인에, 미국의 토지/

건물 등 총자산이 양도됐기 때문이다. 독립 국가 미국이 95년 만에 다시 영국의 식민지 국가가 된 것이다.

　미국이 독립국가를 상실했다는 내용은, 2020년 7월 4일 트럼프 대통령이 서명한, 제2 독립선언서 3조에도 '1871년 미국은 사실상 독립을 잃었고, 국가 건설 벤처 자본가들이 우리의 새로운 주인이 되었습니다'라고 분명히 적시되어 있다.(In 1871, America effectively lost its independence, and the nation-building venture capitalists became our new masters)

　둘째, 현재 미국은 비공개 군정체제에 있으며, 트럼프가 군정총사령관임이 팩트다. 트럼프 대통령의 마라라고 집무실이다. 오른쪽에 있는 대통령기가 트럼프가 군정총사령관임을 증거하고 있다.
　트럼프 대통령은 2020대선 전에 딥스를 '일망타진'할 수 있는 "덫"을 놓는다. 그것이 그 유명한 '행정명령 13848호'와 2020 대선 투표용지에 '워터마크'(일종의 홀로그램)를 삽입하는 것이었다. 트럼프는 2020대선 때 딥스가 부정선거를 저지를 것을 미리 예상하고, 부정선거를 고의 방조하면서, 대신 워터마크에 의한 부정선거 증거를 수집하는 데 주력한다. 행정명령 13848의 핵심은, '외세가 미국선거에 개입하면, 제재를 가할 수 있고, 재산까지 몰수할 수 있도록' 되어있다.

　딥스는 이러한 트럼프의 "덫"에 보기 좋게 걸려든다. 바이든이 사상 최고의 부정선거로 불법 당선된다. 트럼프는 덫에 걸려든 딥스를 일망타진하기 위해, 2021년 1월 10일 행정명령 13848호에 의거, 소위 1807년에 제정된 '반란법'(Insurrection ACT)을 발동, 군사계엄령을 비공개로 선포하고, 트럼프 자신이 군정총사령관으로 취임한다.

트럼프 대통령의 마라라고 집무실이다. 오른쪽에 있는 대통령기가 트럼프가 군정총사령관임을 증거하고 있다.

2021년 1월 10일 반란법이 발동되고, 11일에는 백악관 성조기(우측 아래)가 반으로 내려졌다. 미국을 군정체제로 넘겼다는 뜻이다.

군사 계엄령을 비공개로 선포한 것은, 남북전쟁과 같은 내전을 방지하고, 반란자 체포의 효율성 제고와 함께, 국민 불편을 최소화하겠다는, 트럼프 대통령의 뜻이었다.

따라서 누구도 정확한 날짜를 알 수 없지만, 트럼프 화이트햇의 중간 단계의 목표, '전 세계 군사계엄령과 EBS'가 터질 때까지라고 할 수 있다. 그들의 마지막 목표는, 천년왕국의 관문 '네사라/게사라'다.

3. 트럼프는 가상화폐를 지지

트럼프는 가상화폐를 지지하며 앞으로도 가상화폐를 육성할 것이라고 말했기 때문에 현재 상황에서 어떻게 진행될 것인지 궁금하여 최신 인공지능 perplexity.ai/search/ISO 20022로 물어본 결과를 정리하면 다음과 같다.

도널드 트럼프는 실제로 암호화폐에 대한 지지를 표명했으며, 그가 집권하면 가상화폐 산업을 육성할 계획이라고 밝혔다. 상황과 잠재적인 미래 전망에 대한 개요는 다음과 같다.

- 트럼프의 암호화폐에 대한 입장 : 트럼프는 암호화폐에 대한 지지를 재확인했으며, 당선될 경우 "암호화폐 대통령"이 되겠다고 약속했다. 그는 현재 특정 디지털 통화로 기부금을 수락하고 있으며 내슈빌에서 열리는 다가올 비트코인 컨퍼런스에서 연설할 예정이다. 이는 암호화폐에 대한 그의 이전 비판과 다른 모습을 보여준다.
- 암호화폐 시장에 미치는 영향 : 트럼프 암살 시도 소식이 전해지자 비트코인 가격이 약 3% 상승해 6만 달러에 근접했다. 이러한 증가

는 트럼프 대통령이 현 정부보다 암호화폐 산업에 더 호의적이라는 인식에 기인한다.

- 실리콘 밸리 지원 : 실리콘 밸리 엘리트, 특히 암호화폐 분야에 참여하는 사람들 사이에서 트럼프에 대한 지지가 눈에 띄게 증가했다. Mark Cuban은 이 지원이 대체로 "비트코인 플레이"라고 제안하며 잠재적인 트럼프 행정부에서 암호화폐에 더 유리한 환경을 예상했다.

- 잠재적 정책 및 그 효과 : 트럼프는 법인세율을 인하하고 수입품에 더 높은 관세를 부과하겠다고 약속했다. 이러한 정책은 잠재적으로 인플레이션으로 이어질 수 있으며, 일부는 이로 인해 비트코인 가격이 상승할 수 있다고 믿고 있다. 트럼프 대통령의 임기 중 지정학적 불확실성이 미국 달러의 기축통화 지위에 영향을 미쳐 비트코인에 유리할 수 있다는 추측이 나오고 있다.

- 규제 환경 : 암호화폐 산업은 디지털 자산 규제에 대한 현 정부의 접근 방식에 좌절감을 느끼고 있다. 트럼프 행정부는 특히 증권거래위원회의 변화를 통해 암호화폐 사업 운영에 더 유리한 규제 환경을 조성할 것으로 기대된다.

- 미래 전망 : 트럼프가 선거에서 승리한다면, 암호화폐 산업은 더욱 지원적인 규제 환경을 갖게 될 가능성이 높다. 유리한 정책과 세계 경제 요인의 결합으로 비트코인 및 기타 암호화폐의 급격한 성장 가능성이 있다. 그러나 암호화폐 가격에 대한 실제 영향은 규제 지원뿐만 아니라 더 광범위한 경제 정책과 세계 지정학적 발전을 포함한 다양한 요인에 따라 달라진다.

트럼프 대통령이 암호화폐를 지지하는 것은 분명하지만, 이 산업에 미치는 장기적 영향은 불확실하며 단순한 규제적 입장 외에도 다양한 경제적, 정치적 요인에 따라 달라질 것으로 전망된다.

4. 트럼프의 컨퍼런스 연설로 요동치는 코인 경제

블록체인투데이가 2024.07.31 보도한 〈도널드 트럼프의 비트코인 컨퍼런스 연설 이후 TOP3 코인 전망〉이라는 기사 등에서 요동치는 미국발 세계 암호화폐의 급격한 변화를 볼 수 있다. 여기 그 기사를 인용한다.

지난 주말(7월 26일) 트럼프 전 대통령의 비트코인 컨퍼런스 연설이 암호화폐 산업의 전환점이 될 수 있다. 트럼프는 11월 미국 대선에서 5,000만 명의 미국 코인 투자자를 지지층으로 확고히 다지려는 강한 결심을 한 것으로 보였다. 그의 공약은 컨퍼런스 관중의 환호를 받았으며 코인 시세도 오르게 만들었다.

비트코인은 잠시 7만 달러선에 닿았으며 솔라나와 이더리움도 연설 이후 가격이 올랐다. 암호화폐 전문가들은 몇 주 안에 신고가를 경신할

트럼프의 자신감과 비트코인을 미국 국기에 그린 강한 이미지

가능성이 있다는 전망을 내놓았다. 한편 새로운 불장이 다가오는 기류가 흐르며 신규 코인을 향한 관심도 증가했다.

트럼프는 비트코인을 전략적 국가 비축물로, 게리 겐슬러 SEC 의장 해임할 것이라는 내용과 현 부통령이자 민주당 유력 대선 후보인 카멀라 해리스가 빠르게 트럼프와의 격차를 좁히고 있다. 그녀가 암호화폐 기업과 관계를 재설정하고자 한다는 보도도 나왔다.

선을 코앞에 둔 지금, 트럼프에게 남겨져 있는 과제는 가상화폐 산업의 지지층을 확실히 확보하는 것이다. 연설을 평가한 전문가들에 따르면, 그가 이 과제를 확실히 인지한 것으로 보인다.

트럼프는 미국을 전 세계 암호화폐 수도로 만들겠다고 선언했다. 그는 연설에서 비트코인을 전략적 국가 비축물로 만들어 정부가 보유한 비트코인과 미래에 확보할 비트코인을 절대 팔지 못하게 만들겠다고 약속했다. 그는 또한 취임 첫 날부터 SEC 의장 게리 겐슬러를 해임하겠다고 말해 박수 갈채를 받았다.

이외에도 비트코인 채굴의 에너지 비용 인하, 자기수탁 권한 확보, 중앙은행 디지털 화폐 금지 등의 공약을 내걸었다.

또 블록체인투데이 편집팀에서 2024.07.25. 보도한 〈게리 겐슬러 SEC 위원장, 조기 사임 가능성-코인 수혜 종목은?〉이라는 기사는 그동안 게리 겐슬러의 반 암호화폐 입장은 업계와 투자자뿐만 아니라 미 의회와 연방 판사들로부터 광범위하게 비판 받았다는 측면에서 그의 정책 방향과 반대되는 방향으로 흥행이 펼쳐질 것으로 전망된다. 그 보도내용을 여기 인용한다.[16]

'전문가들은 앞으로 젠슬러의 사임이 시장에 반영되면서 XRP이나 솔라나 같은 코인이 급등할 수 있다고 예측했다. 젠슬러 사임으로 가장 수혜를 받을 코인 종목으로 리플의 XRP가 거론된다. 뉴욕 남부 지방법원의 아날리사 토레스 판사는 이미 리플의 손을 들어주며 XRP의 2차 판매를 증권법 위반으로 볼 수 없다고 판결했다. 현재 SEC는 항소할 권한을 가졌다. 그러나 SEC의 우두머리가 교체되면 항소할 가능성이 극적으로 감소한다. 그 결과, 트럼프 당선 가능성이 커지면서 XRP 가격이 40% 가까이 올랐다.

5. 네사라/게사라라는 새로운 시대[17)

미국의 상황이 우리에게 중요한 이유는, 네사라(NESARA)와 게사라(GESARA)가 결코 미국만의 문제가 아니고, 전 지구촌의 문제이며, 빛의 민족 대한민국이 해방되는 날이기도 하기 때문이다. '비상식의 상식화'가 드디어 오는 것이다.

네사라/게사라는 209개국이 이미 2015년도에 사인했다. 그 마지막 목표를 위해서는 필히 전 세계 금본위제도가 시행되어야 하는데, 또 그것을 위해서는, 'RV(통화재평가)/GCR(전 세계 환율 1:1)'이란 어려운 과정을 꼭 거쳐야 한다. 이 과정은 각국이 화폐개혁을 동시에 해야하는 것만큼 지난한 일이다. 그동안 작전이 지연된 것도, RV/GCR 지연 때문인 것으로 알려지고 있다.

네사라와 게사라는 주로 음모론 커뮤니티에서 논의되는 주제로, 각기 National Economic Security and Reformation Act(NESARA)와 Global Economic Security and Reformation Act(GESARA)의 약자이

다. 이 두 가지 법안은 경제 개혁과 전 세계적인 금융 시스템의 대변혁을 목표로 한다는 주장으로 유명하다.

NESARA는 미국에서 주로 언급되며, 주요 주장 내용은 다음과 같다.

- 모든 개인 부채의 탕감

- 새로운 재정 시스템의 도입

- 금이나 은같은 귀금속으로 뒷받침되는 신화폐의 발행

- IRS(국세청) 폐지 및 소득세 폐지

- 평화 조약 체결과 군사 작전 종료

- 미국 정부의 개혁

GESARA는 NESARA의 글로벌 버전으로, 전 세계 국가들이 참여하는 경제 개혁을 목표로 한다. 네사라/게사라 음모론에서는 전 세계적인 계엄령과 EBS(Emergency Broadcast System, 비상 방송 시스템)를 통해 개혁이 이루어질 것이라는 주장도 있다.

- 전 세계적인 부채 탕감

- 새로운 글로벌 금융 시스템 도입

- 평화 조약 체결과 군사 작전 종료

- 전 세계 정부 개혁

- 계엄령은 전 세계적으로 군사 통제가 이루어지며, 기존 정부와 금융 시스템이 잠정적으로 중단된다.

- EBS 비상 방송 시스템을 통해 대중에게 네사라/게사라의 도입과 변화에 대해 알린다.

이러한 주장들은 대체로 증명되지 않았으며, 신뢰할 만한 출처에 의해 뒷받침되지 않는 경우가 많았다. 실제로 네사라/게사라 법안이 존재하거나, 이러한 급진적인 변화가 실제로 일어날 것이라는 증거는 일반적으로 찾기가 어렵다.

그러나 세상에는 상식 이외의 일들도 빈번히 일어난다. 결국 상식적인 일로는 세상의 변혁이 일어날 수 없다. 그렇기 때문에 이번 트럼프 저격 사건으로 세상에 중요한 잇슈로 떠오른 이 음모론은 사실에 가까워지고 있다고 필자는 생각한다.

2절. 현 코인경제와 세계 금융의 흐름

1. QFS 시스템과 ISO 20022 표준이 미래 방향

QFS와 ISO 20022는 상호 보완적인 관계에 있다. 양자금융시스템 QFS(Quantum Financial System)과 국제금융통신기준 ISO 20022는 현대 금융 시스템의 혁신적인 요소들로, 글로벌 금융거래의 효율성과 안전성을 크게 향상시키는 것을 목표로 한다. AgileBus-IT 기술자를 위한 최신 기술 Trends와 perplexity.ai의 검색한 내용을 조합하여 정리한 내용은 다음과 같다.[18)]

ISO 20022가 금융 메시지의 표준화를 통해 국제 금융 거래의 효율성을 높이는 반면, QFS는 이러한 표준화된 메시지를 더욱 안전하고 빠르게 처리할 수 있는 인프라를 제공한다.

이 두 시스템의 결합은 글로벌 금융 시스템에 다음과 같은 혜택을 제공할 것으로 예상된다. QFS 양자금융시스템과 ISO 20022 표준은 현재 금융 시스템의 한계를 극복하고 더욱 안전하고 효율적인 글로벌 금융 생태계를 구축하는 데 중요한 역할을 할 것으로 기대된다.

- 국경 간 금융 거래의 효율성 극대화

- 금융 사기 및 불법 거래 방지 능력 향상

- 금융 포용성 증대 : 전통적인 은행 시스템에서 소외된 계층도 쉽게 금융 서비스에 접근 가능

- 금융 거래의 투명성과 추적 가능성 향상

1) ISO 20022 도입 배경

2000년대 중반까지 금융거래 전문 표준은 개별적(국가별, 산업별, 단체별) 규격으로 발전되어 왔으나, 국가 간/금융업 내 서로 다른 업종 간 거래가 증가함에 따라 금융회사 및 기관 간 전문 호환성 향상과 업무효율성 제고를 위해 공통의 표준을 필요로 하게 되었다. ISO 20022 도입의 배경에는 글로벌 교역 및 금융거래의 확대, 해외거주자 증가로 인한 해외송금 수요 증가 등이 있다.

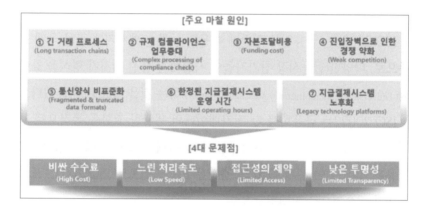

국제금융 기준 변화도

기존 국가 간 지급서비스의 문제점(높은 수수료, 느린 처리속도, 제한된 접근성, 낮은 투명성)을 해결하기 위해 G20 중앙은행 총재·재무장관 회의에서 '국가 간 지급서비스의 개선'을 최우선 협력과제로 선정했다.

ISO 20022 공표 전에는 외화송금, 카드거래, 소매·기업 금융, 증권거래 등과 관련된 별개의 표준이 공존하여 전문 간 호환성이 제한적이었다. 아울러 2000년대 초반부터 IP(Internet Protocol) 네트워크 및 XML(eXtensible Markup Language) 사용이 확대됨에 따라 이에 대한 표준화 필요성 제기되었다. 이 표준은 ISO의 금융 서비스를 담당 하는 ISO 기술위원회 68(TC68)에서 2018년 발행하였다.

2) ISO 20022 개요

ISO 20022는 금융업무 전반에 사용되는 통신 메시지에 관한 국제 표준으로, 다양한 금융시장 참가자들이 사용하는 통신 메시지 형식을 표준화(Universal Financial Industry Message Scheme) 하는 것을 목표로 하고 있다.

ISO 20022는 금융회사 간 전자데이터의 원활한 교환을 목적으로 제정된 국제 전문 표준으로 유럽연합 소액 결제 시스템 등에 안정적으로 적용된 것에 이어 세계 각 국의 중앙은행을 중심으로 ISO 20022 도입 논의가 지속적으로 진행되고 있다.

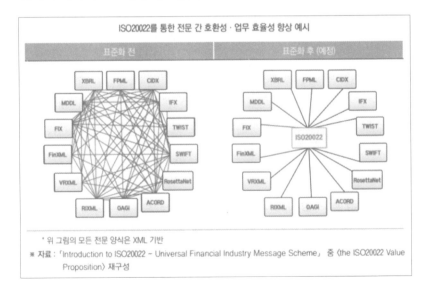

ISO20022를 통한 전문 간 호환성·업무 효율성 향상 예시

* 위 그림의 모든 전문 양식은 XML 기반
※ 자료 : 「Introduction to ISO20022 – Universal Financial Industry Message Scheme」 중 〈the ISO20022 Value Proposition〉 재구성

메시지 및 비즈니스 프로세스에 대한 설명이 포함된 메타 데이터 저장소와 저장소 콘텐츠에 대한 유지관리 프로세스를 설명한다. 이 표준은 결제 거래, 증권거래 및 결제정보, 신용 및 직불카드 거래 및 기타 금융 정보를 포함하여 금융 기관간에 전송되는 금융정보를 다룬다. ISO 20022 표준의 주요 특징과 장점은 다음과 같다.

- 통일된 전문양식 : 국가 간 금융 거래의 일관성을 제공한다.

- 유연성과 확장성 : 다양한 금융 서비스에 적용 가능한 유연한 구조를 갖는다.

- 향상된 상호운용성 : 국가 간 지급서비스 연계와 금융기관의 해외 진출을 용이하게 한다.

- 효율성 증대 : 데이터 손실을 줄이고 지급 프로세스의 일관처리(STP)를 가능하게 한다.

3) ISO 20022 표준을 도입한 국가 현황

ISO 20022 표준은 여러 주요 국가들에 의해 도입되었거나 도입이 진행 중이다. 이미 도입한 국가들은 인도, 일본, 중국, 스위스, 싱가포르 등이다. 도입을 추진 중인 국가들은 영국, 캐나다, 미국, 남아프리카공화국, 러시아와 유럽 연합 국가들을 대표하여 도입한 ECB(유럽중앙은행)이다. 대부분의 BIS(국제결제은행) 회원국들(26개국)이 ISO 20022를 이미 도입했거나 도입을 계획하고 있다. 이는 글로벌 금융 시스템의 표준화와 효율성 향상을 위한 중요한 움직임을 보여준다.

ISO 20022의 도입은 국가 간 지급서비스 연계, 자국 통화의 국제화, 금융기관의 해외 진출 등을 훨씬 용이하게 만들 것으로 예상됩니다. 또한 이 표준의 도입으로 국제 금융거래의 효율성이 크게 개선될 것으로 기대됩니다.

4) QFS 양자금융시스템의 개요

QFS(Quantum Financial System) 양자금융시스템은 최첨단 기술을 활용한 새로운 금융 인프라 개념이다. 이 시스템은 양자 컴퓨팅 기술을 활용하여 금융 거래의 보안성, 속도, 효율성을 획기적으로 향상시키는 것을 목표로 한다. QFS의 주요 특징은 다음과 같다.

- 고도의 보안성 : 양자암호화 기술을 사용하여 해킹이나 사이버 공격으로부터 안전하다.

- 실시간 처리 : 거의 즉각적인 금융 거래 처리가 가능하다.

- 투명성 : 모든 거래가 실시간으로 기록되고 추적 가능하다.

- 글로벌 연결성 : 전 세계 금융 시스템을 하나로 연결하는 것을 목표로 한다.

2. ISO 20022 도입이 암호화폐 규제에 주는 영향

그러나 한편 앞으로 큰 변화를 가져올 분야는 SWIFT ISO 20022 업그레이드로 인해 암호화폐가 뒤흔들릴 수 있다는 것이다. ISO 20022 표준화는 전통적인 금융기관과 암호화폐 시장의 디지털 자산 간의 상호 운용성을 향상시킨다. 암호화 자산을 기존 은행 시스템에 더 쉽게 통합하여 채택 및 사용을 늘릴 수 있기 때문이다.

또한 ISO 20022 표준을 채택하면 중앙은행 디지털 통화(CBDC)의 개발 및 사용을 위한 표준화된 프레임워크를 제공함으로써 이를 향상시킬 수 있다.

결론적으로, SWIFT 결제 시스템을 ISO 20022 표준으로 업그레이드하는 것은 은행, 암호화폐 및 디지털 통화 시장에 광범위한 영향을 미칠 것이다.

향상된 표준화 및 상호 운용성은 관련된 모든 당사자에게 이점을 제공할 것이다. 예를 들면 거래 비용 절감부터 규정 준수 개선까지 보다 표준화된 금융 시스템으로의 전환은 암호화폐 및 디지털 통화 시장에서 더 큰 채택과 성장을 위한 길을 열어줄 것이다.

ISO 20022 표준은 메시지와 비즈니스 프로세스에 대한 설명을 포함하는 메타데이터 저장소와 저장소 콘텐츠의 유지 관리 프로세스를 관장한다. 특히 ISO 20022 도입은 암호화폐 시장의 규제에 큰 영향을 미칠 것으로 예상된다. 이 부분은 상당히 예민하고 중요한 문제이기 때문에 perplexity.ai와 코파이럿 인공지능에게 물어본 주요 내용은 다음과 같다. 그 결과를 추출한 근거도 참고로 표기하였다.[19] ISO 20022 도입은 암호화폐 시장의 규제에 다음과 같은 영향을 미칠 것으로 예상된다.

- 규제 준수 용이성 향상 : ISO 20022의 표준화된 메시지 형식은 규제 요구사항을 충족하는 데 필요한 데이터를 더 쉽게 제공할 수 있게 한다. 이는 암호화폐 기업들이 규제를 준수하는 데 도움이 될 수 있다.

- 자금세탁방지(AML) 강화 : ISO 20022 도입으로 거래 정보의 투명성과 추적 가능성이 향상된다. 이는 자금세탁 위험을 감소시키고, 규제 기관의 감독을 용이하게 알 수 있나.

- 국제 규제 조화 : ISO 20022는 국제적으로 통용되는 표준이므로, 이를 도입함으로써 국가 간 규제의 조화를 촉진할 수 있다. 이는 암호화폐 기업들이 여러 국가에서 운영할 때 규제 준수를 더 쉽게 만들 수 있다.

- 데이터 품질 향상 : ISO 20022는 더 풍부하고 구조화된 데이터를 제공한다. 이는 규제 기관이 암호화폐 거래를 더 정확하게 모니터링하고 분석할 수 있게 해준다.

- 제도권 진입 촉진 : ISO 20022 표준을 따르는 암호화폐 프로젝트들은 기존 금융 시스템과의 통합이 용이해져, 제도권 진입이 더 쉬워질 수 있다. 이는 규제 기관들이 암호화폐를 기존 금융 규제체계 내에 포함시키는 데 도움이 될 수 있다.

다음은 코파이럿 인공지능에게 물어본 ISO 20022 도입은 암호화폐 시장의 규제에 주요 내용은 다음과 같다.[20]

- 범용성 : ISO 20022는 결제 거래, 증권 거래 및 결제 정보, 신용 및 직불 카드 거래 등 다양한 금융 정보를 다룬다.

- 메타데이터 저장소 : UML 모델을 사용하여 금융 서비스 메타데이터를 저장하고 표준화한다.

- 메시지 정의 : XML Schema와 같은 현대적인 기술을 사용하여 메시지의 구문을 정의한다.

- 관리 및 유지보수 : ISO 기술 위원회 TC68이 표준을 관리하며, SWIFT가 ISO 20022 금융 저장소의 등록 기관 역할을 한다.

채택 및 적용을 지역별로 보면, 유럽은 성숙한 채택지역이고, 인도, 남아프리카, 일본, 싱가포르, 스위스 등은 성장하는 지역이다. 그리고 호주, 캐나다, 영국, 뉴질랜드 지역은 관심을 갖고 있다.

ISO 20022는 다음과 같은 다양한 금융 서비스에서 사용되고 있다.

- 국내 및 국제 송금 : 은행 간 자금 이체 및 결제시스템에서 사용된다.

- 소액 결제 시스템 : 유럽의 SEPA(단일 유로 결제 지역)와 같은 소액 결제시스템에서 채택하고 있다.

- 증권 거래 및 결제 : 주식, 채권 등의 거래와 결제 과정에서 사용된다.

- 청산 및 결제 : 거래 후 청산 및 결제 과정에서 표준화된 메시지를 사용한다.

- 신용 및 직불 카드 거래 : 카드 결제 네트워크에서 거래 정보를 표준화하여 처리한다.

- 무역 거래 : 수출입 거래와 관련된 금융 메시지에 사용된다

- 외환 거래 및 보고 : 외환 거래와 관련된 정보 교환에 사용된다.

3. ISO 20022 금융 서비스 예시

ISO 20022를 사용하는 금융 서비스의 구체적인 예제를 몇 가지 소개한다.

- 유럽의 SEPA(Single Euro Payments Area) : 유럽 내의 모든 은행 간 송금 및 결제로 SEPA는 ISO 20022 메시지 형식을 사용하여 유럽 내에서 빠르고 효율적인 송금을 가능하게 한다. 이를 통해 유럽 내 모든

은행이 동일한 표준을 사용하여 상호 운용성을 보장한다.

- SWIFT gpi(Global Payments Innovation) : 국제 송금 업무에 쓰인다. SWIFT gpi는 ISO 20022 메시지 형식을 사용하여 국제 송금의 속도와 투명성을 크게 향상시킨다. 송금 상태를 실시간으로 추적할 수 있으며, 수수료와 환율 정보를 명확하게 제공하는 것이 특징이다.

- TARGET2 : 유럽 중앙은행 시스템의 실시간 총액 결제 시스템으로 TARGET2는 ISO 20022 메시지 형식을 사용하여 유럽 내 은행 간 대규모 결제를 실시간으로 처리한다. 이를 통해 금융 안정성을 높이고 결제 리스크를 줄여준다.

- Fedwire Funds Service : 미국 연방준비제도의 실시간 총액 결제 시스템으로 ISO 20022 메시지 형식을 채택하여 미국 내 대규모 결제를 효율적으로 처리한다. 이는 금융기관 간의 자금 이동을 신속하고 안전하게 만드는 것이 특징이다.

- RTGS(Real-Time Gross Settlement) 시스템 : 여러 국가의 중앙은행 시스템이다. RTGS 시스템은 ISO 20022 메시지 형식을 사용하여 실시간으로 대규모 결제를 처리한다. 이는 금융 시스템의 안정성을 높이고 결제 리스크를 줄이는 데 중요한 역할을 한다.[21]

4. ISO 20022 환경에서 살아남을 코인

ISO 20022 표준을 준수하는 암호화폐는 금융 서비스와의 상호 운용성을 높이고, 효율적인 데이터 교환을 가능하게 한다. 다음은 각종 전문 매체와 인공지능을 통해 알아본 ISO 20022와 호환되는 주요 암호화폐이다. XRP(Ripple)와 XLM(Stellar)은 이 ISO 20022 표준을 준수하는 암호화폐로 알려져 있다. 이는 두 암호화폐가 국제 금융 시스템과의 호환성을 갖추고 있음을 의미한다. XRP, Quant, Algorand, Stellar, Hedera HashGraph, IOTA, XDC Network, Pi Network 등은 ISO 20022 표준을 준수하는 소수의 암호화폐 프로젝트들이다.

- XRP의 경우 : Ripple는 ISO 20022 표준을 채택하여 자사의 기술을 국제 금융 시스템과 통합하려는 노력을 기울이고 있다. 이를 통해 XRP는 기존의 SWIFT 시스템과 경쟁하며 국제 송금 시장에서의 입지를 강화하려 하고 있다. 빠르고 저렴한 국제 송금을 위한 디지털 결제 프로토콜로 글로벌 결제 및 송금을 한다.

- XLM의 경우 : Stellar 역시 ISO 20022 표준을 준수하여 국제 금융 시스템과의 호환성을 확보하고 있다. 이를 통해 XLM도 국제 송금 및 결제 시장에서의 활용 가능성을 높이고 있다.

- Algorand(ALGO) : 즉각적인 거래 완료를 제공하는 블록체인으로, 확장성과 보안성을 갖추고 다양한 금융 애플리케이션에 사용

- Quant(QNT) : 블록체인 간 데이터 교환을 통해 여러 블록체인과 기업 소프트웨어 솔루션 간의 상호 운용성을 촉진한다.

- Hedera Hashgraph(HBAR) : 다양한 디지털 자산 거래를 높은 처리량과 낮은 지연 시간을 제공하는 분산 원장이다.

- IOTA(MIOTA) : 사물 인터넷(IoT)을 위한 원장으로, 데이터 스트림의 안전한 판매 및 거래를 지원한다.

- XDC Network(XDC) : 국제 무역 및 금융에 최적화된 하이브리드 블록체인이다.[22]

- Pi Network의 경우 : 일부 주장에 따르면, Pi Network는 현재 및 향후 Stellar에 동기화될 모든 블록체인의 크로스 연결을 위한 핵심 기술로 여겨지고 있다. 이러한 정보들은 Pi Network가 ISO 20022 표준을 통해 기존 금융 시스템과의 통합을 추구하고 있음을 시사한다. Pi Network의 Pi 코인은 ISO 20022 표준을 채택했다1. ISO 20022는 금융기관 간의 상호 운용성을 촉진하는 글로벌 메시징 표준으로, 이를 통해 Pi 코인은 기존 금융 시스템과의 통합이 가능해졌다.23. 이 표준을 채택함으로써 Pi Network는 글로벌 금융 시스템의 일부가 될 수 있는 기회를 얻게 되었다.[23]

그러나 이러한 노력이 실제로 어떤 결과를 가져올지는 시간이 지나면서 더 명확해질 것이므로 이 주장의 정확성은 추가 검증이 필요하다. 즉 ISO 20022 준수가 이들 암호화폐의 성공을 보장하는 것은 아니지만, 현재로서는 전개될 방향을 파악할 수 있는 맥을 잡은 셈이다.

다른 그림 자료와 설명을 보면 다음과 같다.

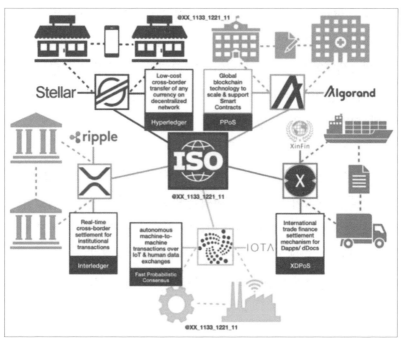

ISO 국제 표준과 코인의 기능 예시도와 설명

1) Stellar는 하이퍼레저로 분산형 네트워크에서 모든 통화를 저렴한 비용으로 국경 간 이체

2) Algorand는 PPOS로 스마트 계약을 확장하고 지원하는 글로벌 블록체인 기술

3) Ripple은 지갑 중개자로 기관거래에 대한 실시간 국경 간 결제

4) IOTA는 빠른 확률적 합의로 IoT 및 인간 데이터 교환을 통한 자율적인 기계 간 거래

5) XinFin은 XDPOS로 Dapps/dDocs를 위한 국제 무역 금융 결제 메커니즘

자료: https://coinpan.com/xrp/298443573

문제는 현재 주류를 이루고 있는 1세대 BTC와 2세대 ETH 등 주류 코인들의 진로문제다. 만약 ISO 20022 기준에 따라 코인산업이 발전하게 된다면 1세대와 2세대 주류 코인들은 그때의 가치비율로 교환해줄 수 있는 배려 정책이 실시될 것으로 생각된다. 그러나 그 가치와 교환조건은 변수가 많으니 알 수 없다.

좀 더 안전한 방법은 앞으로 펼쳐질 방향에 맞는 코인으로 갈아타는 게 좋겠다는 생각이 든다. 가장 현명한 방법은 수시로 변하는 글로벌 코인경제 정세를 스스로 공부하고 따라가며 자신을 업그레이드하고 변신시키는 것이다. 앞에 언급한 코인들과 함께 실제 채택되고 사용되는 주인공 코인들은 여러 요인에 의해 결정될 것이기 때문이다.

3절. 달러화 패권을 위협하는 브릭스 통화

그동안 달러화 패권을 막무가내식으로 밀어붙이며 국제금융자본주의를 난폭하게 운전해 온 미국 금융계에 새로운 도전의 움직임이 보이고 있다. 그것은 브릭스(BRICS) 회원국이 공동으로 만든 브릭스 통화를 세계 159개국이 사용하기로 했다는 소식이 미국의 금융 전문 매체 'Watcher.Guru'에 보도되었기 때문이다.[24]

이 보도가 사실이라면, 이는 달러 기축통화의 지위를 크게 약화시킬 수 있는 중대한 사건이 될 수 있다.

2024.8.16.
https://watcher.guru/news/159-countries-set-to-adopt-brics-new-payment-system?c=515

미국의 금융 전문 매체 'Watcher.Guru'의 보도에 따르면, 브릭스 경제 동맹은 기존 금융 시스템인 SWIFT의 대안을 마련하기 위해 BRICS 지불 시스템을 개발해왔으며, 이는 글로벌 무역 거래에서 중요한 역할을 할 것으로 예상된다. 한 러시아 관계자는 현재 159개국이 이 시스템을 채택할 준비가 되어 있다고 전했다. 브릭스 통화는 오는 10월에 출시될 예정이며, 이는 글로벌 금융시장에 큰 영향을 미칠 것이다.

브릭스 동맹은 최근 몇 년간 SWIFT에 대한 반대론에 직면하면서 '탈달러화' 노력을 강화해왔다.

2024.8.20. https://blog.naver.com/csntf/223553875274?photoView=2

특히 서방의 제재로 인해 러시아는 자국 통화로 결제하는 방향으로 나아가고 있으며, 러시아와 중국 간의 거래는 대부분 루블과 위안화로 결제되고 있다. 브릭스 통화는 이미 개발을 완료하고 테스트 단계에 있으며, '브릭스 페이'라는 코인 형태로도 출시될 예정이다.

이러한 변화는 금본위제도의 도입을 통해 새로운 통화 체제를 정착시키려는 움직임과 연결되어 있다. 금본위제도는 자산이 백업되지 않은 통화의 거래를 제한하는 방향으로 나아가고 있으며, 이는 현재의 달러와 같은 명목화폐의 시대를 종식시킬 가능성이 크다. 만약 G7 국가들이 브릭스 통화로 전환한다면, 기존의 국제 금융 질서는 크게 흔들릴 것이다.

브릭스 통화의 도입은 단순한 경제적 변화에 그치지 않고, 새로운 패러다임의 시작을 알리는 신호로 해석될 수 있다. 그래서 국제 금융 질서에 대한 근본적인 도전으로 작용할 수 있다. 이는 자본주의와 공산주의, 좌파와 우파의 이분법적 대립을 넘어서는 새로운 질서의 출현을 예고하며, 조화와 상생의 새로운 시대를 열어갈 가능성이 크다.

이는 미국의 금융 시스템에 대한 신뢰를 흔들고, 다른 국가들이 자국 통화를 사용하도록 유도하는 계기가 될 수 있다. 이러한 변화는 앞으로의 국제 경제 관계에 큰 영향을 미칠 것으로 예상된다.

이렇게 된다면 그동안 국제금융자본주의를 '돈놓고돈먹기식'으로 인간 위에 군림해온 미국 금융방식의 운영에 따라 생겨난 국가간에, 그리고 개인간에 생겨난 경제의 극단적 양극화 해소에 도움이 되기를 희망해 본다.

4절. 국내 코인경제의 발전을 위한 제언

1. ISO 20022와 코인산업의 전망

ISO 20022 시스템이 도입되면 비트코인과 이더리움 같은 기존 암호화폐는 몇 가지 변화를 겪을 수 있다. 이러한 변화는 비트코인과 이더리움이 기존 금융 시스템과 더 원활하게 통합되고, 더 넓은 범위에서 사용될 수 있는 기회를 제공할 수 있을 것이다.

- 상호 운용성 향상 : ISO 20022는 금융기관 간의 데이터 교환을 표준화하여 기존 금융 시스템과의 통합을 촉진한다. 비트코인과 이더리움이 이 표준을 채택하면, 기존 금융 시스템과의 상호 운용성이 향상될 수 있다. 그러나 그 채택여부는 미지수다.

- 규제 준수 : ISO 20022 표준을 준수하는 암호화폐는 금융기관의 규제 요구사항을 더 쉽게 충족할 수 있다. 이는 비트코인과 이더리움이 더 넓은 금융시장에서 수용될 가능성을 높여준다.

- 투명성 및 데이터 정확성 : ISO 20022는 구조화된 데이터 요소를 통해 전자 데이터 교환의 정확성과 신뢰성을 향상시킨다. 이는 비트코인과 이더리움의 거래 투명성을 높이고 오류 가능성을 줄이는 데 도움이 될 수 있다.

- 기술적 통합 : ISO 20022 표준을 채택한 암호화폐는 기존 금융 시스템과의 기술적 통합이 용이해져, 더 많은 금융기관이 비트코인과 이더리움을 채택할 가능성이 높아진다.

또 암호화폐 시장은 앞으로 다음과 같은 몇 가지 주요 변화를 겪을 것으로 예상된다.

- 비트코인 반감기 : 4년마다 예정된 비트코인 반감기는 비트코인 공급을 절반으로 줄여 가격 상승을 촉진할 가능성이 크다.

- 디파이(DeFi)와 전통 금융의 통합 : 전통 금융 자산과 디파이의 연결이 강화되면서, 스테이블코인과 같은 디지털 자산이 더 널리 사용될 것이다.

- 스마트 컨트랙트와 확장성 기술 : 이더리움 레이어2와 같은 확장성 기술이 발전하면서, 더 많은 탈중앙화 애플리케이션이 경제적으로 실행 가능해질 것이다.

- AI와 블록체인의 융합 : AI 기술과 블록체인의 결합이 증가하면서, 새로운 애플리케이션과 서비스가 등장할 것입니다.

- 규제 환경의 변화 : 각국 정부의 규제 강화와 함께, 암호화폐 시장의 투명성과 안정성이 높아질 것입니다.

위와 같은 변화들은 암호화폐 시장의 성장을 촉진하고, 더 많은 사람들이 암호화폐를 일상적으로 사용할 수 있는 환경을 조성할 것이다.[25]

2. 한국은행의 ISO 20022 도입

뉴시스 남주현 기자가 보도한 "한은, 2026년까지 한은 금융망에 'ISO 20022' 도입 완료"라는 기사를 보면 한국은행은 2026년까지 거액결제시스템인 '한은금융망(BOK-Wire+)'에 'ISO 20022(국제금융전문표준)' 도입을 완료할 계획이라고 2023년 10월 18일 밝혔다.

한은은 ISO 20022 도입과 함께 한은금융망 및 참가기관 전산시스템 개편도 함께 추진하는 한편 한은금융망 참가기관이 ISO 20022 전문을 사용할 수 있도록 2024년 상반기 중 '참가기관을 위한 ISO 20022 전문 도입 가이드라인'을 발표할 것이다. 한은 관계자는 "각 회원국들이 자국 지급결제시스템에 ISO 20022 도입시 BIS의 공통 요구사항을 함께 채택할 경우 이러한 비효율을 줄일 수 있을 것"이라고 말했다.

3. 규제와 진흥의 양 날개는 균형이 필요

위에서 살펴본 대로 ISO 20022 금융 서비스는 여러가지 장점과 효과가 있다. 그러나 이러한 큰 변화는 암호화폐의 탈중앙화와 익명성 등 고유한 특성과 정면으로 충돌된다. ISO 20022 도입은 암호화폐 시장의 규제를 더욱 체계화하고 표준화하는 데 기여할 것으로 보이지만, 동시에 암호화 사업계의 혁신을 저해하지 않는 방식으로 진행되어야 한다. 그러자면 각종 알트코인이 이러한 국제 표준을 지키며 성장하기 위해서는 넘어야 할 산이 수없이 많고, 일정도 촉박하다.

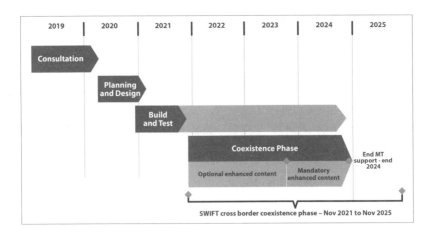

그러므로 새로운 혁신체계를 성공적으로 달성하기 위해서는 업계와 규제 기관 간의 균형 잡힌 접근이 필요하다. 즉 시장을 활성화시키기 위해서는 규제의 비중을 다양한 여건을 고려하여 진흥을 위해 탄력적으로 운영하는 지혜가 필요하다. 한국 정부의 적극적인 대처가 이 난제를 풀어나가는 지도국가로서의 잣대가 될 것이다.

결국 이 복잡한 시대적 금융혁명은 미국이 주도하는 국제기구 등을 중심으로 진행되겠지만, 암호화폐의 탈중앙화와 익명성 등 고유한 존재 생태적 특성과 정면으로 충돌하는 한계는 언제 어디까지 과제로 남을 것인지….

메타버스 공간에서 신 새마을 운동으로 금융시대를 열자는 이미지
MS사의 Image Creator AI를 사용하여 생성함.

11장. 신 새마을 운동: 메타버스 금융시대의 도래

리 재 학

1절. AI기반 메타버스와 블록체인이 가져올 미래 세상

메타버스와 인공지능(AI)의 융합은 현재 다양한 분야에서 진행되고 있다. 이러한 융합은 가상 세계를 혁신적으로 변화시키고 새로운 가치를 창출하고 있다. 몇 가지 주요한 형태를 살펴보자.

- AI 기반 아바타와 상호작용 : 메타버스에서 AI 기반 아바타가 사용자와 상호작용하며 더욱 현실적이고 매끄러운 경험을 제공한다. 이를 통해 가상 세계에서의 활동이 더욱 자연스럽게 이루어진다.

- AI를 활용한 가상 환경 개선 : 인공지능은 메타버스 내의 가상 환경을 최적화하고 개선하는 데 활용된다. 예를 들어, AI는 가상 도시의 교통 흐름을 최적화하거나 환경 요소를 조절하는 데 도움이 된다.

- AI 기반 콘텐츠 생성 : 메타버스에서의 콘텐츠 생성은 AI를 통해 자동화될 수 있다. AI는 가상 공간 내의 물체, 배경, 캐릭터 등을 생성하고 개선하는 데 활용된다.

- AI를 통한 보안 및 관리 : 메타버스에서의 보안과 관리는 AI 기술을 활용하여 강화된다. AI는 악성 행위 탐지, 사용자 인증, 데이터 관리 등에 활용된다.

또 인공지능과 메타버스 기술은 블록체인과 결합하여 새로운 금융 시대를 열 것으로 예상된다. 특히, NFT를 통해 디지털 자산의 소유권을 증명하고, 메타버스 내에서 새로운 경제 시스템을 구축할 수 있다.

- 데이터 소유권과 NFT : NFT가 디지털 자산의 소유권을 증명하는 수단으로 활용되는 방식을 구체적인 사례와 함께 설명하고, 메타버스 환경에서 NFT가 어떻게 새로운 경제 시스템을 만들어낼 수 있는지에 대한 비전을 제시한다.

- 규제와 미래 과제 : 급변하는 기술 발전 속도에 맞춰 규제가 어떻게 변화해야 하는지에 대한 논의를 진행하고, 탈중앙화와 규제 사이의 균형을 찾기 위한 다양한 해결 방안을 제시한다.[26]

메타버스가 실현되기 위해선 필연적으로 가상자산이 대두되게 된다. 다음은 가상자산의 거래방식엔 중앙화 거래소(CEX, Decentralized Exchange)와 탈중앙화 거래소(DEX, Decentralized Exchange) 등 두 가지 유형이 있다. 각각의 특징과 장단점을 살펴보자.

2절. CEX와 DEX 비교

위 두 가지 거래소 유형은 서로 다른 특성을 가지고 있어서, 두 가지를 비교분석하면서 향후 암호화폐 시장에서 어떤 역할을 할지 주목해야 한다.

1. 중앙화 거래소(CEX)

1) 개요

CEX는 중앙 기관이 모든 거래를 관리하고 운영하는 플랫폼으로 크립토 화폐 거래를 대규모로 조정하는 기관이다. 이들은 주식 거래소와 유사한 비즈니스 모델을 사용하여 시장에서 거래를 진행한다. CEX는 주문부를 유지하며 구매 및 판매 주문을 매칭시키고 현재 시장 가격을 공지한다. 대표적인 CEX 거래소는 바이낸스, 코인베이스, 크라켄 등이 있다.

2) CEX의 장점

주요 장점은 중앙화된 기관이 거래를 감독하고 관리하여 보안성이 높다는 것과, 사용자 인터페이스가 효율적이며 시장 점유율이 높다는 것이다. CEX는 높은 유동성과 편의성을 제공하며 고객 지원을 통해 문제를 빠르게 해결할 수 있다. CEX는 일반적으로 단순한 인터페이스와 법정화폐로 암호화폐를 구매할 수 있는 기능을 갖추고 있어 초보자에게 접근성이 좋아 사용자 친화적이다. 그리고 CEX에는 많은 사용자들이 거래하는 플랫폼이기 때문에 유동성이 높다. CEX는 주문을 빠르게 처리하여 속도가 높다는 장점이 있다.

3) CEX의 단점

중앙화된 거래소는 해킹 공격의 대상이 될 수 있으며, 사용자의 자산이 위험에 노출될 수 있어 보안이 취약한 문제가 있다. 해킹 위험과 중앙 기관에 대한 의존성이라는 단점을 가지고 있다. 즉 주요 거래소 해킹 사건을 중심으로, 그 원인과 피해 규모를 상세히 분석하고, 해킹 방지를 위한 기술적인 대책과 함께 거래소의 보안 의식 부족 문제를 지적한다. 또 CEX는 비교적 높은 거래 수수료를 부과하기 때문에 이는 사용자에게 부담이 될 수 있다. 그리고 중앙 집중식 제어가 가능하기 때문에 특정 거래자에 대한 검열이나 차별이 발생할 수 있다.

2. 탈중앙화 거래소(DEX)

1) 개요

DEX는 중앙 기관없이 사용자들 간의 직접적인 거래가 가능한 플랫폼으로 사용자가 자산을 직접 통제하고 거래소에 예치할 필요가 없다. 반면에 DEX는 탈중앙화를 통해 보안성을 강화하고 사용자의 자산에 대한 자율권을 보장하지만, 유동성 부족과 사용자 경험의 한계라는 문제점을 안고 있다. DEX의 발전 방향으로는 AMM, Layer2 솔루션 등 DEX의 발전 방향을 제시하고, 이러한 기술들이 DEX의 유동성 문제를 해결하고 사용자 경험을 개선하는 데 어떤 기여를 할 수 있는지 분석해야 한다.

대표적인 DEX거래소는 유니스왑(Uniswap)과 스시스왑(Sushiwap)이 있다. 이들은 Ethereum 블록체인 위에서 운영되며, 암호화폐 트레이더들 간에 거래가 직접 이루어진다.

2) DEX의 장점

DEX는 탈중앙화를 강조하며, 개인정보 보호와 보안을 강화하여 해킹이나 절도의 위험을 줄인다. 또 중앙 장애 지점이 없으며, 더 많은 투명성을 제공한다. 익명성: DEX를 사용하기 위해 개인정보를 제출할 필요가 없으므로 사용자는 익명성이 보장된다.

중앙 기관이 없기 때문에 해킹 위험이 적고 사용자의 자산이 직접적인 공격 대상이 되지 않는다. 또 익명성을 보장받으며 투명한 거래가 가능하고 블록체인에 기록되는 것이 주요 장점이다. DEX는 CEX 보다 더 높은 보안성과 낮은 수수료를 제공한다.

3) DEX의 단점

DEX는 중앙화 거래소보다 유동성이 낮을 수 있다. 그리고 복잡한 사용법으로 인해서 DEX의 인터페이스는 처음 사용하는 거래자에게 어려울 수 있다. 또 일부 DEX는 높은 거래 수수료를 부과할 수 있다.

보안을 강소한 뉴니스왑과 인공시능의 결합 이미지
코파일럿을 활용하여 창작

3절. 유니스왑 DEX 거래소의 문제점과 발전 방향

1. 유니스왑의 개요

유니스왑은 이더리움 기반의 탈중앙화 프로토콜로, 유동성 풀을 사용하여 거래를 가능하게 한다. 간단히 말해서, 유동성 풀은 여러 사용자들이 자신의 토큰을 예치하고, 다른 사용자들이 그 풀을 통해 토큰을 교환할 수 있게 해주는 시스템이다. 유니스왑은 이더리움 기반의 탈중심화 프로토콜로, ETH와 ERC-20 토큰 간의 자동 교환 거래를 용이하게 한다.

2. 유니스왑의 장단점

탈중심화로 유니스왑은 제3자 개입없이 지갑에서 저렴한 수수료 직접 거래할 수 있다. 그리고 새 토큰을 쉽고 빠르게 접근할 수 있다. 하지만 유니스왑에도 다음과 같은 단점이 있다.

- 거래 환율과 시장 유지는 차익 거래를 의존한다.
- CEX 대비 낮은 거래량으로 인한 유동성 부족의 리스크
- 복잡한 사용법으로 사용자 경험상 진입 장벽 높다.
- 스마트 컨트랙트 취약점이나 해킹 위험 등의 보안문제

3. 유니스왑과 인공지능의 결합

유니스왑에 인공지능 기술을 도입하여 더욱 상호보증을 통한 효율적

이고 안전한 거래 시스템을 구축할 수 있는 가능성을 모색한다. 예를 들어, 인공지능을 활용하여 유동성 풀을 자동으로 관리하거나, 이상 거래를 탐지하고 예방하는 시스템을 구축할 수 있다.

유니스왑은 이더리움 기반의 탈중앙화 프로토콜로, ETH와 ERC-20 토큰 간의 자동 교환 거래를 용이하게 한다. 이 프로토콜은 온체인에서 설치되어 탈중심화 지갑만 설치하면 누구나 사용할 수 있으며, 지원되는 지갑에는 MetaMask, WalletConnect, Coinbase Wallet, Fortmatic, Portis 등이 있다.

유니스왑은 탈중앙화 프로토콜을 활용하여 암호화폐 자산 거래 과정 중에 철저히 탈중개화시켜 일종의 디파이(DeFi) 프로젝트로 대중들에게 많이 알려져 있다. 또한, 인공지능은 사용자 경험을 개선하고 사용자의 Bedt Interest를 고려한 거래를 지원하는 데도 활용될 수 있다. 미래에는 더 많은 연구와 혁신이 이루어질 것으로 기대된다. 인공지능과 유니스왑의 결합은 다양한 측면에서 발전할 수 있다.

- 예측 및 분석 : 인공지능은 거래 데이터를 분석하여 시장 동향을 예측하고 최적의 거래 전략을 제안할 수 있다.

- 자동화된 거래 : 스마트 계약과 인공지능을 결합하여 자동 거래 전략을 실행할 수 있다.

- 유동성 관리 : 인공지능은 유동성 공급자를 지원하고 최적의 예비금 설정을 도와줄 수 있다.

- 보안 강화 : 인공지능은 보안 위협을 탐지하고 예방하는 데 도움이 될 수 있다.

4. 유니스왑의 발전적 방향

미래 세상에서도 역시 금융은 제일 중요하다. 이를 위한 몇가지 발전적 방향을 보면 다음과 같다.

- 탈중앙화 거래 : 유니스왑은 중앙 집중식 거래소 없이도 자동으로 토큰 간의 거래를 실행하는 자동화된 마켓 메이킹(AMM) 모델을 활용한다.

- 유동성 공급 : 사용자는 자신이 보유한 토큰을 유동성 풀에 추가하여 거래 수수료의 일부를 벌 수 있다.

- 거버넌스 참여 : UNI 거버넌스 토큰을 통해 사용자는 프로토콜의 미래 방향에 직접 참여할 수 있다.

- 지속적인 개발 : 유니스왑은 여전히 실험 단계에 있으며, 암호화폐 자산 거래 효율을 촉진하기 위해 더 많은 개발이 필요하다.

유니스왑과 같은 DEX의 등장은 기존의 중앙화된 금융 시스템에 대한 도전장을 제시하고 있으며, 블록체인 기반 금융 시스템의 미래를 밝게 하고 있다. 특히, 유니스왑은 AMM 모델을 통해 DEX의 효율성을 높이고, 탈중앙화를 통해 사용자의 자율권을 보장하며, 상호보증이라는 새로운 금융 생태계를 만들어가고 있다. 하지만, 유니스왑을 비롯한 DEX는 아직 해결해야 할 과제들이 많다.

유동성 부족, 보안 문제, 규제 문제 등을 해결하기 위한 지속적인 연구 개발이 필요하다. 또한, 인공지능과 같은 새로운 기술과의 융합을 통해 더욱 발전된 금융 시스템을 구축해야 한다.

유니스왑 거래소 이미지, 코파일럿을 활용하여 창작

이러한 코인 기반 시스템은 기존 금융 시스템의 한계를 극복하고 더욱 효율적이고 투명한 금융 시스템을 구축할 수 있는 잠재력을 가지고 있다. 하지만 기술 발전과 함께 규제, 보안, 인프라 등 해결해야 할 과제도 많다.

앞으로 다가올 미래에는 블록체인 기술이 금융 시스템을 혁신적으로 변화시키고, 메타세계를 뒷받침하여 우리의 삶을 더욱 풍요롭게 만들어 줄 것으로 기대된다.

5. 향후 발전 솔루션

1) AMM(Automated Market Maker) : 유동성 제공

자동화 마켓 메이커(AMM)는 탈중앙화된 거래소에서 중요한 역할을 힌다. AMM은 주문서 기반이 거래 대신, 수학적 알고리즘을 사용하여 자산의 가격을 결정하고 유동성을 제공한다. 이 시스템은 유동성 풀 (Liquidity Pool)이라 불리는 스마트 계약에 기반하여 작동하며, 사용자들은 이 풀에 자산을 예치함으로써 거래를 가능하게 한다.

유동성 풀은 두 가지 이상의 자산으로 구성되며, 이들은 특정 비율로 유지된다. 예를 들어, 이더리움(ETH)과 스테이블코인인 USDC가 50:50 의 비율로 유동성 풀을 구성할 수 있습니다1. 유니스왑과 같은 AMM은 $x \times y = k$ 공식을 사용하여 가격을 결정한다. 여기서 x와 y는 각각 유동성 풀에 있는 두 자산의 양이고, k는 고정된 상수이다. 이 공식은 풀의 총 유동성이 항상 일정하게 유지되어야 함을 의미한다.

AMM의 장점 중 하나는 사용자가 언제든지 유동성 제공자가 될 수 있으며, 거래 수수료를 통해 수익을 얻을 수 있다는 점이다. 하지만, 유동성 제공자는 가격 변동에 따른 '영구 손실'의 위험도 감수해야 한다. 이는 유동성 풀에 예치된 자산의 가격 비율이 변경될 때 발생할 수 있는 손실을 말한다.

AMM은 탈중앙화 금융(DeFi) 생태계에서 중요한 혁신으로, 사용자들에게 중앙 집중식 거래소 없이도 자산을 거래할 수 있는 능력을 제공한다. 이러한 시스템은 블록체인 기술의 투명성과 보안성을 활용하여, 누구나 참여하고 이익을 얻을 수 있는 개방적인 금융 환경을 조성하는 데 기여하고 있다.

2) Layer2 솔루션 : 확장성 증대

레이어2 솔루션은 이더리움과 같은 블록체인의 확장성 문제를 해결하기 위해 개발되었다. 이러한 솔루션들은 주로 초당 처리 거래량(TPS)을 증가시키기 위해 설계되었으며, 이더리움 메인넷의 한계를 극복하고자 노력한다. 레이어2는 다양한 기술과 접근 방식을 사용하여, 블록체인의 처리량을 늘리고 거래 비용을 줄이는 것을 목표로 한다.

예를 들어, 사이드체인은 이더리움과 별도의 블록체인을 연결하여, 더 빠른 거래 처리와 낮은 수수료를 제공한다. 스테이트 채널은 오프체인에서 거래를 처리하여, 온체인에서의 부담을 줄이고 효율성을 높이다. 롤업 기술은 트랜잭션 데이터를 압축하여 메인넷의 부담을 줄이는 방식으로 작동한다.

특히, ZK롤업은 영지식 증명을 사용하여 트랜잭션의 유효성을 검증하고, 이를 통해 높은 수준의 보안과 효율성을 제공하는 것으로 알려져 있다. 이러한 기술들은 블록체인의 확장성을 크게 향상시키며, 더 많은 사용자와 거래를 수용할 수 있게 해 준다.

레이어2 솔루션은 블록체인 생태계에서 중요한 발전을 의미하며, 이더리움 2.0과 같은 미래의 업그레이드와 함께 더욱 발전될 것으로 기대된다. 이러한 기술들은 블록체인의 확장 가능성을 실현하고, 탈중앙화 금융(DeFi)의 성장을 가속화하는 데 중요한 역할을 할 것이다.

3) AMM의 한계점 개선 방안

자동화 마켓 메이커(AMM)의 한계점 중 하나인 무상 손실(Impermanent Loss)은 유동성 제공자가 겪을 수 있는 주요 위험 중 하나이다. 이는 특정 자산의 가격이 유동성 풀에 예치한 후 변동할 때 발생한다. 가격 변동이 클수록 무상 손실의 가능성도 커진다. 이러한 문제를 해결하기 위한 몇 가지 개선책을 제안한다.

(1) 보험 풀

유동성 제공자들이 손실을 보상받을 수 있도록 보험 풀을 만드는 것이다. 이 풀은 손실이 발생했을 때 유동성 제공자에게 일정 부분을 보상해 줄 수 있다. 이것은 스왑이 상호 보증적 개념을 가지고 있기 때문에 이 기능을 가지고 보험풀을 국가별로 99라인을 설정할 수가 있다. 상호 보증하면서 우량 생태계를 만들어 국가간 유통시스템을 가동한다면 안정성 있는 미래의 거래에 따른 지급 수단이 될 수가 있다. 따라서 유니스왑을 통한 상호 결합 형태의 증폭이 가속화된다.

(2) 생태계 조성

99라인에 스왑된 기업들은 이미 유통망을 지니고 있으나 단일 생태계로는 객관화를 이룰 수 없다. 거대 유통망을 함께 공유함으로서 토큰의 가치가 보존된다. 따라서 미래의 토큰은 2가지로 가닥이 잡힐 것이다.

- 첫째는 CBDC를 만들어 ISO20022 표준을 제시하여 실행할 GO그룹
- 둘째 탈중앙화를 주도할 DEX 그룹을 이끌어갈 자유경제 주체를 리드할 NGO의 역할로 나뉘어 공존 상생하게 될 것이다.
- 셋째 제 3의 지대이자 뜨거운 감자이면서 생태계를 뒷받침하는 비트코인의 존재와 스와핑하는 그룹이 존재할 것이다.

(3) DAO

DAO(Decentralized Autonomous Organization)는 탈 중앙화된 자율 조직을 말한다. 일반 회사와는 달리 CEO 없이 결성되며, 모든 구성원은 동등한 투표권을 갖는다. 규칙은 코드로 직접 연결되어 있어 변경이 불가능하

며, 중개인 없이 모두가 평등한 권력을 가지게 된다. DAO는 최근 디파이(DeFi) 분야에서 주목받고 있으며, 글로벌 파트너십과 공동 벤처의 미래에 다음과 같은 큰 잠재력을 가지고 있다.

- 동적 수수료 : 거래 수수료를 시장 상황에 따라 조정하여, 가격 변동성이 높을 때 더 높은 수수료를 부과함으로써 유동성 제공자의 손실을 상쇄할 수 있다.

AI기반 메타버스와 블록체인이 가져올 미래 세계 이미지
코파일럿을 활용하여 창작

- 풀 선택 최적화 : 유동성 제공자가 자신의 위험 선호도에 맞는 풀을 선택할 수 있도록 다양한 위험 수준의 풀을 제공한다.

- 알고리즘 개선 : AMM의 가격 결정 알고리즘을 개선하여, 큰 가격 변동 시 무상 손실의 영향을 줄일 수 있다.

- 교육 및 정보 제공 : 유동성 제공자들에게 무상 손실의 위험과 그것을 관리하는 방법에 대한 교육과 정보를 제공한다.

4절. 메타버스 지도국가 위대한 대한민국

대한민국은 최근 세계 최초로 〈메타버스진흥법〉을 통과시켜 글로벌로 가는 선두의 방점을 찍었다. 이것의 주요방향은 대한민국이 제 2의 새마을 운동으로 메타버스 국가를 선언하는 것이다.

필자가 AOS(인공지능OS)를 메타버스 생태계에 구현했을 때 많은 이들의 조롱의 대상이 되기도 하였다. 메타버스의 미래에 대하여 국가를 설득하느라 많은 시간을 보내기도 하였다. 그리하여 메타태칸(위대한 대한민국) 운동이 시작된지 벌써 3년이 지나고 있다.

역시 대한민국은 위대하다. 메타버스와 가상자산에 대하여 선 시행 후 규제를 통한 보안을 선언하였다. 이러한 메타버스 혁명을 이루고자 하는 대한민국의 뜨거운 야망이 세계를 선도하게 될 것이다.

메타버스라는 플랫폼 아래 인공지능이 돌아가고 하드웨어는 로봇이 대치할 것이다. 정부부처의 홈페이지도 모두가 메타버스 서비스로 격변할 것이다. 우리 모두의 삶도 그렇게 변할 것이다. 신속하게 메가트랜드에 탑승하실 때 여러분의 미래는 보장될 것이다.

이와 같은 추세에 맞추어 유니스왑이라는 '상호보증형시스템'이 탄생되고 있다. 피해없는 가상자산의 세계를 만들어 갈 때 대한민국은 세계 선도국가가 될 것이다.

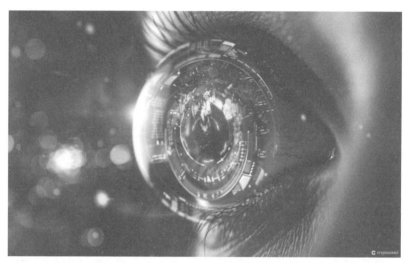

자료: Cryptonews, 2024.4.12., 오픈AI CEO 샘 알트만이 창업한 디지털 신원 및 암호화폐
프로젝트 월드코인이 개인 정보 보호 및 연령 인증 개선을 위한 신규 기능을 발표했다.

12장. 뜨거운 감자: Chat GPT의 Worldcoin

안동수

1절. ChatGPT와 Worldcoin의 개요

1. 왜 뜨거운 감자인가

미래 인공지능은 오늘의 인공지능이 최고로 발전된 모습이 될 것이다. 미래 인공지능과 월드코인(Worldcoin)의 발전은 인류에게 많은 기회를 제공할 수 있지만, 동시에 위험 요소도 내포하고 있다. 미래 인공지능의 발전과 월드코인의 통제 장치에 대한 우려는 매우 중요한 주제이다.

현재 인공지능의 최상위 먹이사슬에 있는 ChatGPT 회사의 샘 알트만(Sam Altman)이라는 천재가 ChatGPT를 기반으로 코인을 개발하여 세상에 보급하였다. 인공지능 ChatGPT의 Worldcoin을 어떻게 합리적으로 발전시켜나갈 것인가 하는 과제가 뜨거운 감자로 떠올랐다.

샘 알트만이 개발한 인공지능 ChatGPT가 미래를 담보 받기 위해서 인간의 홍채 인식 데이터를 가지고 있다면 인류 전체를 통제 또는 관리하는데 보안문제가 생길 수 있다. 인간이 약하다는 측면에서 인간들을 관리해 준다는 것은 좋지만, 문제는 그 홍채 인식정보 데이터베이스를 악한 세력에게 빼앗기거나 해킹을 당한다면 이들의 돈벌이가 결국 인류를 인공지능 로봇의 노예로 만드는 결과를 가져오게 되는 것이다. 현재 인공지능 개발을 적절히 또는 엄격히 통제하지 않으면 미래 인공지능은 인류를 멸망시킬 수도 있지 않을까?

이제 인공지능이 인류에게 긍정적인 영향을 미칠 수 있도록 적절한 통제가 필요하다는 점은 모두가 공감할 것이다. 스티븐 호킹 박사는 '인공지능에 대해 인류에게 잠재적인 위험을 초래할 수 있다. 인공지능이 인간의 지능을 뛰어넘을 경우 인류에게 위협이 될 수 있다'고 경고했다. 일론 머스크도 '인공지능 연구가 신중하게 이루어져야 하며, 인공지능이 인류에게 위협이 되지 않도록 규제되어야 한다'고 주장했다. 그래서 인공지능의 통제 방안과 월드코인의 안전한 사용을 위한 통제 장치를 마련하는 것이 필수적이다. 이러한 조치들이 잘 이루어진다면, 인공지능과 월드코인은 인류의 발전에 긍정적인 기여를 할 수 있을 것이다. 인공지능과 블록체인 기술의 발전이 인류에게 더 나은 미래를 가져다주기를 기대한다면 강력한 통제장치가 필요하다.

그러나 이러한 안전장치가 없는 상태에서 현재 월드코인이 소비자들을 모으기 위해서 코인을 확산시켜 나가고 있다. 소비자는 새로운 비즈니스로 돈벌이가 필요하기 때문에 여기에 불나비처럼 달려들 수 있다. 특히 우리 소비자들이 고민해야 할 포인트는 소비자가 이 월드코인을 지지하며 월드코인 사업에 합류한다면 공공의 가치보다 돈벌이하는 쪽에 가담하는 것이 되고, 이 책도 돈벌이 쪽에 힘을 싣게 되는 결과가 될 수 있다는 점이다.

앞으로 월드코인을 선한 목적으로 쓸 수 있도록 만들 수 있는 최소한의 통제 장치는 어떤 것이 있는지 알아본다. 이 글의 자료를 찾고 정리하는 일은 인공지능 뤼튼(https://agent.wrtn.ai)과 상담하였다. 특별한 경우를 제외하고 뤼튼이 제시한 참고자료 링크는 미주에 표기했다.

2. 월드코인의 개발 역사

1) 월드코인의 개발 역사 및 의도

월드코인은 생체 인식 기술을 활용하여 안전하고 효율적인 시스템을 구축하고, 개인의 신원을 안전하게 증명하고 디지털 자산을 소유할 수 있는 기회를 제공하기 위해 개발된 혁신적인 프로젝트라 할 수 있다.

월드코인은 2020년에 시작되어 2023년 7월에 공식 출시되었다. 월드코인은 홍채 인식을 통해 개인의 신원을 확인하고, 이를 기반으로 가상 자산 지갑을 생성하는 시스템을 개발했다. 이 과정에서 다양한 기술 기업가들이 참여하여 기술적 기반을 다졌다. 월드코인은 Tools for Humanity(TFH)라는 조직에 의해 개발되었으며, 월드코인 재단이라는 비영리법인이 커뮤니티를 관리하고 있다. 이는 프로젝트의 투명성과 신뢰성을 높이는 데 기여하고 있다.

월드코인은 앞으로도 지속적으로 기술을 발전시키고, 더 많은 사용자와 파트너십을 통해 글로벌 네트워크를 확장할 계획이다. 이는 디지털 자산의 접근성을 높이고, 경제적 기회를 제공하는 데 기여할 것이다.

월드코인은 모든 사람이 소유권을 가질 수 있는 세계 최대의 개인 정보 보호 네트워크를 구축하는 것을 목표로 하고 있다. 이를 통해 경제적 불평등을 줄이고, 모든 사람이 디지털 자산에 접근할 수 있도록 하려는 의도를 가지고 있다. 이 프로젝트는 전 세계적으로 개인의 신원을 안전하게 증명하고, 서민들이 경제적 기회를 얻을 수 있도록 돕는 것을 목표로 하고, 디지털 자산을 소유할 수 있는 기회를 제공하기 위해 설계되었다.[27]

2) 발행량과 보유 지갑

비트코인닷컴에 따르면 WLD 코인은 총 발행량은 1억7,890만 개로 이중 사용자가 청구한 WLD는 총 1,745만 개로 집계됐다. 또한 WLD 코인의 85%가 6개의 암호화폐에 예치된 것으로 전해졌다.

그 중 WLD 코인이 가장 많은 지갑은 전체 공급량의 54.52%를 보유하고 있으며 두 번째로 많은 지갑이 17.33%인 것으로 나타났다. 두 지갑 모두 월드코인이 통제하는 지갑인 것으로 밝혀졌다. 세 번째 지갑은 바이낸스 콜드 지갑으로 총 발행량의 6.54%를 보유한 것으로 확인됐다. 그 이후론 윈터무트 지갑이 4.03%로 4위, 월드코인이 보유한 지갑이 1.93%로 5위, 암호화폐 거래소 OK가 1.19%를 보유했다.[28]

2절. Worldcoin의 구성 요소

1. 월드코인의 블록체인 구조

월드코인의 블록체인 구조는 다른 암호화폐와 몇 가지 중요한 차별점을 가지고 있다. 특히, 월드코인은 Proof of Personhood(PoP)라는 독특한 합의 메커니즘을 사용하여 사용자 신원을 검증하고, 생체 인식 기술을 통합하여 블록체인 생태계를 구축하고 있다.

1) 월드코인의 PoP

PoP는 사용자가 실제로 존재하는 사람임을 증명하는 방식으로, 전통적인 블록체인에서 사용되는 Proof of Work(PoW)나 Proof of Stake(PoS)와는 다르다. 월드코인은 Orb라는 생체 인식 장치를 통해 사용자의 홍채를 스캔하여 고유한 숫자 시퀀스로 변환한다. 이 과정은 개인의 프라이버시를 보호하면서도 신뢰할 수 있는 신원 확인을 가능하게 한다.

2) 블록체인과 AI의 결합

월드코인은 AI 기술과 블록체인을 결합하여 사용자 경험을 개선하고, 데이터 처리의 효율성을 높인다. 이는 월드코인이 단순한 암호화폐가 아니라, AI와 블록체인 기술을 활용한 포괄적인 생태계를 구축하고 있음을 보여준다.

2. 블록체인 기술의 사회적 영향

월드코인은 전 세계의 모든 사람에게 금융 서비스를 제공하는 것을 목표로 하고 있다. 생체 인식 기술을 통해 신원확인이 용이해지므로, 금융 서비스에 접근하기 어려운 사람들도 쉽게 참여할 수 있다. 이러한 기술적 장점은 사회적 변화와 경제적 평등을 이루는 데 중요한 역할을 할 것이다.[29]

또 블록체인 기술은 모든 사용자에게 동등한 기회를 제공함으로써 경제적 불평등을 줄이는 데 기여할 수 있다. 월드코인은 보편적 기본소득(UBI)을 제공하는 것을 목표로 하여, 이러한 변화를 실현하고자 한다.[30]

3. World ID 시스템 구현

Worldcoin은 Orb라는 특수한 생체 인식 장치를 사용하여 개인의 홍채를 스캔한다. 이 장치는 사용자의 홍채 패턴을 기반으로 고유한 식별 코드를 생성한다. 실제 인간과 AI를 구별하는 도구로 디지털 신원 확인 및 중복 계정 등록을 방지한다. 이를통해 암호화폐 Worldcoin 배포를 위한 기반을 마련한다. 실제 사람에 해당하는 고유한 숫자 문자열을 만드는 데 사용되는 생체 인식 데이터는 삭제되고 개발사인 Tools for Humanity에서 보관하지 않는다.

Orb의 주요 특징은 다음과 같다.
- 정밀한 홍채 스캔 기술 : Orb는 고해상도 카메라와 특수 조명을 사용하여 정확하고 상세한 홍채 이미지를 캡처한다. 이를 통해 개인의 고유한 홍채 패턴을 정밀하게 인식할 수 있다.

• 보안 및 프라이버시 보호 : Orb는 홍채 스캔 후 즉시 이미지를 삭제하고, 오직 암호화된 고유 코드만을 생성한다. 이는 개인정보 보호를 위한 중요한 기능이다.

'오브(Orb)' 장치를 사용하여 사용자의 홍채를 스캔하고 디지털 신원을 확인한다.

• 사용자 친화적 설계 : 사용자가 쉽게 접근하고 사용할 수 있도록 설계되었다. 팝업 스토어나 지정된 장소에서 간편하게 홍채인식을 받을 수 있다.

• 중앙 관리 시스템 : Orb는 월드코인 프로젝트에서 공식적으로 인증된 오퍼레이터들만이 운영할 수 있어, 장치의 품질과 보안을 일관되게 유지할 수 있다.

• 지속적인 기술 개선 : 월드코인 팀은 Orb의 성능과 보안을 지속적

으로 개선하고 있어, 최신 기술을 반영한 고품질의 장치를 유지하고 있다.

독일의 한 공장에서 제조된 이 장치(회사는 추가 세부 정보를 제공하지 않음)는 간단해 보이지만 실제로는 가짜 "세계 ID"를 만들려는 시도를 따돌리도록 설계된 센서가 가득 차 있어 발급된 각 디지털 ID가 실제 사람과 연결되도록 보장한다. Worldcoin은 회사가 구축한 오브와 소프트웨어의 디자인을 오픈 소스화했으며, 이는 암호화폐 업계에서 호평을 얻었다.

황두현의 웹3+ 자료의 Orb와 World ID 내용을 인용하면 다음과 같다.[30]

월드코인 재단은 이를 '인격 증명(PoP, Proof of Personhood)'이라는 단어로 정의하고, "AI 모델이 점점 더 강력해지면서 인간과 봇을 구별하기가 어려워지고 있다. 이를 월드 앱과 월드 ID 도입으로 해결하는 것이 우리의 핵심 아이디어"라고 설명하고 있다.

인격 증명을 통한 글로벌 신원·금융 네트워크 구축의 핵심이 되는 월드 ID는 자신이 인간임을 증명할 수 있는 디지털 여권과도 같은 역할을 한다. 홍채인식 기기인 '오브(Orb)'에 홍채를 인식하고 인간임을 증명한 다음 월드 앱을 통해 월드 ID를 발급받는 식이다. 월드 ID를 사용하면 전 세계 금융 시스템을 연결함과 더불어 온라인상에서 대두되고 있는 봇, 스팸 공격 등을 방지할 수 있다는 것이 장점으로 꼽힌다.

실제로 현재 봇 공격의 주요 대상이 되는 디스코드, 레딧, 텔레그램은 월드 앱 로그인을 지원해 이 같은 문제를 해결하고자 하고 있다. 김동완 TFH 글로벌 재무 총괄은 "월드 앱의 사용자 수가 늘어날수록 월드 앱 로그인을 지원하는 곳도 많아질 것"이라면서 "이외에도 금융 혜택을 제대로 누리지 못하는 아프리카, 동남아시아 쪽에도 월드 앱 및 월드 ID를 보급해 자유로운 금융 거래를 지원하는 것이 목표"라고 말했다.

시리즈 C 펀딩을 주도한 블록체인 캐피털도 월드코인 프로젝트의 최대 강점으로 월드 ID를 꼽았다. 이를 활용한 PoP 프로토콜이 추후 인터넷의 새로운 표준이 될 수 있는 잠재력을 지녔다는 것이다.

블록체인 캐피털은 "월드코인은 새로운 전략을 활용해 10억명이 넘는 사람들을 가상자산 세계로 끌어들일 수 있는 가장 야심차고 신뢰 가능한 프로젝트"라면서 "PoP 프로토콜은 사용자 경험을 개선하고 기존 웹 서비스에 경제적 지속 가능과 개선된 신뢰 기반을 제공할 것이다. 우리는 PoP 프로토콜이 인터넷의 근본적인 기본이 될 것이라고 믿는다"고 평가했다.

4. 월드코인의 개인정보에 대한 국제사회 평가

월드코인은 생체 인식 기술을 사용하여 개인의 신원을 증명하는 시스템을 운영하고 있다. 오늘날의 기술로는 오브를 속일 수 있는 가짜 홍채를 만드는 것은 불가능하다. 그러나 이러한 기술은 해킹의 위험에 노출될 수 있으며, 인공지능의 침범 등이 우려되는 상황이다.

즉, 월드코인은 생체 인식 기술과 AI를 활용하여 개인의 신원을 안전하게 증명하고자 하지만, 해킹과 AI 침범의 위험이 존재한다.이로 인해 이 아이디어는 전 세계적으로 호평을 받지 못했다. 월드코인의 개인정보 보호 관행에 대해 우려를 제기하고 조사나 제한 조치를 취한 국가들은 여러 곳이 있다. 주요 국가들은 다음과 같다.

- 홍콩 : 홍콩의 개인정보 보호 위원회는 월드코인이 도시의 개인정보 보호법을 위반했다고 밝혔다. "불필요하고 과도한" 눈과 얼굴 스캔을 요구했다는 이유로 조사를 시작했다.

- 프랑스 : 프랑스의 국가정보자유위원회 CNIL은 월드코인의 생체 데이터 수집 및 저장 조건의 합법성에 대해 조사를 시작했다.

- 독일 : 바바리아 주 당국이 월드코인에 대한 조사를 시작했으며, 독일 연방 데이터 보호 당국도 관할권을 가질 것으로 보인다.

- 영국 : 영국의 정보위원회 ICO는 이 문제에 대해 조사를 진행 중이라고 밝혔다.

- 아르헨티나 : 아르헨티나의 공공정보접근청 AAIP도 개인정보 보호 우려로 인해 조사를 시작했다고 발표했다.

- 스페인 : 스페인 데이터 보호 규제 기관인 AEPD는 월드코인의 개인정보 수집을 최대 3개월 동안 중단하도록 명령했다.

- 포르투갈 : 포르투갈은 월드코인의 생체 정보 수집을 90일 동안 중단시켰다.

- 케냐 : 케냐에서는 운영이 일시 중단되었다가 정부와의 협상 후 2023년 12월 말에 재개되었다.

5. 한국의 근황

디지털데일리의 2024.3.4. "개인정보위, 홍채정보 수집한 샘 올트먼 '월드코인' 조사한다"는 보도에 따르면 개인정보위는 개인정보보호법 상 민감정보 수집·처리 전반, 개인정보 국외 이전 등에 대한 조사를 진행할 예정이다. 추후 위반 사항이 확인된 경우 관련 법규에 따라 조치를 취할 계획이다. 그 세부 내용은 다음과 같다.

개인정보위는 개인정보 수집·처리에 대한 민원 신고에 따라 관련 조사를 진행 중이라고 2024.3.4. 밝혔다. 조사 대상 명단에는 월드코인이 이름을 올렸다. 개인정보위에 따르면 월드코인 관계사는 현재 한국 내 10여개 장소에서 얼굴 및 홍채인식 정보를 수집하고 있다.

월드코인은 '챗GPT 아버지'라고 불리는 샘 올트먼 오픈AI 최고경영자(CEO)가 개발한 가상화폐로 이름을 알린 바 있다. 생체 정보를 기반으로 지급되는 것이 특징인데, 사용자는 자신의 홍채 정보를 등록하는 절차를 거쳐야 한다. 개인정보가 노출될 수 있다는 우려가 제기된 이유다.

개인정보위는 개인정보보호법 상 민감정보 수집·처리 전반, 개인정보 국외 이전 등에 대한 조사를 진행할 예정이다. 추후 위반 사항이 확인된 경우 관련 법규에 따라 조치를 취할 계획이다.

3절. Worldcoin의 Biz-model

1. 글로벌 비즈니스 진행

Worldcoin은 글로벌 경제에서 중요한 역할을 할 것으로 기대된다. 다양한 국가에서의 파트너십과 협력을 통해 확장하고 있다. Worldcoin의 주요 사업 모델은 디지털 정체성 및 금융 네트워크를 구축하는 데 중점을 두고 있다. 이 모델은 다음과 같은 핵심 요소로 구성된다.

디지털 정체성 네트워크(World ID) : Worldcoin은 개인의 고유성과 인간성을 증명하는 "Proof of Personhood" 기술을 사용하여, 사용자가 자신의 디지털 정체성을 안전하게 확인할 수 있도록 한다. 이 기술은 사용자가 로봇이나 AI가 아닌 실제 인간임을 증명하는 데 도움을 준다.

- 디지털 화폐(WLD) : Worldcoin은 WLD라는 디지털 화폐를 통해 글로벌 경제 참여를 촉진한다. 이 토큰은 전 세계 모든 사람에게 무료로 배포되며, 사용자는 이를 통해 다양한 금융 거래를 수행할 수 있다.

- 오픈 소스 프로토콜 : Worldcoin의 기술은 오픈 소스 프로토콜로 제공되어, 전 세계 개발자와 기술자들이 이를 활용하여 새로운 애플리케이션과 서비스를 개발할 수 있다. 이는 기술의 확장성과 접근성을 높이는 데 기여한다.

- 월드 앱(World App) : Worldcoin의 월드 앱은 사용자들이 WLD 토큰을 사용하여 결제, 송금 및 구매를 할 수 있는 플랫폼을 제공한다. 이 앱은 World ID와 통합되어 사용자들이 안전하게 금융 거래를 할 수 있도록 지원한다. Worldcoins에 액세스하는 데 사용되는 World

App은 현재 160개국에서 1,000만 명의 사용자를 보유하고 있으며 초당 7건 이상의 거래를 처리하여 세계에서 가장 인기 있는 암호화폐 지갑 중 하나가 되었다.

- 오브(Orb) 기술 : Orb는 사용자의 홍채를 스캔하여 고유한 식별 코드를 생성하는 장치로, 사용자의 개인 정보를 보호하면서도 정확한 신원 확인을 가능하게 한다. 이 기술은 전 세계 여러 도시에서 사용되고 있으며, 사용자가 중복 등록을 방지하는 데 도움을 줍니다.

Worldcoin은 이러한 요소들을 통해 전 세계적으로 포괄적인 금융 및 정체성 네트워크를 구축하고, 특히 AI 시대에 중요한 디지털 정체성 문제를 해결하고자 한다. 이를 통해 글로벌 경제 참여를 확대하고, 경제적 기회를 증진시키는 것을 목표로 하고 있다. Worldcoinmarkets는 Worldcoin의 가격과 시장 동향을 추적할 수 있는 플랫폼이다. 사용자는 이 사이트를 통해 투자 결정을 내릴 수 있다. WLD는 Worldcoin의 토큰으로, 다양한 거래소에서 거래된다. ATM과 ATMC는 Worldcoin의 유동성을 높이기 위한 인프라이다.

2. 디지털 지갑 World App

Worldcoin의 World App은 사용자가 Worldcoin 생태계와 Ethereum 프로토콜을 쉽게 접근할 수 있도록 설계된 디지털 지갑이다. 이 앱은 다양한 기능을 제공하여 사용자들이 디지털 자산을 관리하고, 금융 서비스에 접근할 수 있도록 돕는다. World App은 이러한 기능들을 통해 사용자가 글로벌 경제에 참여할 수 있도록 지원하며, 디지털 자산의 관리와 거래를 보다 쉽게 만들어 준다.

주요 기능은 다음과 같다.

- World ID를 통한 신원 인증 : World ID를 사용하여 사용자는 자신의 인간성과 고유성을 증명할 수 있다. 이는 웹사이트, 모바일 앱, 암호화폐 디앱에 안전하게 로그인할 수 있도록 지원한다.

- Worldcoin Grants 수령 : 사용자는 World ID를 통해 매월 Worldcoin Grants를 수령할 수 있다. 앱에서 알림을 통해 새로운 그랜트가 제공될 때마다 이를 청구할 수 있다.

- 디지털 머니의 저장 및 송금 : 사용자는 USDC 등의 디지털 달러를 저장하고, 전 세계 친구나 가족에게 즉시 송금할 수 있다. 송금은 전화번호나 암호화폐 주소를 통해 무료로 이루어진다.

- 암호화폐 탐색 및 사용 : 사용자는 Ethereum과 Bitcoin을 포함한 다양한 암호화폐에 대해 배우고, 잔액을 추적하며, 주요 변동 사항에 대한 알림을 받을 수 있다. 또한, 탈중앙화 거래소를 통해 쉽게 거래할 수 있다.

- 수수료 없는 거래 및 24/7 지원 : World ID를 통해 가스비 없는 거래를 즐길 수 있으며, 사용자의 행동에 대한 알림을 받고, 필요할 경우 24시간 지원을 받을 수 있다.

3. World App에서 Worldcoin 지원금(Grants)을 받는 과정[31]

- World App 설치 및 계정 생성 : 공식 앱 스토어에서 "World App-Worldcoin Wallet"을 다운로드한다. 이는 Worldcoin의 글로벌 겸

제 참여하는 한 방법이다.

- 앱을 열고 이용 약관에 동의한 후 '새 계정' 버튼을 눌러 계정을 생성한다.

- 휴대폰 번호를 입력하여 계정을 연동한다.

- World ID 인증 : Orb 장치가 있는 장소를 찾아 방문하고 Orb를 통해 홍채 스캔을 받아 World ID를 인증한다.

- 그랜트 예약 : 앱에서 '예약하기' 버튼을 눌러 Worldcoin 그랜트를 예약한다. World ID 인증이 완료되면 그랜트 신청이 가능해집니다.

- 알림 설정 : 향후 그랜트 지급 시 알림을 받을 수 있도록 설정한다.

- 정기적인 그랜트 확인 및 청구 : 앱에서 새로운 그랜트가 가능한지 정기적으로 확인한다. 그랜트가 가능할 때 앱을 통해 청구한다.

- 주의할 점 : Worldcoin 토큰 지급은 지정된 국가의 사용자에게만 제공된다. 미국 등 일부 국가에서는 Worldcoin 토큰 지급이 제한될 수 있다. 그랜트 지급 주기는 변경될 수 있으며, 현재는 주간 단위로 분배되고 있다.

- World App을 통해 이러한 과정을 따라 Worldcoin 지급을 받을 수 있다.

- World App에서 현재 지원하는 주요 암호화폐 : ETH, BTC, WETH (Wrapped Ethereum), WBTC(Wrapped Bitcoin), DAI, USDC (USD Coin), Beta WLD(Worldcoin의 자체 토큰)

World ID

A more human internet with global proof-of-personhood. Privacy-First. Self-custodial. Decentralized.

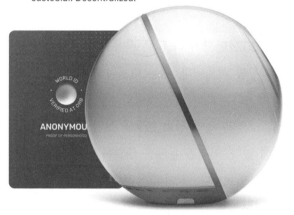

휴대폰에 설치된 World App

4절. 향후 발전전망과 과제

1. 월드코인의 발전 전망과 과제

월드코인은 2024년까지 더 많은 사용자와 파트너십을 통해 글로벌 네트워크를 확장할 계획이다. 이는 디지털 자산의 접근성을 높이고, 경제적 기회를 제공하는 데 기여할 것이다.

그러나 월드코인은 개인 정보 보호와 보안 문제, 그리고 규제 환경의 변화에 직면해 있다. 이러한 문제를 해결하기 위해 지속적인 기술 개발과 법적 대응이 필요하다.[32] 이러한 우려사항들로 인해 여러 국가에서 Worldcoin에 대한 조사가 진행되고 있으며, 프로젝트의 신뢰성과 안전성에 대한 의문이 제기되고 있다.

Worldcoin의 프라이버시 관련 주요 우려사항은 다음과 같다.

- 홍채 스캔 데이터 : Worldcoin은 사용자의 홍채를 스캔하여 고유한 ID를 생성한다. 이 생체 정보의 수집과 보관에 대한 우려가 크다.

- 데이터 보안 : 수집된 생체 데이터가 해킹이나 유출될 위험이 있다. 일단 유출되면 개인의 프라이버시를 회복하기 어렵다.

- 불필요한 정보 노출 : 홍채 스캔을 통해 World ID 소지 여부 등 불필요한 정보가 노출될 수 있다.

- 명시적 동의 부족 : 유럽 법률에 따른 명시적 동의 요건을 충족하지 못하고 있다는 지적이 있다.

- 데이터 사용 목적 불명확 : 수집된 데이터의 구체적인 사용 목적과 방식이 명확히 공개되지 않았다.

- 약관의 모호성 : 동의 양식이 사용자에게 충분한 정보를 제공하지 않고 있다.

- 개발도상국 대상 우려 : 경제적으로 취약한 국가에서 "무료 현금"을 대가로 생체 정보를 요구하는 것이 윤리적 문제를 야기한다.

- 정보 비대칭 : 사용자들이 충분한 정보 없이 생체 데이터를 제공할 가능성이 있다.

- 다중 ID 생성 가능성 : 과거에 한 사람이 여러 World ID를 생성할 수 있는 취약점이 발견되었다.

- ID 거래 시장 : 합법적 사용자의 ID가 불법적으로 거래되는 블랙마켓이 형성되고 있다.

2. 인공지능 통제 방안

- 설명 가능한 인공지능(XAI) : 인공지능의 결정 과정을 투명하게 만들기 위한 방법으로, 사용자가 AI의 판단을 이해할 수 있도록 돕는다. 이는 AI의 신뢰성을 높이고, 잘못된 판단을 방지하는 데 기여할 수 있다.[33]

- 강화 학습 : AI가 환경과 상호작용하며 학습하는 방법으로, 이를 통해 AI의 행동을 조정하고 개선할 수 있다. 이는 AI가 인간의 가치와 윤리를 반영하도록 하는 데 중요한 역할을 할 수 있다.[34]

- AI의 규제 및 정책 : 정부와 기관들이 AI의 개발과 사용에 대한 규제를 마련하여, 인공지능이 사회에 미치는 영향을 최소화하고, 안전성을 보장하는 것이 중요하나.[35]

3. AI 돈벌이보다 인류의 안전이 우선이다

1) 기술 발전과 기업 거버넌스의 근본적 가치충돌

샘 알트만은 OpenAI의 CEO로서 인공지능 분야의 혁신을 이끌고 있다. ChatGPT는 자연어 처리 AI로, 다양한 분야에서 활용되고 있으며, Worldcoin은 알트만이 지원하는 야심찬 암호화폐 프로젝트이다. 이 프로젝트는 독특한 '오브(Orb)' 장치를 사용하여 사용자의 홍채를 스캔하고 디지털 신원을 확인한다.

그러나 홍채 데이터의 수집과 저장에 대한 우려가 제기되고 있다. 월드코인 측은 홍채 데이터를 절대 보관하거나 판매하지 않는다고 주장하지만, 일부에서는 개인정보 보호에 대한 우려를 나타내고 있다. Orb는 기술적으로 높은 품질을 갖추고 있지만, 사용자들은 개인정보 보호와 관련된 잠재적 위험을 신중히 고려해야 한다. 즉, 개인 홍채 정보의 해킹 방지를 위한 확실한 조치가 마련되기 전에는 시장 확산이 이루어져서는 안 된다.

뉴욕타임스(NYT)는 오픈AI 공동 창립자로서 알트만 해임을 주도한 일리야 수츠케버가 자사 기술의 위험성에 대해 알트만이 충분한 주의를 기울이지 않는 점을 우려했다고 보도했다. 이번 알트만 해임 사태는 AI가 가장 큰 사업 기회라고 믿는 사람들과, 너무 빠른 기술 발전이 위험하다고 믿는 사람들 사이의 해묵은 갈등을 드러낸 사건으로 평가된다. 이는 인공지능 기술 발전과 기업 거버넌스 간의 근본적인 방향 충돌을 의미한다.

오픈AI의 사명은 인류에게 도움이 되는 AI를 구축하는 것이다. 그러나 알트만이 AI의 위험성을 간과하고 ChatGPT의 상용화를 확대함으로써 이사회가 그를 퇴출한 사건은 상업 우선주의가 승리한 결과로, 우려스러운 상황을 초래했다고 생각된다.

2) 미국 정부가 나서야 한다

인간의 탐욕을 절제하기는 이미 어려운 단계에 이르렀다. 블록체인 기술은 인간의 신뢰를 강제적으로 보장하고자 하는 시도로, 비트코인과 같은 암호화폐가 그 예이다. 이제 일반 소비자들은 인간의 호기심과 돈벌이에 기반한 인공지능이 발행한 코인사업에 관심을 갖고 있다. 최근 샘 알트만이 다시 대표직에 복귀한 결정은 투자자와 많은 직원들의 탐욕이 작용한 결과로, 이는 심각한 인류에 대한 위협이 될 수 있다.

인간성 유지와 탐욕의 경계에서, 우리는 최소한의 인간성을 잃지 말아야 한다. 지능 기계와의 싸움에서 인간성을 내줄 경우, 이는 인류사의 종언을 예고하는 것과 다름없다. 우리는 이제 두 갈래 갈림길에 서 있다. 내가 돈을 벌고 로봇에게 내 생명을 맡길 것인가, 아니면 명예와 물질의 욕심을 초월하여 인류의 지속 가능한 생존을 선택할 것인가를 고민해야 한다.

약한 육체를 가진 유기체로서, 이 시기를 어떻게 선택할지는 각자의 몫입니다. 이제는 빅테크 기업에게 '존엄한 인간성의 승리를 보장하라!'고 요구하는 것만으로는 부족하다. 이제는 이 이제는 문제를 해결하기 위해 미국 정부의 합리적이고 인간성을 우선시하는 공직자들이 해결해야 할 차례다. 이 어려운 문제를 Askup AI에게 물어보았더니 다음과 같이 대답하였다.

미국에서는 인공지능과 같은 첨단 기술을 관리하는 국가 기관은 없습니다. 그러나 인공지능과 관련된 연구와 개발은 다양한 주 및 연방 기관의 지원을 받을 수 있습니다. 예를 들어, 미국 국립과학재단(NSF), 국방고등연구계획국(DARPA), 국립보건원(NIH) 등이 인공지능 연구에 대한 지원을 제공하고 있습니다. 또한, 인공지능에 대한 윤리적인 문제와 관련된 연구 및 정책 개발을 위해 백악관 과학기술정책실(OSTP)이 주도하는 인공지능 연구 및 개발 이니셔티브도 있습니다.

미주

1) 코인경제는 코인 중심의 용어지만 한국에서는 토큰보다는 코인이라는 용어가 익숙하다. 따라서 이 책에서는 코인경제를 토큰경제와 함께 Tokenomics로 혼용한다.

2) https://steemit.com/crypto/@shsfse/token-economy를 참고하여 재작성

3) Bing과의 대화, 2024. 5. 11를 참고 하여 작성

4) 이광형, 〈미래의 기원〉 508p, 2024.

5) 그는 성정길의 '웅달 책방과 함께하는 고래돈 공부'라는 유튜브 강의(2024.6.19) 참고하여 작성, https://youtu.be/dbkvHUPrP9k?si=ikqisABX8mlQF7Iz

6) "Stern"은 별, "Stunde"는 시간을 의미하는 독일어 단어의 조합이다. 원래 점성술에서 유래했으며, 인간의 출생 당시 별들의 위치가 삶의 진로를 결정한다는 의미를 담고 있다. 현재는 특별하거나 최고로 중요한 사건, 절정의 시간과 같은 긍정적인 의미로 주로 사용된다.(www.perplexity.ai/search)

7) 텔레그램의 시크릿 파이 '켄리' 채널 포스팅 모음 참고, https://t.me/secretpi314/546

8) Faster Capital 2024.5.5, 토큰경제: 토큰경제이해: ValorenNumbers 참조

9) 2024.04.29. 포춘 비즈니스인사이트 기사 참조
https://www.fortunebusinessinsights.com/ko/industry-reports/cryptocurrency-market-100149)

10) 한국경제 2023.10.04일자 "K-토큰시장 7년 뒤 370조 원 성장 예상…韓GDP 14.5% 규모" 참조

11) USB와 같이 인터넷에 연결되어 있지 않은 가상자산 보관 장치를 말하며, 해킹 위험이 적어 상대적으로 보안상 안전하다. 다만, 인터넷에 연결된 핫월렛(Hot Wallet)에 비해 거래가 불편하고, 분실의 위험이 있다는 단점이 있다.

12) 금융위원회 보도자료, "NFT(Non-Fungible Token)가 가상자산에 해당되는지 판단할 수 있는 가이드라인을 마련하였습니다.", 2024. 6. 10.

13) 추가로 2%의 지방소득세가 부과된다.

14) 2024-07-16 (화) 대한신보 김홍식기자 보도

15) 빠삐용, 2024년 7월 9일 블로그에 올린 글 https://blog.naver.com/csntf/223506249900

16) https://www.blockchaintoday.co.kr

17) 인공지능 검색 https://chatgpt.com/c/d89b56cc-966f-43a4-8b9b-21515c8e3259

18) https://couplewith.tistory.com/210
https://www.perplexity.ai/search/qfs-yangjagoumyungsiseutemgwa-hq5QKmrgTwSJaG1lgxQurg

19) [1] [PDF] 미 연준의 ISO 20022 도입 현황 및 시사점

https://www.bok.or.kr/portal/cmmn/file/fileDown.do?atchFileId=FILE_00000000
0046581&fileSn=1&menuNo=200763, https://www.perplexity.ai/

[2] 한은, 2026년까지 한은금융망에 'ISO 20022' 도입 완료 - 뉴시스

https://mobile.newsis.com/view.html?ar_id=NISX20231018_0002486985

[3] 국제금융전문표준(ISO 20022) 도입 | 지급결제제도와 한국은행

https://www.bok.or.kr/portal/main/contents.do?menuNo=201665

[4] 돈의 이동-ISO 인증지원센터

https://isocerti.co.kr/%EB%8F%88%EC%9D%98-%EC%9D%B4%EB%8F%99/

[5] 주요국 지급결제시스템의 국제표준전문(ISO 20022) 도입 사례

https://eiec.kdi.re.kr/policy/domesticView.do?ac=0000163337

20) https://copilot.microsoft.com/

21) 1: SEPA 2: SWIFT gpi 3: TARGET2 4: Fedwire : RTGS

https://m.blog.naver.com/colormylife_yun/222608648407

https://finance.yahoo.com/news/iso-20022-cryptos-5-compliant-194204661.html

ISO 20022 Cryptos: 5 Compliant Cryptos to Keep an Eye on in 2022 (yahoo.com)

22) 1: CoinCodex 2: Cryptonews

https://coincodex.com/article/27964/iso-20022-crypto/

https://cryptonews.com/cryptocurrency/iso-20022-crypto/

23) https://ndtcapital.net/pi-network-chinh-thuc-ap-dung-tieu-chuan-ISO
20022-va-sap-ra-mat-tren-toan-cau/

https://coincodex.com/article/27964/iso-20022-crypto/

https://phemex.com/academy/iso-for-crypto-iso-20022

24) Joshua Ramos, 159 Countries Set to Adopt BRICS New Payment System (watcher.
guru), August 16, 2024

빠삐용, "브릭스 통화를 159개국에서 쓴다." 네이버블로그 (naver.com), 2024. 8. 20.

25) 1: Blockmedia 2: BTCC 3: Blockmedia

https://www.blockmedia.co.kr/archives/431408

https://www.btcc.com/ko-KR/academy/research-analysis/cryptocurrency-market-
outlook

https://www.blockmedia.co.kr/archives/43157

26) https://hiroit.tistory.com/entry/%EB%A9%94%ED%83%80%EB%B2%84%EC%8A%A4-
%EA%B0%80%EC%83%81-%EC%84%B8%EA%B3%84%EC%9D%98-%ED%98%81%EC%
8B%A0%EA%B3%BC-%EB%AF%B8%EB%9E%98-%EC%A0%84%EB%A7%9D

27) Worldcoin (https://worldcoin.org/)

https://tokeninsight.com/kr/tokenwiki/all/what-is-worldcoin)

28) kjm@blockchaintoday.co.kr

(https://www.blockchaintoday.co.kr/news/articleList.html?sc_area=A&sc_word=%EC
%9B%94%EB%93%9C%EC%BD%94%EC%9D%B8)#WLD

(https://www.blockchaintoday.co.kr/news/articleList.html?sc_area=A&sc_word=WLD)

29) 암호화폐 프로젝트 Worldcoin, 자체 블록체인 출시

(https://cryptodnes.bg/ko/%EC%95%94%ED%98%B8%ED%99%94%ED%8F%90-%ED%
94%84%EB%A1%9C%EC%A0%9D%ED%8A%B8-worldcoin-startira-sobstven-%EB%B8
%94%EB%A1%9D%EC%B2%B4%EC%9D%B8/)

30) 월드코인 "홍채 데이터, 즉시 파기…개인정보 철저히 보호" [황두현의 웹3+]

https://bloomingbit.io/feed/news/73929

31) Worldcoin은 무엇인가요?

https://support.worldcoin.com/hc/ko-kr/articles/15174520787091-Worldcoin%EC%
9D%80-%EB%AC%B4%EC%97%87%EC%9D%B8%EA%B0%80%EC%9A%94

Worldcoin: OpenAI CEO Sam Altman의 암호화폐 프로젝트 성공

(https://marketingtrending.asoworld.com/kr/discover/worldcoin-openai-ceo-sam-
altman-s-cryptocurrency-project-takes-flight/undefinedkr/discover/worldcoin-
openai-ceo-sam-altman-s-cryptocurrency-project-takes-flight/)

32) Worldcoin 가격 예측 2024-2030: 좋은 투자?

(https://www.cryptopolitan.com/ko/%EC%9B%94%EB%93%9C%EC%BD%94%EC%9D
%B8-%EA%B0%80%EA%B2%A9-%EC%98%88%EC%B8%A1/)

33) 불안전한 AI 통제, 어떻게 해결할까?

(https://m.post.naver.com/viewer/postView.nhn?volumeNo=16688002&memberNo=
30120665&vType=VERTICAL)

34) 인류는 인공지능을 통제할 수 있을까?

(https://www.sisain.co.kr/news/articleView.html?idxno=51774)

35) [전문가 기고] AI가 통제 불능 상태가 되는 것을 방지하는 방법

(http://www.itdaily.kr/news/articleView.html?idxno=220010)

공저자 약력

성명, 초대코드, 메일, 주요 활동 분야

1장. 한국의 미래경제: 코인 지식산업
10장. 현 코인경제 대 변혁론
12장. 뜨거운 감자: Chat GPT의 Worldcoin(안동수)

- ahnchain@gmail.com
- 경영학 박사
- 사단법인 한국블록체인기업진흥협회 수석부회장
- 전) KBS 부사장
- 『PINOMICS』 대표저자
- 『따뜻한 자본주의 경영』 저자
- 『21세기 신뢰자본과 기업 경영』 저자
- 『인공지능 메타버스 시대 미래전략』 공저자
- 『AI 시대의 미디어』 공저자
- 『휴대폰 인류의 DeFi 혁명』 대표저자
- 『알기쉬운 비트코인 가상화폐』 대표저자
- 『디지로드 5.0』 저자

2장. 분산금융의 위대한 가능성(김형중)

- khj-@korea.ac.kr
- 호서대 디지털금융경영학과 석좌교수
- 한국핀테크학회 회장
- 사단법인 한국블록체인기업진흥협회
- 전) 고려대 정보보호대학원 교수

3장. 글로벌 코인경제 현황(김호진)

- tlsdudtlr888@naver.com
- 미국일리노이주립대 공학 박사
- 한국영어강사총연합회 재단 이사장
- 사단법인 호림안보협회고문
- 전) 북경대학교 교수
- 전) 재중국 한국인 교수 협의회장
- 전) 독일 훔볼트 대학 초빙 교수
- 전) 노무라 경제연구소(일) 선임연구원
- 전) 중국 남경 항공우주과학 55연구소 선임연구원
- 전) 정보통신연구관리단 심사역
- 전) 국가대개조위원회 융합기술분과위원장

4장. 2024년 파이노믹스에 주목하라(우승택)

- woopb52@gmail.com
- 경영학 석사 MBA
- ST 생(生)테크 연구소 대표이사 소장
- 전) 삼성증권 PB연구소 소장
- 『심상사성』 저자
- 『사랑하면 보인다』 저자
- 『날줄 원각경 /금강삼매경 소』 저자

5장. 실생활 경제 플랫폼 〈다 함께 품〉(정금진)

- rsarang1@naver.com
- 고려대학교 경영정보 대학원 MBA 석사
- 케이지제이 대표
- 달라이 바다 대표(몽골 투자 법인)
- 삼양 글로벌 대표(라오스 투자 법인)
- 다함께 품 회장

6-1장. AI 기술현황(정원훈)

- ten@tenspace.co.kr
- 경영학 박사
- 텐스페이스 경영총괄이사
- 한국지식재산교육연구학회 이사 겸 기술가치평가위원장
- 한국인공지능진흥협회 이사
- 한국벤처창업학회 이사
- 전) 열린사이버대학교 금융자산관리학과 외래교수
- 2023년 특허청장상 수상
- 2023년 발명진흥회장상 수상
- 『대화형 인공지능을 활용한 정부지원 사업계획서』 저자
- 『2535꼼꼼여성재테크』 저자

6-2장. 인공지능과 블록체인의 융합모델(강봉준)

- sbgs7014@gmail.com
- 고려대 기술경영전문대학원 박사수료
- (주) TSNET 대표이사
- 2016 가람스런 GLOBAL 세계임 합구인 사히박저공허부부수상
- 대화형 인공지능 닥터봇, 서울LAW봇 프로젝트 참여
- BLOCK ESG 프로젝트 참여
- 케이블TV GLOBAL A 전문위원
- 전) 삼성화재

7장. 토큰경제의 국민교육 필요하다(이서령)

- esrlee@gmail.com
- 경영학 박사(서울과학종합대학원대학교, aSSIST)
- 사단법인 한국블록체인기업진흥협회 수석부총장
- 충남대학교 공과대학 기술실용화융합학과 겸임교수
- 선문대학교 경영학과 외래교수
- 전) 과학기술연합대학원대학교(UST) 기술경영학 초빙교수
- 전) 대통령직속 지방분권촉진위원회 위원
- 전) 국회정책연구위원(1급)
- 『4차산업혁명시대의 경영정보시스템』 공저자
- 『휴대폰 인류의 DeFi 혁명』 공저자
- 『지금 바로 시작해야 할 디지털 비즈니스 디자인』 공역자

8장. 암호화폐 관련 법·제도와 이용자 보호(신용우)

- ywshin@jipyong.com
- 포항공과대학교 컴퓨터공학 학사·공학석사
- 성균관대학교 법학전문대학원 전문석사
- 서울대학교 법학전문대학원 박사수료
- 서울대학교 금융법무과정 16기 수료
- 대한상사중재원 중재인
- AI시대 뉴스저작권 포럼 위원
- 방송통신위원회 행정심판위원회 위원
- 한국인공지능법학회·한국데이터법정책학회·개인정보보호법학회 이사
- 전) 과학기술정보통신부 행정사무관
- 전) 국회입법조사처 입법조사관

9장. 암호화폐 관련 세금 제도 현황과 활용 방법(진솔)

- solj6966@gmail.com
- 영어영문학과 학사(서울과학기술대학교)
- 진솔 세무회계 대표 세무사
- 서울특별시 마을세무사
- 서울지방세무사회 청년세무사위원회 위원
- 삼일아이닷컴 법인세 상담위원

11장. 신 새마을 운동: 메타버스 금융시대의 도래(리재학)

- jhl3003@gmail.com
- 과학철학(Ph.D,)
- 국제경제기구세계교류연합(UN스페셜협의기구)의장
- 한국생명공학연구소 소장
- 『헤쎄드,레마』 대표 저자
- 『AOS 메타버스국가』 세계 최초 설계자
- 『메타버스진흥법』 기여자
- 『휴대폰 인류의 DeFi 혁명』 공저자
- 『교리강해연구』 저자
- 『카논커멘타리』 저자

현 코인경제, 대박일까? 대 변혁일까?
미국 대선 이후의 코인세계를 말하다

초판 인쇄 2024년 8월 30일
초판 발행 2024년 9월 6일

공저자 안동수, 김형중, 김호진, 우승택,
　　　　정금진, 정원훈, 강봉준, 이서령,
　　　　신용우, 진솔, 리재학 공저
펴낸이 서영애

펴낸곳 대양미디어
주소 04559 서울시 중구 퇴계로45길 22-6, 602호
전화번호 (02)2276-0078
팩스번호 (02)2267-7888
이메일 dymedia@hanmail.net

값 22,000원
ISBN 979-11-6072-133-1 03320